2020 年辽宁省教育厅人文社科青年项目：全球疫情防...

命运共同体理念的科学内涵与时代价值研究（QW202...

革新与实践：
新时期高校大学生劳动教育研究

吴卫卫　著

九 州 出 版 社

JIUZHOUPRESS

图书在版编目（CIP）数据

革新与实践：新时期高校大学生劳动教育研究 / 吴
卫卫著 . -- 北京：九州出版社，2023.6
ISBN 978-7-5225-1969-2

Ⅰ . ①革… Ⅱ . ①吴… Ⅲ . ①大学生—劳动教育—研
究 Ⅳ . ① G40-015

中国国家版本馆 CIP 数据核字（2023）第 123691 号

革新与实践：新时期高校大学生劳动教育研究

作　　者　吴卫卫　著

责任编辑　牛　叶

出版发行　九州出版社

地　　址　北京市西城区阜外大街甲 35 号（100037）

发行电话　（010）68992190/3/5/6

网　　址　www.jiuzhoupress.com

印　　刷　北京亚吉飞数码科技有限公司

开　　本　710 毫米 ×1000 毫米　16 开

印　　张　13.5

字　　数　214 千字

版　　次　2024 年 3 月第 1 版

印　　次　2024 年 3 月第 1 次印刷

书　　号　ISBN 978-7-5225-1969-2

定　　价　82.00 元

前言

中国特色社会主义进入了新时代,迈入了新征程,更加渴求知识型、技术型、创新型劳动人才,加强劳动教育极具紧迫性。2018年,习近平总书记在全国教育大会上从国家教育战略的高度肯定了劳动对于人才培育的价值。2020年3月20日,中共中央、国务院发布《关于全面加强新时代大中小学劳动教育的意见》,明确加强高等教育阶段的劳动教育,意味着大学生劳动教育的基本功能得到党和国家的重视,并已被大众认同。同年,习近平总书记出席全国劳动模范和先进工作者表彰大会时再次强调,把劳动教育纳入人才培养全过程。党和国家将劳动教育纳入普通高等学校人才培养的顶层设计中,有利于高校全面实现立德树人的根本任务。

然而,当前部分青年学生群体在接受劳动教育时明显表现出内生动力不足的问题,尚存在轻视体力劳动及劳动成果、劳动技能薄弱甚至不愿意劳动的现象。基于新时期高校劳动教育存在的不足,需多措并举,强化创新。新时期高校劳动教育必须坚持育人导向、与时俱进、因地制宜、协同合作的基本原则,以先进的理念为先导,以多样的实践为重点,以科学的评价为支撑,以完善的条件为保障。基于此,笔者特撰写《革新与实践:新时期高校大学生劳动教育研究》一书,以期为更好地推进高校大学生劳动教育工作发展提供借鉴。

本书共六章内容。第一章为绪论,主要介绍了劳动和劳动教育的基础知识,分析了劳动的内涵及价值、劳动教育的产生与发展、劳动教育的地位与意义以及创新方式。第二章论述了高校大学生劳动观念的形成,即树立正确的劳动观念、形成必备的劳动能力、培养个人的劳动意识。第三章论述了高校大学生劳动精神的培育，即发扬奋斗精神、弘扬劳模精神、铸造工匠精神。第四章介绍了高校大学生劳动教育课程的理论、现状、课程体系构建以及大学生劳动教育课程的开展对策。第五章论述了高校大学生劳动教育的践行，即树立健康的劳动心理、践行校园劳动实践、参与社会劳动实践。第六章分析了高校大学生创造性劳动的培养，即创新思维与创新精神的培养、劳动价值观及其培育、创造性劳动的培育。

具体来说，本书具有以下特点。第一，紧跟政策，内容循序渐进，逐步提升学生的综合劳动素养。本书以《关于全面加强新时代大中小学劳动教育的意见》为指导，从内涵到路径层层递进，帮助高校大学生树立正确的劳动价值观，让其在劳动中接受锻炼、磨炼意志，同时形成良好的劳动习惯。第二，理论与实践相结合，引导学生形成劳动实践自觉。理论应当走入实践，因此本书在介绍了高校大学生劳动教育各方面理论知识的基础上设置了践行章节，展开校园劳动、社会劳动，有利于提高高校大学生的动手能力和实践参与能力。

本书在撰写过程中，参考和借鉴了劳动教育研究方面的大量文献资料、网络资源和相关研究成果，在此对相关作者表示诚挚的谢意。由于作者水平有限，加之时间仓促，书中不足之处在所难免，敬请广大读者批评指正。

目录

第一章

劳动与劳动教育

厘清概念是一切研究工作的起点和根基，不同于以往的劳动教育，新时期劳动教育从本质属性上与立德育人的根本任务联系得更为紧密。为了弄清楚新时期大学生劳动教育的内在逻辑及实质内涵，本章尝试不断归纳分析前人的理论成果，按照由浅入深的学习原则从其内涵、价值、产生与发展、地位与意义、方式等多角度丰富其相关概念的内涵。

第一节　劳动的内涵及价值阐释

一、劳动的内涵

在现代汉语词典之中,劳动作为名词使用时,有两重意思:第一,将劳动解释为创造物质财富或精神财富的活动;第二,直接解释为体力劳动。作为动词时,专指进行体力劳动。[①]

但是,同一个概念不同学者对它也具有不同的理解,虽然都有相似之处,但也还存在着差异,因为每个人看待问题的角度、看法都不尽相同,所以每位学者都有自己独特的定义。在思想高度发展的今天,我们对于某一个词语和某一件事情的看法都受到来自外部的多重影响,一个词语也不单单限定为一个学科使用,而是多个学科相互交叉共同使用,不同学科的侧重点不同,导致对于同一个概念的理解各不相同。马克思指出:"劳动是人以自身的活动来引起、调整和控制任何自然之间的物质变换过程。"[②]

通过对这段话的理解,我们能够知道两点:第一,劳动是人类所特有的能动活动。人类可以在摸索和掌握自然规律的基础上,充分发挥人的主观能动性,合理利用自然规律,为自己服务,为自己创造出价值。人类的活动区别于动物,人类所进行的活动是充满目的性、计划性以及创造性的,和动物所进行的本能性活动是存在本质区别的,因此劳动的概念是人类社会特有的。第二,劳动是社会性劳动,马克思指出:"人的本质在其现实性上是一切社会关系的总和。"[③]

人们在利用和改造自然的过程中,并不是单独的个体在行动,而是和其他人联合在一起,形成一个整体,共同通过劳动完成创造。随着社

[①] 中国社会科学语言研究所词典编辑室.现代汉语词典[M].北京:商务印书馆,2008:815.

[②] [德]马克思,恩格斯.马克思恩格斯文集(第5卷)[M].北京:人民出版社,2009:207-208.

[③] [德]马克思,恩格斯.马克思恩格斯选集(第1卷)[M].北京:人民出版社,2012:135.

会的发展，人和人在劳动过程中的关系也变得更加密切，人和人之间也就形成了社会关系，人就变成了社会之中的人，那么劳动就变成了社会性活动。本书中所指的劳动主要是集中在劳动的教化功能上，指人类通过自己的双手，经由不断地劳动对客观世界进行一定的改造，并以此来满足自己的物质需要和精神需求。

二、劳动的价值阐释

（一）劳动的本质

劳动本质上是一种特殊的运动。首先，劳动是人类运动的一种特殊形式，动物的一切运动，诸如蜜蜂采蜜、蚂蚁筑穴等都不能称为劳动。其次，劳动是一种改造人和自然界并创造一定财富的特殊运动。劳动包含三个要素：劳动者、劳动工具以及劳动对象，劳动是指劳动者利用劳动工具改造劳动对象，并创造出财富的特殊运动。

劳动是人特有的活动，是一种运用体力、智力、知识和工具生产出满足人类需要的物质财富和精神财富的实践活动。劳动行为应该满足以下三个特征：

其一，是人有目的、有意识的活动；

其二，有体力、脑力或者二者共同的付出；

其三，生产出满足人类需要的物质财富和精神财富。

同时满足以上三个特征的实践行为才能被称作劳动。

（二）劳动的类型

按照不同的划分形式，劳动可以分为不同的类型。劳动一般分为生产劳动与非生产劳动、简单劳动与复杂劳动、体力劳动与脑力劳动、抽象劳动与具体劳动、私人劳动与社会劳动等多种类型。值得注意的是，劳动只有类型的不同，并不存在高低之分，只要有益于人民和社会，都应当鼓励和尊重。

（三）劳动与相关范畴的关系

在了解劳动的本质和定义的基础上，要更加深入地把握劳动概念，就需要我们将劳动与一些和劳动相近的概念做一个简要的界定，如劳动与运动、劳动与实践、劳动与工作以及劳动与生产。

1. 劳动与运动

对于劳动和运动,有些人存在着理解上的偏差,容易将二者混淆。运动是物质的固有性质和存在方式,是物质的根本属性,世界上不存在不运动的物质。而劳动是人类特有的,是实践活动的一种。通过上述定义我们可以看出,运动是无时无刻存在于所有物质之中的,但劳动则仅仅发生于人类生活之中,劳动属于一种特殊的运动。

2. 劳动与实践

实践与劳动既有区别又有联系。首先,实践与劳动都是人类特有的活动,这是二者的共同之处。其次,劳动概念所包含的范围要小于实践的范围。劳动有时可以表达为劳动实践,但并不是所有的实践都可以被称为劳动,如变革社会的实践就不能称为劳动。

3. 劳动与工作

劳动与工作经常是通用的,如农民的工作就是进行农业劳动,环卫工人的工作就是进行清洁劳动等。但是,也有一些工作不能称为劳动。我们把劳动界定为运用体力、智力、知识和工具生产出满足人类需要的物质财富或精神财富的实践活动,那么类似资本的经营管理工作既没有创造出物质财富,也没有创造出精神财富,就称不上劳动。

4. 劳动与生产

在一定程度上,可以把劳动概念与生产概念当作一对近义词。因为生产也是指人类创造财富的过程。不过,有些生产活动并不属于劳动范畴,如人口的生产、投资和资本生产都不称为劳动。

第二节　劳动教育的产生与发展

一、劳动教育传统理论基础

（一）马克思主义经典作家的劳动教育思想

马克思指出："世界上所有民族的兴衰存亡，无非是以劳动来维系，劳动的力量远比我们想象的要大得多，一旦劳动停滞下来，整个民族将会灭亡。"[①] 可见，在马克思看来，劳动是人类生命接续存在的根系，是社会关系维系的纽带。马克思主义理论将劳动的观点作为其核心概念，并试图从三个维度出发对劳动及其劳动观进行阐释。

基于唯物史观，马克思用劳动的观点揭示人生而为人的本质是因为劳动创造，社会及社会关系得以存在和发展的基础在于劳动推动生产力不断进步。可以说，马克思在最初就与唯心主义阵营划清了界限，从世界的本源上就认定了是劳动创造人类及其历史。恩格斯在继承马克思劳动观点基础上，从生物进化论角度进一步指出劳动是人类生活的首要条件，既实现了人类的进化，同时又赋予人之所以为人的本质，凭借人类特有的主观能动性，在谋生过程中学会制造和使用工具，在从事生产中促进自我解放和实现社会进步。

另外，劳动价值论是马克思主义政治经济学的理论根基，在此基础上他提出劳动二重性理论，认为劳动是创造商品价值的唯一源泉，并进一步揭露资产阶级通过劳动剥削工人创造的剩余价值的实质。马克思联系当时时代背景指出，资本主义条件下雇佣劳动关系随之发生变化，资本家以强制性手段占取直接生产者的所有劳动成果及其剩余价值，劳动不再是实现人的自由解放的手段，反而成为资本家资本积累的工具。社会主义社会阶段的劳动逐步实现由劳动谋生的外在属性向劳动筑人的内在属性转变。于是，劳动摆脱受制于资本的控制，成为人们追求解放和自由的过程。当人们逐渐认识到只有自由自觉地劳动才能复归人

[①] ［德］马克思，恩格斯．马克思恩克斯选集（第3卷）[M]．北京：人民出版社，2012：506.

的本质、实现人的解放时,创造性劳动成为人们的最高需求,人们按照美的规律去实现自由而全面的发展。马克思主义政治经济学思想对新时期劳动教育的发展具有重要的指导意义,揭示了人类社会发展的客观规律,帮助人们正确认识劳动教育的发展趋势。

劳动的最终价值旨归是服务于人民、服务于教育,因而马克思在《哥达纲领批判》中强调:"劳动存在的初级目的在于谋生,也正是随着劳动推动生产力进步使人们的基本生存需求得到满足后,劳动其本身则成为生活的真正需要。"随着生产力的进步,大机器时代的到来逐渐推动教育与生产劳动的分裂,当人们基本的物质生存需要满足之后,就会追寻精神世界的满足,比如自我实现和自我创造,简单来说,就是劳动最根本的目的——为人的自由而全面发展。学校教育为了区别直接的生产劳动,同时又能为经济基础建设而服务,在教育起步阶段就十分强调掌握技能知识的重要性。马克思不断总结生产经验,推广新技术实现机器大工业的转型,进而从劳动实践中提炼教育与生产劳动相结合的思想,这是满足资本主义多样化需求以及实现人自由解放的最好路径[1]。列宁充分肯定了劳教结合理念,将此看作是无产阶级革命的武器以及社会主义教育的法宝。尤其是中国特色社会主义进入新时代以来,对劳动的界定不应该单单局限于生产性劳动,还应该包含非生产领域的服务型劳动,充分肯定新的生产要素如人才、科技、知识等在社会价值创造中的意义。创新型劳动相比传统劳动能以较高的效率创造更多的价值与使用价值,不断提高生产水平适应高质量发展需求和强国建设,劳动铸就中国梦的核心是创新型劳动的引领和驱动[2]。推动人工智能和劳动教育的深度融合成为高校劳动教育教学工作的主要挑战。数字劳动、智慧劳动、创造性劳动成为新时期浪潮下劳动的主要形式。从资本市场反馈来看,这些新兴劳动形式逐渐取代传统型劳动成为社会财富的主要来源。

（二）中国共产党人的劳动教育思想

我国历年来的教育方针一直坚持将教育过程同生产劳动过程结合起来,让教育服务于生产、服务于社会。为此,历代中国共产党领导人紧紧围绕其方针对劳动教育展开论述,形成了一系列劳动思想成果,从

---

① ［德］马克思,恩格斯.马克思恩格斯选集（第3卷）[M].北京:人民出版社,2012:508.
② ［俄］列宁.列宁全集（第3卷）[M].北京:人民出版社出版,1984:461.

而成为我国劳动教育的直接理论来源。新中国成立初，为了使我国的教育事业更好地服务于国家转型，1957年，毛泽东同志指出："社会主义社会的教育方针要为党和国家的建设需要服务，目的是使受教育者实现智、德、体等各个维度的平衡发展，成为兼具思想道德素养和科学文化素质的劳动建设人才。"[①]

于是，在20世纪50年代，"教育与生产劳动相结合"以立法的形式写进了党的教育方针中。毛泽东同志在领导新民主主义革命时期还十分强调干部要参加体力劳动，土地革命时期朱德率领众人上山挑粮；抗战时期，毛泽东同志在大生产运动中开荒种地、亲力亲为，周恩来同志也参与到纺纱纺布的一线工作中去，于是干部参加体力劳动便成为革命时期以来的优良传统。为了更好地遏制住部分干部之间脱离群众的官僚主义作风，与人民群众迅速打成一片，掌握基层民情，毛泽东同志起草了《关于整风和党政主要干部参加劳动的指示》，以制度的形式让大家意识到干部参加体力劳动的必要性和迫切性。在教育方针的指导下，邓小平同志十分重视劳动生产和社会实践对青少年全面发展的作用，认为青少年要想成为社会主义"四有"新人，就应该积极参与建设祖国的生产劳动。体力劳动是基础，和脑力劳动一样本质上都是特定时代的结晶，本质上没有高低、贵贱之别。虽然社会主义强国梦需要更多的创新劳动来承托，但这并没有就此否认体力劳动者的劳动付出，劳动会随着时代的进步不断呈现新的业态，但是其本质都是在传递我们伟大的民族精神，一分耕耘一分收获。1966—1976年，为了最大限度地解放和发展生产力，快速恢复国民经济，邓小平同志提出"还是要实行按劳分配，适当的物质鼓励有必要"[②]。唯有激发国民的劳动精神，提升劳动效率才是当前阶段的首要工作。21世纪以后，江泽民同志在原有的收入分配制度基础上进行了创新和发展，落实了"劳动、资本、技术和人才等生产要素按贡献参与分配的原则"，充分彰显了劳动的价值和地位。21世纪开端，江泽民同志表彰在社会各行各业做出表率作用的劳动模范，并指出当前改革开放正处于不断深化的阶段，社会主义现代化建设仍需广大劳动者发挥首创精神、实干精神，面对全面建成小康社会的新战略、新形

---

① 陈廷伟，张桦，葛寄海.周恩来教育思想[M].南京：江苏教育出版社，1998：161.

② 陈廷伟，张桦，葛寄海.周恩来教育思想[M].南京：江苏教育出版社，1998：161.

势,依然需要广大劳动者、工人阶级在各自的岗位上艰苦奋斗、爱岗敬业、勇于创新;胡锦涛提到,改革开放实现了政治、经济、文化等各方面的跨越式发展,带领中国人民逐渐富裕起来,中国特色社会主义也在不断开创新的局面,在这个过程中不断涌现德行高尚、贡献显著的劳动模范,用辛勤的劳动为国人创造丰富的物质、精神财富,我们有理由坚信以劳动工匠为代表的先进劳动者在社会主义现代化建设的伟大进程中施以作为。[①]

二、新中国成立以来大学生劳动教育的发展

新中国成立以来,在马克思主义教育与生产劳动相结合理论的指导下,劳动教育作为我国国民教育体系中的重要部分,随着我国经济文化水平的发展、劳动生产方式的革新与进步,为了更好地适应新中国成立后社会主义建设与发展的要求,大学生劳动教育在内容、形式等方面经历了几个重要的历史阶段。其中围绕理论课程及实操实训经历了一系列改革变迁,在劳动教育内容方面呈现了探索、调整、融合、育人的特征;劳动教育形式上也呈现出了以生产劳动为主、以体力劳动为主,兼顾体力劳动和脑力劳动,最后突出劳动育人导向的演变趋势。尤其是十八大以来,以习近平同志为核心的党中央多次指出将劳动教育纳入我国国民教育体系,因此梳理这一历史进程,对当前高校构建全面育人体系,培养新时期劳动人才具有重要的借鉴价值。综上,基于马克思的教劳结合思想,对于新中国成立以来大学生劳动教育的发展历程进行了梳理与总结,具体分为以下几个阶段:

(一)大学生劳动教育的曲折探索阶段(1949—1977)

在我国劳动教育探索起步阶段,经济文化水平落后、生产力水平低下,因此这一阶段高校开展劳动教育大多是自发组织,并没有统一的规章建制和要求。建国初期在党中央的正确决策之下,顺利完成三大改造的任务,推动我国社会迈向全面建设社会主义时期。社会主义建设时期对教育工作作出了新的指示,《关于教育工作的指示》一文明确了教育

---

① 习近平.坚持中国特色社会主义教育发展道路 培养德智体美劳全面发展的社会主义建设者和接班人[N].人民日报,2018-09-11(02):11.

的根本属性是为无产阶级的政治服务,生产劳动第一次成为学校正式课程进入课堂,教学计划中加入了劳动教育的相关内容,大学生劳动教育在教劳结合理念的指导下由此正式拉开序幕,这一时期高校开展劳动教育的目的主要在于通过理论与实际相结合培养学生树立正确的劳动观念。于是,主要采用以下三种方式实施劳动教育:

一是将生产劳动列为正式课程。在新民主主义革命时期,抗日根据地的各所中小学初建时将这一举措成功运用到实践中。于是新中国成立后,我国充分吸取新民主主义革命时期教育经验及教训、借鉴苏联经验的基础上,作出将生产劳动列为高校正式课程的重大教育决定。新中国成立初的文科课改中部分院系更是将劳动教育设置成必修课程,这是高校在党中央的领导下将劳动教育纳入课程体系的初步探索。教劳结合思想经过学校教育工作实践与检验,符合教育发展规律和学生受教心理,最终以教育方针的形式固定下来,各类高校纷纷效仿部分院系的课程改革,生产劳动课成为高校人才培养课程体系中的必修课程,主要以介绍生产劳动的相关理论知识与实操性技能为主,形成了建国初期高校初步探索劳动教育的重要成果。

二是建设校园农场、工厂,提倡勤工俭学,将生产劳动纳入正式课程体系的基础之上,这一时期的高校劳动教育还十分注重体力劳动的锻炼和生产技能的掌握。1958年,共青团特地发文支持并鼓励学生在学习之余开展必要的勤工俭学,一来在生活中检验所学的理论知识,二来积累简单的劳动经验有利于未来的职业规划,并指出了劳动实践是作为教学活动必不可少的一个环节,应该积极地加强引导。任何教育者和教育对象都不能轻视体力劳动者的付出,浪费劳动成果,为了防止学校过分注重理论教学而脱离实践的状况,刘少奇对此提出了"两种教育制度,两种劳动制度"[①]的教育构想,为了更好地适应实际国情,避免"一刀切"的武断思维,全日制学校和半工半读学校实施不同的教学安排,前者开展全日制教学及保持八小时劳动时长,允许并鼓励半工半读学校教育、劳动制度作为正常教学的补充。作为这一时期高校严格落实劳教结合教育方针的形式之一,这实际上是勤工俭学内涵的进一步延伸,有力推动并促进了这一时期高校劳动教育的进展。

三是落实生产实习制。新中国成立初期,政务院相继颁布相关文件,

---

① 陈小梅."两种教育制度,两种劳动制度"[J].中国档案,2012(03):74-75.

将生产实习补充到高等学校、职业技术类院校的教学大纲中,鼓励学生勤工俭学并在获得一定成效后,对于毕业生提出认真贯彻理论与实际相结合的原则,号召各地各校加快实施毕业生生产劳动实习制度,以体力劳动实践为主,纠正错误劳动观念,尊重体力劳动者。1964年,中共中央为了疏通高校毕业生的就业渠道,制定高校毕业生参与劳动实习的相关条例,鼓励大学生走向基层提升职业技能,在离开学校后顺利实现快速就业,尽快适应工作岗位,这是青年知识分子趋于劳动化、专业化的一项意义深远的重大举措。从这一时期起,生产实习制度在很大程度上对于促进学生适应工作岗位和落实劳动教育计划具有双重价值和意义,并在新时期的高校教学计划中得到强化和创新发展。

总体来说,初步探索时期的劳动教育虽然形成了一定的固定教育方式如勤工俭学、生产劳动实习等影响至今,然而遗憾的是学术界、教育家们关于劳教结合的教育方针,在实践环节很难做到体力劳动实践与知识教学的平衡,忽视了理论知识学习、科学研究,加之"左"倾错误思想的影响与误导,这一时期高校很难建设系统规范的劳动教育体系,因此无论在理论层面还是在实践层面仍然处于探索阶段。

（二）大学生劳动教育的调整发展阶段（1978—1991）

随着十一届三中全会的召开、改革开放这一伟大抉择的作出,我国的经济、政治、教育、生态、社会等各个领域逐渐恢复发展,为我国教育事业的发展提供了极大的发展前景。尤其是1976年之后,为了纠正教育目标上的偏差,教育部细化高校劳动生产的具体要求,在《关于高等学校学生参加生产劳动的若干规定》中指出,劳动教育不仅仅是用以培养知识分子的手段,学生参与生产劳动的目的是通过直观接触劳动,让劳动逐渐回归其育人的本质,全国各高校为此逐渐恢复正常的生产劳动教学秩序。也是这一时期,邓小平同志就教育方针问题作出特别强调:现代经济和信息技术发展得十分迅速,这要求高校劳动教育的成效要与之相适应,同时也对教育与生产劳动相结合的内容和方法的创新提出了更高的要求。首先在教育内容的具体制定中,除了坚持将劳动课程纳入学校课程体系,部分高校结合学校特色和学科专业开设了针对性的劳动课程。例如,南京农业大学为了凸显学科特色,将劳动分为集中农牧业劳动、公益劳动、专业劳动三大类,让学生根据兴趣和专业开展劳动实践。在课程设置上集合学校领导班子和学科带头人共同制定集中农牧业劳动Ⅰ、集中农牧业劳动Ⅱ、农事操作Ⅰ、农事操作Ⅱ四门必修课，在具体课程教学中融入劳动教育实践。其次是在劳动教育方式上，这一时期在继承勤工俭学、生产劳动实习等以往劳动教育的形式之上，教育部和中央宣传部明确要求各高校要结合本校办学特色选择性开展工农业劳动、公益劳动、生产性劳动、实习训练等。其中《关于高等学校学生参加生产劳动的若干规定》一文对此做出了相关说明：工科和农科类学校由于专业的实践比重较大，应结合教学改革联合校外工矿工厂、农场建立学校专用的劳动实践教育基地。为了防止实习流于形式化，部分院校直接在其教学计划中确定劳动生产开展时间、具体要求，并且为了体现因地制宜的办学特色，针对不同学制、不同学科对劳动实习时长作出了相关规定，充分体现出这一时期我国对劳动教育目标认识逐渐清晰起来，同时劳动教育的实施进程也日渐规范起来。

总体来说，调整阶段的大学生劳动教育各方面取得了一定的成效，逐渐回归正轨，呈现出了符合时代发展的新特点，主要表现在：一是在总结曲折探索阶段劳动教育发展经验和教训的基础上，正确处理了大学生理论学习和社会实践之间的关系，着力解决传统劳动教育内容中体力劳动过多的矛盾，强调了理论知识和科学研究的重要性，强化了劳动教育与思想政治教育之间的联系；二是结合改革开放的时代背景，遵循学科专业特色及学生身心发展规律在新的历史时期实现了大学生劳动教育的接续发展。

（三）大学生劳动教育的实践融合阶段（1992—2012）

这一阶段我国社会主义市场经济体制逐步确立，科教兴国、人才强国战略也相继提出并得到实施，为我国高等教育体制改革营造了良好的政治环境。党中央逐渐认识到国运兴衰系之于教育的重要性，于是颁布《关于深化教育改革全面推进素质教育的决定》，在素质教育的要求下，注重对学生主体性及主动性的启发，其目的在于培养高素质人才并委以振兴中华的时代重任。面对知识经济下人才紧缺的困境，唯有不断改革教育体制、调整教育内容、重建人才培养结构才能有效。各级各类学校要打破应试教育的束缚，以知行合一、劳教结合的理念指导开展各项教育工作，以素质教育扭转变形扭曲的教学秩序和基本规范，培养学生的主体意识、激发学生的个性潜能。

这一时期的劳动教育呈现出了以下四个显著特点：

一是教科研有机统一于实践中。实践作为检验、认识、发展真理的根本动力，因此是这个完整教育链条中的核心环节，生产劳动在这个时期被包含进了社会实践中。例如，劳动教育在河北农业大学园艺系已成为必修课程，为此建立专业化的集教学、生产、科研于一体的综合示范基地，坚持以社会主义市场经济体制为导向，开展生产实训和劳动锻炼，引导学生将校内理论知识运用于实践岗位。1994 年，教委通过《关于加强普通高等学校教学工作的意见》，指出生产实习和劳动实训的提出不是凭空而论，而是经过实践反复检验最能符合我国高校教育现状和教育发展规律的必要举措，更是各个维度全面发展的重要补充，作为劳动育人的有效载体极大地凸显了其育人价值。

二是开展社会实践离不开思想政治教育指导。尤其生产劳动在社会实践中占据的比重越来越高，社会实践活动极度需要正确价值观的指导和规范。这也就意味着大学生在参与社会实践锻炼劳动技能的同时，应注重思想政治教育，以思想政治教育、意识形态教育引导学生参与社会实践成为这一时期的教育特色。

三是高校劳动教育指导社会实践逐步制度化、规范化。由于国内高校将劳动教育列入教学计划、纳入课程体系的时间并不统一。20 世纪90 年代后，教育部为了进一步规范对社会实践活动的指导，要求各高校重视社会实践活动，将其列入教学计划及具体课程设置中，于是这一安排以国家意志的形式得以落实。

四是生产性劳动不再作为社会实践的显性内容直接出现。无论是在劳动教育探索时期还是调整时期，生产性劳动作为高校劳动教育课程中的一个重要构成，是大学生直接参与、亲身接触劳动实践的最直接的方式。但是随着 21 世纪的到来，教育体制的改革带来的是对人素质要求的变化，其中综合素质和创新精神成为素质教育的核心考查内容。于是，这一时期实验、实习、社会调查等实践教学环节的比重大大增加。

综上，大学生劳动教育的实践融合阶段在实质上反映出我国的教育目标，在方式上更强调实践育人。单单从劳动实践来看，开展校内外劳动实践显得尤为必要，这对于大学生提前接触社会、培养劳动习惯和劳动精神无疑是有利而无一害。但是，就各校劳动实效性来看，劳动实践锻炼极易流于形式而违背全面育人的初衷。加之这一时期经济发展迅速,人民的生活水平越来越高,随之而来的是劳动观念的淡化、劳动价值观的扭曲,直接致使学校教育体系中劳动教育日益边缘化。

（四）大学生劳动教育的全面育人阶段（2013年至今）

习近平总书记在21世纪初期,总结历任中共领导人的教育工作经验,继续将劳动及劳动教育放在社会发展的战略核心位置,对此形成的一系列重要论述成为国民教育事业的行动指南,社会主义现代化建设的根本遵循。

"民生在勤,勤则不匮"是中华传统精神与品德的凝练和升华,暗含了习近平总书记在新时期对劳动的重视以及对全体国人的谆谆期盼。劳模精神、劳动精神是几千年来历代中华儿女在劳动实践中凝聚而成的民族精神和传统美德,理应受到全社会的尊崇与传承,劳动模范及其先进事迹是各行各业劳动者应该遵循、效仿的劳动准则,形成内化于心的勤劳品质、敢为人先的创造行为。为此,习近平总书记从实干兴邦、和谐劳动关系、鼓励创造性劳动几个维度作出了重要论述。

首先是激发劳动者的实干兴邦精神。习近平同志多次在重要场合强调尊重知识技术以及劳动人才对于全社会的重要意义。全国劳动模范表彰大会作为优秀劳动者劳模精神传承的重要载体,无时无刻不在向我们传递植根于中国大地、根植于劳动岗位是民族振兴的重要支柱。即便是现代化发展如此迅速的当下,依然不能轻视普通劳动者及其劳动成果,任何人都不能贪图不劳而获,这是与我们艰苦奋斗的民族精神背道而驰的。实干是造福人民、兴耀国邦的务实精神,一步一个脚印走出中国特色社会主义道路。

其次是通过改善民生来调节劳动关系。习近平同志自执政以来,就坚守为民谋利、为国谋兴的宗旨,人民当家作主的落脚点在于劳动成果应该由所有劳动人民共同享有。习近平同志提出任何在一线岗位上默默付出的劳动者都有权享有国家的各项权益保障,党和国家有义务完善我国收入分配制度,制定积极的就业政策,解决就业难、就业结构失衡问题。可见,加强民生保障一直是我国社会稳定、经济发展以及缓和劳工关系的重要基础。

最后是鼓励创造性劳动。习近平总书记谈到创造性劳动能否有效落地,在于各级党委和政府对于科技人才、技能工匠的重视,不断加快自主创新,在战略性、前瞻性领域赢得主动权,打好人才博弈、科技竞争的主动仗。为此,国家要加强职工素质工程建设,打造一支符合国情的知识型、技能型、创新型劳动者队伍。

这一时期是高校劳动教育深入发展阶段,是实现劳动谋生到育人的关键时期。劳动教育内容的丰富带来的是实践方式的日益多样化,家庭劳动、校园劳动这种基础日常劳动在家庭、学校中不断得到重视,劳动教育必修课从计划提出到实际教学正在不断完善,大学阶段的专业实训与创新创业实践的融合也更加有效,学生从基础劳动体验中不断突破自我,将个人劳动锻炼提升到服务社会的思想高度。由此可见,全面育人阶段的高校劳动教育相比以往阶段的劳动教育,在育人目标上强化了劳动价值观、劳动习惯、劳动情感、劳动技能、劳动精神的全面融合,在育人方式上采用劳动教育必修课程硬约束和校园文化潜移默化的软渗透相结合。

过去我们通过劳动已然实现第一个百年奋斗目标,未来第二个百年计划仍然要靠先进的劳动者辛勤劳动。"民生在勤,勤则不匮"是习近平总书记对中华民族品德的崇高赞赏,其劳动教育的所有论述很大程度上都是基于对我国古代伟大劳动精神的理解与认识。中国古代十分重视劳动价值,历代统治者一直都鼓励农业发展,重视民生思想。我国古代诗歌无数次讴歌劳动精神,无论是"日出而作,日落而息"的劳动习惯,还是"锄禾日当午,汗滴禾下土"的劳动品质,抑或是"春蚕到死丝方尽"的劳动精神都无不在强调:今天来之不易的幸福生活都是源自劳动和付出。除此之外,在社会分工尚未细化之前,中国古代一直以来都坚持耕读结合的教育传统,一方面增强劳动技能满足自身的生存需要,另一方面通过劳动教育使人们明白事理、修身养性,从而在全社会形成良好的耕读文化氛围。古代教育家颜之推在其《颜氏家训》中教育子孙"生民之本,要当稼穑而食,桑麻以衣",以此告诫子孙后代要重视农业生产,唯有身体力行去劳动才是生存的根本。习近平总书记关于劳动的重要论述主要包含以下核心内容:

其一,从价值层面充分肯定劳动的意义。随着科技的日新月异,不断催生出劳动的新业态,呈现出智能化、数据化、自动化等特点,量子通信、虚拟现实等作为脑力劳动的产物,日渐成为我国在第四次工业革命的核心竞争力,为我国复兴梦、强国计划注入了全新动力,不断助推新时期劳动形态从劳动谋生到劳动体面转变。另外，新时期我国的主要矛盾是发展的不平衡、不充分等问题，而解决这一关键性矛盾的根源就在于通过辛勤劳动、诚实劳动建设美好生活。例如，加大人才引进力度，鼓励人才向偏远地区、贫困地区、革命老区等转移和流动，改善其劳动力不足、生产力低下、劳动人才紧缺等困境。

其二，从保障层面确保劳动成果由人民共享，党的十八大以来，习近平总书记多次强调，无论是南水北调还是塞罕坝林场建设无不体现着劳动人民的拼搏敬业精神，这一切成就是广大劳动人民实干打拼出来的，因此要切实保障劳动人民的主体地位，鼓励劳动人民积极参与社会主义现代化建设，成为中国特色社会主义发展的重要力量。习近平总书记对相关部门提出要求，通过不断改善就业环境、制定就业政策、加强就业培训等建立完善的体制机制以构建和谐的劳动关系。从就业、医疗、社会保障各个方面增进民生福祉，从根源上解决劳动者的后顾之忧，继续在平凡的工作岗位上追求卓越。

其三，注重劳动精神的弘扬和培育，劳动精神作为时代精神和民族精神的高度凝练和集中表达，极大地凸显了新时期社会发展的整体精神面貌。劳模精神作为劳动精神中的精华部分，彰显的是中国特色社会主义核心价值观，因此党的十八大以来，党中央高度重视劳模精神的弘扬和传承。应习近平总书记要求，在全社会树立劳动模范典型，在全社会讲好劳动故事，弘扬好爱岗敬业、艰苦奋斗、无私奉献、勇于创新的劳模精神，驱动社会各个领域的建设与发展。

其四，突出劳动教育的育人功能，劳动不再是过去惩罚的一种手段，劳动教育也不仅仅是进行体力劳动锻炼。在全国教育大会上，习近平总书记积极倡导五育并重，统筹大中小学段实施全过程育人，强调学校作为劳动教育主力，课程创新是关键，联合社会各主体形成教育合力，打破劳动教育薄弱化的桎梏。

第三节　劳动教育的地位与意义

一、有利于提升大学生的能力

要实现人的全面发展,需要每个人充分提升个体能力,承担起属于自己的责任。马克思认为,人的能力是人的全面发展的一个环节。人的能力包括智力和体力以及各种潜在能力,因此提高自身的能力就是要发展智力和体力。但由于资本加剧、分工出现,使得体力和智力割裂开来,进而导致人的全面发展受到限制,因此需要进行劳动教育,将二者紧密联系起来,促进人的能力的发展,最终实现人的全面发展。开展劳动教育就是通过劳动和教育相结合的方式,一方面,加强人的科学文化素质教育,提升人的智力水平;另一方面,通过各种劳动实践提升人的劳动能力、社交能力和创新能力。打破智力和体力发展的分界线,将二者结合起来共同发展,消除人的全面发展的限制条件。

(一)提升大学生的劳动能力

人的劳动能力的提升会促进人的能力的发展,人的能力发展对于推动人的全面发展具有至关重要的作用。因此,提升作为贯穿整个人类活动领域的劳动能力,对早日实现人的全面发展具有积极作用。马克思把劳动能力理解为"贯穿于人生存和发展的始终,运用体力和智力创造使用价值的基础"。[①]这说明人的劳动能力包括人的体力能力和智力能力,在劳动教育中协同推进智力教育和体力教育,可以达到以劳增智和以劳健体的效果。

高校开展劳动教育一方面通过对劳动的深入讲解,拓展学生的理论知识宽度,端正学生的劳动价值观,提升学生的劳动素养,并且通过劳动实践培养学生的实际操作能力,将丰富的理论知识应用于实践中,达到知行统一,有助于促进学生的智力发展以及实际劳动能力的提高。另

---

① ［德］马克思,恩格斯.马克思恩格斯选集(第3卷)[M].北京:人民出版社,2012:501.

一方面，可以通过劳动锻炼激发学生劳动的积极性，提升学生对劳动的重视程度，强健学生的体魄，提升学生的体力、耐力、协调力和竞争力。劳动教育的开展在提升大学生劳动能力的同时也为推进大学生的全面发展奠定了坚实的基础。

（二）培养大学生的创新能力

随着时代的发展，劳动能力的内涵也在不断发展，创新能力也是劳动能力的重要内容，并且随着科技的发展，创新意识和创新能力在大学生个人的全面发展中表现得越来越重要。培养创新能力不仅能够丰富人的能力，也是推动人的全面发展的精华所在。创新能力是指人的自由意志在创新领域的潜能，是一种内在精神力量，直接体现在人的创新意识、创新思维和创新精神上。创造性的本质力量是通过劳动不断体现和生成的，人能在劳动过程中不断发挥和发展自身的创造力。

高校开展劳动教育可以培养大学生的创新能力。高校在开展劳动教育中，通过主动为学生创造完成劳动任务的机会，并在此过程中引导学生发现问题、解决问题，提高学生独立思考的能力，培养学生的创新意识。学校还会给予学生去高新产业中见习的机会，通过与新型技术的近距离接触，训练学生的思维能力，激发学生的创造力。另外，学校会组织创新劳动教育竞赛，设置奖项，激励学生进行发明创造，培养学生的创新能力。作为劳动能力的重要内容，创新能力的提升也会反作用于劳动能力，从而为大学生的全面发展提供动力。

二、有利于丰富大学生的个性

人的个性发展包括人的主体性和独特性的发展。劳动教育是以大学生为主体开展的一种教育活动，通过劳动教育，大学生可以获得更高的劳动能力和劳动素质，在劳动实践中扩大交往范围，增强交往能力，在和谐和良好的社会交往中体现独特性；在实践中表现创造力，体现主体性，从而丰富大学生个性，推进全面发展。

（一）提升大学生的主体性

个性的丰富程度是人的全面发展的重要表现。作为具有社会性的个人的、具体的、独特的主体性，就是人的个性。简而言之，即人的主体性的个体表现。主体性是指人在活动中展现的能力、作用、地位,即人的自主、自由、有目的的活动。马克思关于人的全面发展理论的核心是"人",目的在于提高人的能力、发展人的个性、激发人的需要,而这些都是围绕"人"展开的,因而人的全面发展具有人的主体性特征。要实现人的全面发展,就必须高度重视人的主体性。当人的主体性得到发展时,其全面发展的水平也会随之提升。人的主体性又主要表现为主体意识和主体能力,只有当人认识到自己是这个世界的主人,了解人与所处社会环境的关系时,才会挖掘出人的主体意识,进而去改造生存环境,从而发展人的主体能力。

劳动教育是以大学生为基础展开的,也是一种具有主体性的教育。劳动教育的开展和实施要重视大学生这一主体,把大学生的自我价值和自我实现放在首位。通过劳动教育,可以增强大学生这个主体的理论水平和实践能力,可以最大限度地开发大学生的潜能,提高大学生改造客观世界的能力,满足大学生生存发展的需要,体现大学生的能力和价值,从而提高大学生的主体地位,推动大学生的全面发展。

(二)发展大学生的独特性

人的独特性是人的个性不可或缺的构成因素,是指人拥有独立思考的自我意识,勇于打破固有的行为习惯,能主动地创造自我价值。发展大学生的独特性能够避免因过度强调人的整体性而导致片面理解人的价值,进而造成人的片面发展,能正确看待人的个性发展,更好地促进大学生的全面发展。

劳动教育独特的育人价值可以更好地发展大学生的独特性。从大学生劳动教育课程来看不仅要强调理论知识,亦不能忽视实践活动,并且形式多种多样,让学生充分了解劳动的内容、方式以及对社会的基础性作用,在劳动实践活动中用自己的独立个性去思考去创造,在学习中解决遇到的不同问题,从而激发大学生独立思考的积极性。从劳动教育的评价方式来看,劳动教育并不是按照传统的考核方式来检验学生的学习成果,劳动教育的评价体系具有一定的弹性,摒弃了以往按照标准一板一眼地评价学生的方式,更加注重学生的自我发展,有助于激发学生的潜能,培养学生的自我意识。

三、有利于拓展大学生的社会关系

马克思关于人的全面发展理论也体现在人的社会关系的丰富性方面。人的社会关系的丰富具体表现在人的本质力量的提升和交往关系的拓展。丰富的社会关系会加深大学生的交往程度，使得大学生与社会的联系愈加密切，交往变得愈加频繁。而劳动教育的开展对于大学生深入社会实践、扩大社会交往、增强交往能力，进而提升本质力量和丰富交往关系有促进作用，从而促进大学生的发展。

（一）提升大学生的本质力量

人的本质是人与其他任何存在进行区分的重要因素，这就解释了人存在的独特性。人的本质又是如何体现的，马克思认为是通过劳动实践。人通过劳动改造世界，然后在这个过程中得以认识其自身的本质力量，因此人的本质力量是通过劳动教育所获得的劳动实践能力得到检验的。

在高校中进行劳动教育可以推动大学生的本质力量的提升。这是因为通过劳动教育能够丰富大学生的知识，发展大学生的能力，提升大学生的素质，从而增强大学生的本质力量，为实现大学生的全面发展创造条件。一方面，进行劳动教育就是把大学生放在复杂的社会交往中，让接受劳动教育的人参与到社会实践中，提高他们处理人际关系的能力，以便形成良好的社会关系，促进大学生本质力量的发挥。另一方面，进行劳动教育可以推动大学生物质和精神力量的发展。马克思曾经说过："人要发展就需要接受教育，在受教育的过程中获取技能，才能成为合格的劳动者。"① 这说明教育是提升人的途径，开展劳动教育一方面可以加深人的科学文化素质教育，提升大学生的智力水平；另一方面可以通过各种劳动实践提升大学生的动手能力、社交能力和审美能力，这有助于冲破对大学生全面发展的桎梏，促进大学生本质力量的发挥。

（二）丰富大学生的交往关系

交往关系是指在社会中的人为了进行消费和生产等实践活动与他

---

① ［德］马克思，恩格斯.马克思恩格斯选集（第3卷）[M].北京：人民出版社，2012：523.

人发生的必然联系。人的全面发展的程度主要受人的社会关系发展水平的制约。当前社会由于网络的迅猛发展,导致大部分学生沉迷于网络交流,忽视了现实中的人际交往,使得许多学生成为"社恐"中的一员,导致在现实交流中出现障碍,不利于大学生的个性发展。劳动教育的开展会提高大学生的交往能力,拓展大学生的交往关系,在劳动教育的过程中需要学生进行互动,相互激励、督促、合作、分享,增强学生彼此之间交流的需要,这样才能锻炼学生的交流能力,为学生的发展提供良好的社会条件。除此以外,社会实践也是劳动教育的一部分,学生通过参与社会实践活动,与教师、同学及其工作人员进行交流互动,在加深学生的劳动参与度的同时,也会培养学生的团体意识、责任精神、思维能力,掌握学习交往规则,扩大交往范围,提高学生进行交往活动的积极性。

第四节　劳动教育的创新方式

一、新时期高校劳动教育方式

新时期高校劳动教育方式是指高校在进行劳动教育的过程中,为达到一定劳动教育的效果和目标所采用的一切方式方法的总和。新时期高校劳动教育方式需采用因地制宜的制定方式来实现劳动教育的根本目标。

新时期高校劳动教育方式的选择受教育环境的影响。当代大学生是党和国家事业发展的希望,是推动经济社会各领域的高质量生力军。高校培养知识型、技能型、创新型的人才关乎百年大计。中国已迈进新时期,是前所未有的变革时代。高校劳动教育面临着再发展的机遇,同时也会遭遇各种挑战。科技的发展和社会形态的丰富,已给社会生产和人民生活带来深刻的影响。新时期高校大学生思想行为已发生深刻的变化,这对高校劳动教育提出了新要求,也给大学生劳动教育方式带来了新机遇。面对社会主要矛盾的变化以及大学生自身方面的变化,高校劳动教育方式也要符合劳动教育教学规律和大学生行为意识发展规律,与时俱进地进行自我完善和创新。

新时期高校劳动教育方式要和劳动教育内容相匹配。劳动教育的目的是学习劳动知识,明白人与自我、自然、社会的关系。在有知识的前提下,饱含行动的热情,掌握技术能力,在劳动过程中发挥创造。高校劳动教育方式的选择需围绕劳动教育内容展开,对特定的学习对象采取所需要的特定教育方式。它丰富和发展了现代劳动教育的方式和内容。高校劳动教育是大学生步入社会前最重要的学习阵地,理应落实好此项工作,在继承借鉴的基础上不断创新,寻求突破。

二、新时期高校劳动教育方式创新

新时期强调创新,也需要创新。高校弘扬劳动精神、倡导创新劳动教育方式是对创新发展的集中体现。

新时期高校劳动教育方式的创新在实践中是有章可循的。通过分析新劳动教育方式的效果,能反映教育体制和教育路径的科学性,以此优化劳动教育方式。本书中的创新是指人类在认识世界和改造世界的过程中,根据满足社会各种需要的理想化需求和心态,融通古今,推陈出新,更好地发展创造性活动。因此,新时期高校劳动教育方式创新是指高校在新时期继承和发扬传统劳动教育方式的基础上,灵活地利用现代科技资源,融合多媒体资源,依托社会环境资源等,对现有的劳动教育方式加以反思,废弃不合时宜的劳动教育方式,优化需要改进的劳动教育方式以及创造出新的劳动教育方式。换句话说,高校劳动教育方式创新就是与时俱进地发展和改进现有的劳动教育方式。

高校劳动教育方式创新要尊重客观规律。高校劳动教育方式创新的实践活动,关乎高校教育事业的发展,意义深远。所以,高校在劳动教育方式创新过程中,要尊重社会发展规律、高校劳动教育教学规律以及学生思想形成规律。在实际劳动教育方式教学实践过程中,运用的各类方式要贴近大学生实际状况。另外,要联系劳动教育内容、目标,以此来创新高校劳动教育方式,要做到"量体裁衣""对症下药"。高校劳动教育方式创新要认识到方式的多样性和差异性。由于受教育者、教育环境、教育内容的多样性也会决定高校劳动教育方式的多样性,因此教育者、教育媒介、教育内容不同,创新实践的效果也会有所不同。

总之,高校劳动教育方式的创新必须符合时代发展的特点。因此,在当前形势下,根据劳动教育的原则、内容、目标和环境的变化,实现劳动教育方式的因事而变、因时而进、因势而新。

三、新时期高校劳动教育方式创新的重要地位

进入新时期,我国的政治、经济、文化、教育等领域都发生了重要变革。我国的主要矛盾已经发生变化,人民对美好生活的需要不仅仅是吃饱穿暖,还有更高的精神追求。因此,高校劳动教育方式也需要做出调整和创新。

（一）贯彻国家创新发展理念的重要举措

创新是一个民族发展进步的灵魂,是一个国家繁荣昌盛的不竭动力,也是中华民族最深厚的民族禀赋。新时期中国加快推进高校劳动教育方式的理论创新和实践创新,展现了伟大实践者们直面问题、与时俱进的勇气以及改革创新的精神风貌。

当前,中国已迈入新时期,为全面推进创新型国家建设,为实现"两个一百年"奋斗目标而努力,比任何时候都更加渴求知识型、技术型、创新型全面发展的人才。党的十八大以来,高校坚持立德树人办学目标,积极落实党中央关于加强劳动教育的要求,持续推进劳动教育方式创新。大学生的社会责任感有所增强,激发了肯学敢干的奋斗热情。但高校要把创新驱动发展战略实施好,必须强调劳动教育方式创新。所以,探究新时期对高校劳动教育方式的新要求,找出新时期高校劳动教育方式创新存在的不足,进而尝试提出新时期高校劳动教育方式创新的对策建议,对创新发展的伟大实践、推动国家高质量发展具有重要意义。

我国已进入高质量发展阶段,发展模式从追求速度型转向质量效率型,发展的动力也转向强调创新驱动。新时期大学生的成长环境、条件也发生了变化,高质量发展并不是对某一方面的要求,而是对社会方方面面的要求。新时期高校劳动教育是为社会发展提供劳动者的重要路径,劳动教育方式也必然需要因时而进、与时俱进。

（二）落实高校立德树人根本任务的现实需要

马克思指出:"整个所谓世界历史不外乎是人通过人的劳动而诞生

的过程。"[①] 劳动教育影响着时代新人的劳动精神面貌、职业技能水平和劳动价值，要重视劳动教育方式创新，提高劳动教育的时效性。

培植大学生积厚成器、健康成长、顺利成才是高校教育的内在职责。创新教育工作、优化教育形式、增强教育效果是高校有待解决的现实问题。做好高校思政工作离不开具备专业素养的教师，也离不开具有创新能力的教育工作者。新时期高校劳动教育方式的创新，为高校教育的实践创新工作提供了根本遵循，为培育新时期"四有新人"提供了丰厚素材，是创新高校思想政治教育实践的重要路径。立足新时期，高校应开阔视野、转变观念、创新理念，将劳动教育方式创新的育人元素切实地转化成育人实效，加快实现教育现代化。加强高校劳动教育方式创新，不但让学生体会劳动教育的价值，感受劳动教育的魅力，尊重劳动带来的成果，而且会让学生以辛苦劳动为荣，以好吃懒做为耻，懂得艰苦奋斗。新时期劳动教育面临新问题、新机遇、新挑战。高校要深入了解学生的思想、行为特点，创新劳动教育方式，提高劳动教育方式的时效性，保障高校完成立德树人的艰巨任务。

（三）促进学生德智体美劳全面发展的内在需要

劳动教育是全面发展教育的重要组成部分。苏霍姆林斯基指出："一个人只有劳动素养达到较高境界时才能真正实现全面发展。"[②] 劳动教育具有树德、增智、强体、育美的综合育人价值。可见，劳动教育不容忽视。

劳动教育与德育相结合有利于帮助学生树立高尚的品德。德育教育原则要求道德认知与道德实践并重，讲究理论知识和实践锻炼结合，注重知行合一。劳动教育具有载体价值，在德育中融入劳动教育，可改变以往灌输、讲授式的教育方式，激发学生的积极性、主动性，进而提高德育的实效性，更高效地培养学生的世界观、人生观和价值观，有效地解决德育虚化的问题。

劳动教育与智育相结合有利于培养学生的创造能力。劳动教育作为重要的教育活动，极大地丰富了智育的实施途径和方式。苏霍姆林斯基指出，"儿童的智慧出自他的手指头上"。学生劳动越多，感悟越深刻，

---

① ［德］马克思，恩格斯.马克思恩格斯文集（第1卷）[M].北京：人民出版社，2009：196，185，158-159，163.
② ［苏联］苏霍姆林斯基.帕夫雷什中学[M].北京：教育科学出版社，1983：12.

就能内化为智慧、经验。通过劳动教育，学生不仅能学习到理论知识，还能通过劳动教育实践引发对劳动教育的理论思考，为学生的智力开发提供了更大的可能性，激发学生对知识创造的热情，培养有独立思想、高超技能、良好劳动素养的时代新人。

劳动教育与体育相结合有利于锤炼学生坚强的意志。体育的主要目标是加强学生的身心健康，树立运动意识，提高竞争意识，培养合作精神，多数以竞技类的活动项目呈现。劳动教育实践融入体育中，可以丰富学生体育活动形式，为学生提供更多体育课程选择，既能激发学生的激情，让学生以更愉快的心情完成体育锻炼，又能磨炼其意志。

劳动教育与美育相结合有利于培养学生欣赏美、创造美的能力。席勒在《美育书简》中指出："美育的目的是通过教育提升对美的鉴赏力，让感性和精神力量尽可能地达到和谐。"① 美育是提高学生对美的鉴赏能力。劳动是一种实践创造，对美的表达，需要以劳动为载体，而劳动成果就是对美的展示。劳动教育促进学生树立良好劳动审美观，在劳动创造中形成发掘美、体味美、鉴赏美、创造美的能力。

（四）实现中华民族伟大复兴中国梦的客观要求

中华民族实现伟大复兴中国梦需要高知识、高技术、创新型的劳动者大军。因此，加强劳动教育方式创新，对实现伟大复兴中国梦具有不可或缺的重要作用。

劳动教育方式创新助力中国高质量发展。当前，我国正处于高质量发展阶段，正面临从中国制造大国向中国创造大国转变的难关，肩负着艰巨的改革创新的发展任务，需要大力提倡"工匠精神""劳模精神"。因此，加强劳动教育方式创新，培育具有丰富劳动知识、创新型劳动技能的劳动大军，才能夯实人才基石，发挥人才对于社会发展和全面建成现代化强国的必要性。

劳动教育方式创新助力中国创新发展。全面建成社会主义现代化强国需要有坚定的理想信念，而淬炼政治品格、投身伟大斗争又离不开创新驱动、创新引领和创新发展。创新给予了全面建成社会主义现代化强国源源不绝的动力。加强劳动教育方式创新有利于培养青年群体构

---

① ［德］弗里德里希·席勒.审美教育书简[M].冯至等译.北京：北京大学出版社，1985：151.

建创新思维,引领青年学子在进行伟大斗争中创新教育理念、开拓创新视野、探索创新方法。增强求知意识、竞争意识、服务意识,进而培育出"不负明天的伟大梦想",有骨气、有担当、有作为的社会主义接班人。

国家复兴、人民幸福需要年轻的一代贡献力量。创新型劳动者大军为我国要实现转变经济增长方式、中国创造目标、做强实体经济、建设技术型创新型国家的目标作为重要支撑。高校劳动教育方式创新是达成劳动教育效果最大化的必由之路,既能提高学生对劳动教育的价值认同,又能引导大学生坚定理想信念、培养劳动情怀,让学生自觉地把个人梦想和国家梦想结合在一起,为中国特色社会主义事业的伟大梦想而不懈奋斗。

第二章

新时期高校大学生劳动观念的形成

大学生社会主义劳动价值观念培育的基本内容是"劳动四最"的价值观念，其价值旨归是培养大学生形成奉献社会的劳动主体意识自觉，树立"崇尚劳动"的社会主义劳动理念，养成为满足人民美好生活需要的劳动观念。

第一节　树立正确的劳动观念

一、劳动观

马克思则认为"劳动首先是人和自然之间的过程,是人以自身的活动为中介、调整和控制人和自然之间的物质变换的过程。"①

结合已有研究以及马克思对于劳动的概念界定,本书中的劳动是指人们通过支出体力或脑力来实现对自然、对自身的改造,并创造价值以满足物质或精神需要的活动。需要强调的是,价值一词包含正向价值和负向价值,本书以马克思主义劳动观为理论基础,本书中的劳动特指创造正向价值的活动。关于劳动观,《教育大辞典》中将其界定为:"个人关于劳动的基本看法,是组成人的世界观、思想意识和道德品质的一个重要方面。"②

不同学者对于劳动观的界定持有不同观点。贾鲁音提出,劳动观是人们对劳动的根本看法和态度,它包括人们的劳动态度,对劳动目的、意义等方面的认识,是指导劳动行为的依据。③周利平认为,劳动观是人们对劳动、劳动者的价值认识,基本内容就是人们对劳动、对劳动者的情感态度、思想观念、价值取向,集中表现为劳动精神。④胡杨等人指出,劳动观就是人们对劳动的根本观点、认识和看法,即对劳动的本质、目的、价值等方面的解释、说明和评价。⑤

可见,劳动观是人们对于劳动是什么、劳动的意义及精神等方面的

---

① ［德］马克思,恩格斯.马克思恩格斯选集(第2卷)[M].北京:人民出版社,2012:169.

② 教育大辞典编纂委员会.教育大辞典[M].上海:上海教育出版社,1998:84.

③ 贾鲁音.加强劳动观教育,促进大学生就业[J].学理论,2012(08):171-172.

④ 周利平.新中国成立70年来青年劳动价值观的嬗变[J].湖南第一师范学院学报,2019(04):16-19.

⑤ 胡杨,王滨.新时代劳动观教育:价值指向、认识基础与逻辑理路[J].沈阳大学学报(社会科学版),2019(04):70-73,84.

认识和看法,这种认识会影响人们实际的劳动意愿和劳动态度,引导并通过人们具体的劳动行为体现出来。

由于本书指向的主体为大学生。因此,本书将劳动观界定为:大学生对于劳动的基本认识,主要包括对于劳动的概念和形式、劳动意义、劳动精神等方面的认识以及由此体现出的行为倾向。这一概念主要强调两点:第一,劳动观是大学生对于劳动的主观认识;第二,劳动观影响并通过大学生的劳动行为倾向体现出来。

二、劳动观培育

我们应该注意区分劳动观与劳动观培育、劳动教育与劳动观培育两对范畴的关系。只有正确区分以上两对范畴的关系,才能逻辑清晰地开展研究。

（一）劳动观与劳动观培育

在上文中我们已经对劳动观进行了定义。既然劳动观属于认识的范畴,认识存在正确和错误之分,劳动观自然也有正确的劳动观和错误的劳动观两种类型。劳动观培育是指为了帮助受教育者树立正确的劳动观而开展的有目的的教育活动。劳动观培育工作的开展需要依靠家庭、学校和社会等多方力量。劳动观与劳动观培育二者最显著的区别是:劳动观作为一种思想观念,存在于人的头脑之中,而劳动观培育作为一种思想政治教育活动是客观存在的。劳动观与劳动观培育的联系是劳动观培育的目的是帮助受教育者树立正确的劳动观。

（二）劳动教育与劳动观培育

劳动教育和劳动观培育是既相互联系又有区别的两个概念。一方面,劳动教育除了包含劳动观培育之外,还包括对劳动知识和技能的教育。从概念的外延来看,劳动教育大于劳动观培育,劳动观培育只作为劳动教育中的一个环节和部分。另一方面,进行劳动知识和技能方面的教育也是实现劳动观培育的途径和手段之一。在进行劳动知识和技能教育的过程中,容易使受教育者感受到劳动的重要性和重大意义,这在一定程度上会推动受教育者树立正确的劳动观念。

（三）新时期大学生劳动观培育

不同的受教育群体，因其所处的人生阶段和所经历的成长环境不同，会使得劳动观培育的出发点、落脚点以及路径等有所区别。一方面，大学生精力充沛，处于此阶段的新时期大学生是实现中华民族伟大复兴的重要力量，相较于其他年龄和阶段的受教育者而言，新时期大学生群体所需要承担的责任更重，在其劳动观培育过程中，对其要求就更严格。另一方面，新时期大学生的成长环境更为复杂。他们成长在互联网文化高度发达的环境下，互联网上良莠不齐的信息随处可见，他们对手机和网络的依赖性更强，同时也更容易受到一些错误信息的影响。因此，新时期大学生劳动观培育的内容与方法要与其他受教育群体相区别。通过分析国家对于高校劳动教育的定位以及新时期大学生群体的特殊性，我们可以认为相较于其他群体而言，在培育内容上，对新时期大学生劳动观的培育更加注重创新劳动意识的培养；在培育的形式上，对新时期大学生劳动观的培育更注重形式的多样化。新时期大学生劳动观培育是高校在遵循大学生思想发展规律的基础上，向大学生传递满足社会发展要求的劳动观的教育活动，目的是使新时期大学生树立起正确的劳动观。

三、新时期大学生应该具备的正确劳动观

新时期大学生应该具备的正确劳动观不仅根植于马克思主义经典作家的劳动观，而且还深受中华优秀传统文化的涵养，更是对中国共产党领导人劳动观的继承。概括来说，新时期大学生应该具备的正确劳动观可以划分为：劳动态度、劳动意义、劳动取向、劳动目的四个方面，这四个方面有所不同、各有侧重，但同时又相互联系、互相依存，形成了一个有机整体。

（一）劳动态度：崇尚劳动、尊重劳动

崇尚劳动、尊重劳动既是新时期大学生正确落实劳动取向的基础，也是正确认识劳动意义与目的的前提。

1. 崇尚劳动、尊重劳动的概念界定

对待劳动应该怀有崇尚和尊重的态度，这是因为劳动对于人和社会的起源与发展都起着不容忽视的作用。劳动使人和动物区分开来，也是劳动使人类社会从野蛮状态走向文明状态，劳动因此而伟大和崇高。崇尚劳动、尊重劳动是指全社会要尊重和保护一切有益于人民和社会的劳动。自古以来，我国就有崇尚劳动、尊重劳动的情感倾向，无论是在中国神话、古代典籍或是古代思想家的主张中都有所体现。

我们十分清楚，无论是个人生活的改善还是社会整体的进步，都离不开艰辛的劳动。在中华民族数千年的发展历程中，每一次跨越前进，都离不开劳动者的聪明才智。回望历史，正是因为有无数代劳动模范和劳动人民的无私奉献，才有国家的兴盛与富强。因此，新时期大学生要端正对待劳动的态度，做到发自内心地崇尚劳动、尊重劳动。

2. 崇尚劳动、尊重劳动的具体表现

崇尚劳动、尊重劳动表现为崇尚和尊重劳动本身、崇尚和尊重劳动者、崇尚和尊重劳动成果三个方面。

首先，崇尚和尊重劳动是指"崇尚和尊重劳动本身"。按照不同的形式来划分，劳动可以分为体力劳动与脑力劳动、简单劳动与复杂劳动等多种类型，但无论何种类型的劳动，只要是有利于国家和人民发展的劳动，都值得崇尚和尊重。

其次，崇尚和尊重劳动是指"崇尚和尊重劳动者"。根据分工、地域、身体状况等不同的标准划分，劳动者也有不同的类型，如体力劳动者和脑力劳动者、本地劳动者和外地劳动者、健康的劳动者与残疾劳动者等。崇尚和尊重劳动是指平等看待各种类型的劳动者，不歧视任何劳动者，尊重他们的人格，尊重他们的劳动行为和劳动成果。

最后，崇尚和尊重劳动是指"崇尚和尊重劳动成果"。劳动成果可分为脑力劳动成果和体力劳动成果，对科技发明、文学创作等脑力劳动成果的崇尚和尊重体现在保护其知识产权上，不剽窃、不盗用他人劳动成果。对通过体力劳动获得的劳动成果的崇尚和尊重体现在勤俭节约上，不浪费、不挥霍劳动成果。以上这就是崇尚劳动、尊重劳动的表现。

立足当前，中国之所以能取得如此快速的发展，与广大劳动人民的辛勤劳动密不可分。有利于国家和人民发展的劳动值得每一个人崇尚

和尊重,辛勤工作的劳动者以及他们创造的劳动成果更值得每一个人尊重。新时期大学生只有充分崇尚劳动、尊重劳动,才能激发工作热情,激发创造力,创造幸福生活,才能为早日实现中国梦贡献力量。

（二）劳动意义：劳动最光荣、最崇高、最伟大、最美丽

作为新时期大学生必须掌握的道理,用"四个最"来概括劳动的意义,具有十分鲜明的时代特征。

1. 劳动最光荣、最崇高、最伟大、最美丽的概念界定

"劳动最光荣、最崇高、最伟大、最美丽"是对劳动所持的心理倾向和情感表达,是对劳动更深层面的认可,彰显了劳动的价值与意义。要理解和掌握劳动"四最"的道理,需要我们进一步思考:劳动何以最光荣、最崇高、最伟大、最美丽。对于这一问题,可以从以下两个方面来回答:一方面,劳动成就了人,是人的本质力量的彰显;另一方面,劳动开创了人类历史,推动了社会的进步。恩格斯说过,劳动既创造了人本身,同时也促进了人的全面发展,是劳动成就了人。马克思说过,整个世界历史是通过人的劳动才得以诞生的,也就是说,劳动创造了历史,同时劳动形态的变化带来了社会形态的变化。因此,劳动对于个人和社会而言都发挥着不容忽视的作用。

就目前中国取得的一切成就以及创造的一系列奇迹而言,无一不是广大劳动人民奋斗的结果。无论是我们取得的成就还是创造的奇迹,其中都凝聚了无数劳动人民的心血。作为社会主义建设的接班人,新时期大学生必须要理解,通过劳动我们才创造了辉煌的历史,同样劳动也将带来美好的未来,这是劳动最光荣、最崇高、最伟大、最美丽的原因。

2. 劳动最光荣、最崇高、最伟大、最美丽的具体表现

劳动"四最"表现在以下两个方面:

其一,就劳动本身而言,劳动最光荣、最崇高、最伟大、最美丽。也就是说,不仅人的全面发展依靠劳动,社会的进步同样依靠劳动。对于个体而言,劳动既可以强健躯体,又可以满足自身的精神追求;对于国家和社会而言,劳动既可以促进社会进步,同时能够增强国际地位,带来社会安定。

其二，就劳动者而言，劳动者最光荣、最崇高、最伟大、最美丽。劳动者通过劳动创造了物质财富和精神财富，既满足了人们的物质需求和精神需求，又为社会的发展提供了保障，因此劳动者是最光荣、最崇高、最伟大、最美丽的。通过劳动，人们将自然界中存在的事物转化为人类生活所必需的元素，从而创造出社会财富和文明价值。无论是在任何时代，劳动都体现出了价值和意义。对于生长在新时期的大学生而言，现如今更需要通过他们积极的劳动实践来实现国家的富强和民族的振兴，因此他们应当充分理解劳动的意义，为能够具备正确的劳动取向奠定良好的思想基础。

（三）劳动取向：辛勤劳动、诚实劳动、创造性劳动

1. 辛勤劳动、诚实劳动、创造性劳动的概念界定

辛勤劳动是对应该如何进行劳动的正确回答。辛勤劳动强调的是，劳动者能发自内心地埋头苦干，勤勤恳恳做好自己的本职工作。现如今，有太多的人轻视实干，认为巧干才是成功的捷径，但习近平总书记多次指出，实干才能梦想成真。实干体现的实质是脚踏实地、任劳任怨、艰苦奋斗。

诚实劳动是对如何劳动的另一个回答。诚实劳动是每一个劳动者在劳动过程中应该秉持的基本原则。诚实使劳动闪耀出最辉煌、最高尚的光辉。遵守劳动标准、职业道德、法律法规、实事求是，这些是劳动者在劳动过程中应该遵守的劳动准则，是诚实劳动的体现。只有真实、诚信地工作，才能使我们踏踏实实地收获劳动成果，虚假劳动只能在短时间内蒙蔽自己，无法真正解决问题，因此新时期大学生必须诚实劳动。

创造性劳动是对如何劳动的再一个回答。创造性劳动是指劳动者要充分利用科技知识开展创新劳动，以此提高劳动效率和劳动质量。创造性劳动不仅仅是依靠体力劳动那么单一，通常需要非比寻常的体力和脑力的结合，在劳动过程中要不断思考。新时期大学生进行创造性劳动的关键是要避免循规蹈矩，要敢于打破老一套的方法和模式，创造新的劳动方式。放眼世界发展的潮流，影响人类历史进程的三次科技革命无一不是创造性劳动的结果，毫不夸张地说，创造性劳动改变了人类的生产生活方式。国家的发展需要创造性劳动，作为社会主义事业的继承者，新时期大学生必须树立起创造性劳动的取向。

2. 辛勤劳动、诚实劳动、创造性劳动的具体表现

辛勤劳动表现为脚踏实地,奋发干事。回溯历史,我们取得的任何成就无一不是依靠辛勤劳动创造出来的。未来更需要我们脚踏实地、勤勉劳动。新时期大学生要学会抵制一切与"辛勤劳动"背道而驰的思想,不幻想不付出任何努力就能获得收获的生活,不梦想一夜之间变得富有的生活。新时期大学生要在最应该奋斗的时期,充分释放自己的精力、释放自己的思想和创造力。俗话说,"三百六十行,行行出状元",新时期大学生只要愿意拼搏、敢于付出、勤于工作,在各行各业都能实现自己的梦想。为了实现美好的梦想,过上自己期待的生活,每个人都必须努力工作、辛勤劳动。

诚实劳动表现在实干与诚信两个方面。实干强调的是"宁拙毋巧"的劳动选择,即尊重劳动规律,不投机取巧、不急功近利。实干首先要脚踏实地劳动,只有实干才能让梦想成真。诚信强调的是劳动者秉持诚实劳动的理念,在日常经营中,不以次充好、不造假售假;在工作时,不偷懒、不投机取巧。无论是平凡的一线劳动者还是行业翘楚,无论身处何种岗位,从事何种劳动都要以诚信劳动为指南,这才是劳动的应有之义和应然模样。作为新时期大学生,在校期间应该率先杜绝论文抄袭、数据伪造等不诚信的行为,在学业上做到诚实守信,树立起诚实劳动的取向,便于在日后能够诚实劳动。

创造性劳动表现在劳动工具的创新、劳动技术的创新和劳动理念的创新三个方面。首先,如果在人类进化过程中,人类没有对劳动工具进行创新改造,也就无法创造现如今文明的社会。创新劳动工具一方面能够解放人类,另一方面能够极大地提高劳动效率。其次,劳动技术的创新对于现代社会而言至关重要。目前,中国仍在由"制造大国"向"创造大国"转变的进程中,要早日实现"创造大国"的目标,离不开劳动技术的创新。最后,劳动理念的创新是实现创造性劳动的根本。只有率先具备创新的理念,才能指导劳动者开展创造性的劳动,同时在进行创造性劳动的过程中,劳动者的劳动理念又能不断发展。

面对国家发展的需要和社会就业环境的严峻形势,新时期大学生既要提高辛勤劳动的自觉性,又要增强诚实劳动的意识,还要具备勇于创新的时代品质,争做全能型的劳动者,为自身发展蓄力,为国家进步贡献力量。

（四）劳动目的：劳动创造幸福

1.劳动创造幸福的概念界定

现如今，由于生活和工作的诸多压力，许多人对幸福的理解出现了偏差。有不少人认为，幸福就是不用劳动就能满足自己的物质生活需要，但真正的幸福并不是不劳而获。对于个人来说，人之所以劳动，是因为劳动能给人带来幸福生活。幸福的实现与个人需要的满足有紧密联系。通过劳动，人既创造了自身生存和发展所必需的物质财富，又创造了精神财富，满足了人多方面的需要。对于社会来说，人的劳动能够推动社会的发展和进步，能够给予他人幸福生活的保障。

2.劳动创造幸福的具体表现

目前，人们普遍承受着诸多的外部压力，导致许多人体悟不到劳动创造幸福的道理。为此，剖析劳动创造幸福是何以体现的就显得十分重要。劳动创造幸福主要表现为三个方面：

其一，劳动主体通过劳动获得物质层面的幸福。物质需求是人最基本的需求，通过劳动，人们获得用以满足物质层面的资料，体会到初步的幸福。

其二，劳动主体通过劳动获得精神层面的幸福。通过劳动人不但创造了丰富的物质财富，还创造了包括语言、文字、艺术等在内的精神财富，从而获得身心的愉悦，进一步体悟到幸福的感觉。

其三，劳动主体通过与他人的联系获得社会幸福。人无法单独存在于社会中，总要与他人发生联系，劳动产品的交换是人与人之间发生联系的媒介。人的需求是多方面的，人们需要通过劳动产品的交换来实现自身多样化的需求，劳动创造出来的价值也需要依靠他人才能体现。

现如今，国家的发展处于新的历史方位，我们正向着第二个百年奋斗目标进军，新时期大学生肩负着民族复兴的重任，更应当充分掌握劳动创造幸福的道理，树立正确的劳动目的观，为了个人幸福和民族振兴而劳动。

四、新时期大学生树立正确的劳动观的意义

劳动价值观作为劳动教育的核心,对于大学生而言,正确劳动价值观的培育可以帮助大学生树立正确的劳动态度,做出正确的价值选择。进入新时期后,世界文明交流互鉴成为常态,如何应对多元文化对大学生良好劳动价值观培育的挑战,在新时期就显得尤为重要。

(一)构建德智体美劳全面培养的教育体系的必然要求

新中国成立以来,中国共产党高度重视教育与生产劳动相结合,并通过实践不断发展这一理论。这既能促进教育与国民经济发展相适应,也是培育全面发展新人的根本途径。习近平总书记站在党和国家教育事业全面发展的高度,在 2018 年 9 月 10 日全国教育大会上进一步丰富和发展了党的教育方针,提出"要努力构建德智体美劳全面培养的教育体系",为社会培养德智体美劳全面发展的建设者和接班人提供理论支撑。这既为新时期劳动教育指明了方向,也为劳动教育提出了新任务、新课题。新时期劳动教育体系需要全新构建,以进一步彰显"五育并举"、全面育人的理念。劳动教育不仅是传授学生劳动的知识和技能,而且关涉到劳动价值观培育的问题,要在整个育人的过程中,在学生的行为习惯的养成中培养劳动意识,以及基本的生存能力、责任担当意识,培养国家、民族和社会的可用之才。一方面,新时期大学生劳动价值观培育是新时期教育体系的重要内容,确保对教育事业有清晰、准确、深入理解的基础上,贯彻落实新时期党的教育方针,从而保持清醒的头脑和思想定力,不断增强贯彻落实新时期党的教育方针的自觉性和坚定性;另一方面,劳动价值观培育是将新时期大学生培养成德智体美劳全面发展的建设者和接班人的重要任务,是党的教育方针"培养什么样的人"的理论践行,对于建设社会主义教育强国、全面提升公民综合素质、实现中华民族伟大复兴具有重要而深远的意义。

(二)高校落实立德树人根本任务的重要途径

教育的根本任务是立德树人,"立德"是对学生道德品质提出的要求,"树人"就是培养人才,培养社会主义的建设者和接班人。"立德树人"要求高校加快构建充满活力、富有效率的体制机制,培养具有较高道德

水平的人才。培育大学生正确的劳动价值观、养成良好的劳动习惯是德育工作的重要内容。这不仅要让学生掌握劳动知识、学会劳动技术、掌握劳动技能之外，更重要的是培养学生养成坚韧不拔、勇于拼搏、热爱劳动的精神，旨在促进大学生劳动知识丰富、能力锻炼的基础上，增强大学生体育、智育、美育、德育、劳育协同发展，懂得劳动可以成就幸福人生。当前，我国正处在全面深化改革的攻坚期，社会问题集中呈现，劳动教育也出现异化现象。

2016 年，习近平总书记在全国高校思想政治工作会议上提出把立德树人作为教育教学的中心环节，把思想政治工作贯穿教育教学全过程，实现"三全"育人的新局面。对于新时期大学生劳动教育而言，要将劳动价值观培育贯穿于立德树人的全过程，以劳动教育来养德、启智、健体、益美，充分发挥劳动全面育人的功能，即通过家庭、社会、学校三方协同帮助学生树立正确的劳动观念，培育积极的劳动精神，养成良好的劳动习惯和劳动品质，才能确保新时期大学生立德树人根本任务的实现。

（三）新时期大学生全面发展的现实需要

劳动是人类社会发展的基础和保障，同时也是实现人全面发展的必要条件和动力因素。劳动教育的目的是通过适当的教育途径培育具有健康劳动价值观、追求社会正义、实现体力脑力结合，以及养成具有自由个性的全面发展的人。新时期大学生正处在世界观、价值观、人生观成熟的关键时期，青年大学生是新时期先进劳动力的代表，如果大学生缺乏正确的劳动价值观，不利于大学生全面发展，也不利于为社会培养高素质的劳动者。长期以来，由于人们对劳动的观念和对劳动教育理解的偏差，一直以来受到学校和家庭的忽视，导致劳动教育被逐渐边缘化。加之体力劳动还曾被作为惩罚的手段，长此以往青年大学生会认为劳动就只是体力的重复作业，会对劳动产生厌恶、轻视的心理。新时期不仅要进行劳动能力、观念、态度的培养，更要加强大学生的劳动价值观培育，劳动教育与德智、体育、智育、美育一起构成更加全面完整的育人体系，但彼此并非独立而排斥，而是相互交织且价值互渗。

五、新时期大学生树立正确的劳动观的路径

劳动教育是培养新时期优秀人才的重要保障，而树立正确的劳动价值观则是做好劳动教育的必要前提。因此,培育好新时期劳动价值观需要在发挥好高校"主阵地"作用的基础上,通过政策引领、社会支持、家庭参与、大学生践行等各方力量协同构建,共同促进大学生形成良好的劳动价值观。

（一）更新教育理念,明确培养大学生劳动观的目标

1.回归教育本质,更新教育理念

教书育人理念先行,必须要有正确的教育理念、育人理念。科学的教育理念为教育主体提供方向性指导,而错误的教育理念会使教育发生偏向。只有树立全面发展的教育理念、协作共赢的理念、创新劳动的育人理念,才能保障劳动观教育方向的正确性。

第一,树立"五育"融合发展的育人理念。过去我国教育方针在表述上多强调德智体美,劳动教育被作为一项重要活动看待,劳动多处于边缘化的地位,导致劳动教育是整个教育体系当中的短板,相应的劳动观教育也始终得不到重视。在教育方针的指导下,学校更看重大学生整体的品德、学习成绩的高低,劳动被排斥在考量学生全面发展的管理以外。在家庭教育中,受"唯分数"应试教育的影响,家长更是忽略劳动的重要性,致使大学生把成绩视为最看重的指标,这种错误的观念意识严重影响学生劳动观的培养,使其始终维持在一种不温不火的状态。因此,要转变教育主体的思想观念,真正明白其他四育与劳育之间的关系,充分发挥其相互促进的功能。一是扩充提升德育的范围,不能将其局限于理论的说教,而应使大学生通过参与劳动实践,在真实体验中明事理、知荣辱。二是随着生产力水平的不断提升,新时期社会发展需求的劳动人才已不再是从事简单的劳动即可,其要求拥有一定的知识存量及掌握相应的专业能力,因此使劳育与智育结合起来,在智育中汲取劳动专业知识与能力,在劳动实践中开辟新的学习思路和方式,提升创新能力。三是使劳育与体育相结合,一方面,可以使大学生在具体锻炼中提高身体素质,磨炼意志,形成健康的身心与人格;另一方面,在体力运动与脑力运动协调转换下,不仅可以充分调动身体的各方面机能,锻炼动手及思维能力,还可以使大学生缓解和释放负面情绪及学业、就业等压力。四是将劳育与美育相结合,美育可以使学生在劳动实践中发现美、认识美,拥有认知美好的基本能力,以致学生在面对残酷社会现实

时仍有对抗负面消极信息的情感世界。因此，五育之间是紧密联系、相互促进的，只有以"五育"融合的教育理念为指导，才能培养出具有全面发展的高素质人才。

第二，树立创新劳动的教育理念。当今科技突飞猛进，人工智能等新技术快速发展，越来越多的体力劳动的岗位被机器取代，在新的时代背景下，劳动观教育必须直面环境的变化，不断更新教育的方式与观念，树立创新劳动的教育理念。一方面，要认识到人们的生产生活方式与科技的结合日益紧密，不仅脑力劳动的占比不断提升，而且还产生了新兴的数字劳动形态，社会发展对大学生成长成才的具体要求更加强调创新的作用，而要想培育出契合这个时代未来发展诉求的专业人才，各教育主体在对大学生进行劳动观教育时，不能刻板地将劳动等同于传统的体力劳动，唯有树立创新劳动的育人理念，才能提升大学生劳动素养。另一方面，从大学生自身特点分析来看，当前的"00"后大学生有更开放的思维、敢于冒险、愿意尝试新事物以及极强的个性等，在具体的劳动实践中，更倾向于参加创新性的活动而不愿参与日常的简单劳动……这都要求在实际的劳动观教育工作中，教育者必须树立创新劳动的育人理念，以此才能满足大学生的创新需求，以达到提升大学生劳动观的效果。

2.明确新时期大学生劳动观教育的目标

（1）崇尚劳动，正确认识劳动的本质和价值

苏霍姆林斯基强调，劳动在人们脑中的呈现方式即被视为物质财富的来源还是充实精神世界的方式，在一定程度上可以反映当前社会的道德水平。因此，大学生劳动观教育的最基本的内容就是要使其在脑海中形成对劳动的正确认识。一方面，要知晓劳动的概念，明晰其本质。虽然生产力的不断提升致使劳动形态发生多次迭代，但是劳动作为改造自然、促进社会发展以及完善自我的重要手段的定位并未发生改变。所以，在教育过程中各教育主体都要以此为基准不断强化大学生的劳动认知。另一方面，大学生要进一步明晰劳动在人与人类社会之间存在的关键性价值，将经典劳动观与新时期劳动观融合起来，重新审视劳动的价值与意义。第一，不仅要明白劳动在人与动物、人与社会之间发挥着基础性作用，是劳动创造了我们赖以生存的人类世界，还要明白在未来实现中国梦的路途中，劳动仍发挥核心作用，占据不可替代的地位。第二，

大学生要充分认识劳动的经济性价值,意识到国家富强、民族振兴、人民幸福的美好生活是一代代人接力奋斗出来的,不劳而获是不可取的,教育学生只有依靠自身劳动才能铺就属于自己的人生之路。第三,要全面认识劳动对个人成长的助推作用,发挥劳动对学生意志和毅力的磨炼,锤炼学生的品格。还能使人在劳动中感到快乐,给人一种精神上的支持,甚至让人找到人生价值的意义。

（2）尊重劳动,塑造正向的劳动态度

第一,大学生要尊重劳动者。即使人们从事不同的行业、运用不同的劳动方式、获得劳动报酬的多少及难易程度千差万别,但不可否认的是他们自食其力,通过自身劳动创造社会价值且实现自我价值。因此,我们要尊重各行各业的劳动者,在肯定其价值的同时,也要学习他们用实际行动奔向美好生活的态度。第二,要珍惜劳动成果,要明白我们现在所拥有的一切无不凝聚着劳动者辛勤劳动的汗水。尽管当前人们的生活越来越好,但是我们依旧需要保持勤俭节约的优良品德,反对铺张浪费。正如毛主席所说"贪污和浪费都是极大的犯罪",要引导学生明白"奢靡之始,危亡之渐"的道理。第三,大学生要明白实现人生价值的方式、衡量其价值的标准有很多,不应仅用社会地位的高低、从事工作的稳定与否、获得财富的多少来判断。新时期青年应立志做大事,在国家现实需求中实现自我价值,而不能一叶障目、不见泰山。

（3）热爱劳动,积极弘扬劳模精神

劳模精神反映的是劳动者在特定时代的精神风貌,它不仅是社会主义核心价值观的具体化,更是激励我们勇往直前的强大力量。因此,要以劳模高尚的情操带动全社会,引领广大劳动群众用实干精神不断前行。而大学生作为中华民族伟大复兴事业的生力军与突击队,更应该弘扬劳模精神,在全社会宣传其传递出的正能量。要想实现这一要求,大学生应认真了解历届劳模和先进工作者的事迹,从鲜活的事例中正确看待体力劳动与脑力劳动的分工、理解付出与回报之间的辩证关系,树立正确的劳动分工观及过程观。同时,大学生通过深入学习劳模精神的内涵要义,正确理解艰苦奋斗、甘于奉献的含义,使大学生在面对挫折困难时理性面对,认识个人与集体、理想与现实之间的关系,使大学生踏踏实实劳动。

（4）乐于劳动,做到知行合一

在正确的劳动认知、正向的劳动态度和积极的劳动精神基础上,最关键是要引导大学生将其表现在具体的劳动行为中。当前大学生在劳动行为方面存在的最大问题是仅能认识到劳动的作用，但是并不能在具体的劳动实践中践行。因此，要引导大学生积极参与劳动，在具体的劳动实践中，提高认识，增长才干，做到诚实、辛勤及创造劳动。一是在参加日常生活劳动中，注重提升个人生活自理能力，在劳动中强化自立意识，为学生健康发展、更好适应社会奠定基础。二是引导大学生积极参加公益劳动，注重培育学生的公共服务意识，运用所学知识更好地为他人和社会服务，强化责任意识。三是鼓励大学生创造性劳动，无论是从当前社会发展还是从国家政策制定偏向的角度来看，创新性劳动只增不减，因此将创新劳动纳入教育体系中，以培养学生的创造性劳动意识和思维。

（二）构建完善的高校劳动价值观培育机制

制度的完善可以保证组织有效运转，促进事物朝着更好、更快、更完善的方向发展，从而逐步达成组织的目标。高校作为大学生劳动价值观培育的主阵地，不仅要有完善的制度保障，还应该将其落在实处，更好地发挥高校对大学生劳动价值观培育的管理、评价和监督。

1. 构建完善的高校劳动价值观培育制度体系

构建完善的高校劳动价值观培育制度体系和管理机制是新时期劳动育人体系的基本保障。《中国教育改革和发展纲要》指出，各级各类学校都要把劳动教育列入教学计划，逐步做到制度化、系列化，高校教学管理部门应根据相关政策法规的要求，结合学生的个性特征和时代需求，运用现代化、多样化的手段，科学合理地制定符合劳动价值观培育目标。可以从教学管理、课程设置、教师队伍建设、教学评价等方面制定具体的实施细则，以确保劳动价值观培育的质量和实效。与此同时，还应注意：一方面，对于学生中不正确的劳动态度和劳动行为，需制定明确的教育和处罚制度，督促学生养成尊重劳动、热爱劳动、具有劳动意识的自觉；另一方面，应该明确科学的劳动价值观培育管理机制不仅针对学生，同时对师资队伍也应有具体的管理要求和目标。对师资队伍的管理也是劳动观教育非常重要的一环，高校应该注重劳动课程教师的业务能力，挖掘思政课教师、劳动专业课教师及不同专业的专业课教师对大学生劳动价值观培育的有效渗透力量，不断提升劳动价值观培育师资队伍的理论素养和实践能力,调动并发挥他们工作的积极性和主动性。与此同时,学校各部门还应各尽其责、分工合作,积极做好劳动价值观培育的各项工作,才能促进高校劳动价值观的有效培育。

2.建设科学的劳动价格培育体系

劳动价值观培育劳动教育课程评价是一项涉及范畴广的评价活动。劳动教育课程的评价并不是停留在表层的对学生劳动知识、劳动成果的评价,还应包括学生劳动能力、劳动素养、劳动态度等方面的评价。因此,劳动教育评价要采取综合评价方式,既包含多种评价主体,又包括多种评价方式。

(1)坚持正确的评价理念

第一,坚持立德树人、全面发展的评价理念。学校的一切教学活动都应以立德树人为根本任务,劳动价值观培育活动的开展也要围绕这一任务展开。此外,学校还要协调好劳动教育与德育、智育、体育、美育之间的关系,从而促使学生健康发展、快乐学习。

第二,坚持以评促教、以评促学的评价理念。劳动价值观培育的评价只是一种方法手段,并不是目的,对劳动价值观培育进行评价的目的是发现教师教学以及学生学习中的问题与不足,从而指导教师改进教育教学方法与手段,引导学生找到学习问题,从而更好地发挥评价结果的诊断、激励作用。

第三,坚持科学评价、智能评价的评价理念。评价的方法要科学合理,不仅要对学生的劳动成果进行评价,还应注重学生的劳动过程,评价要有理可依、有据可循,除了人为评价以外,还可以将人工智能引入评价系统中来,促进评价系统的智能化、常态化,建立学生劳动大数据,使学生劳动情况可视化,并且提出相应的劳动建议,这种多层次、多因素的评价可以提高评价的精准度,以更好地指导劳动教育的改善。

第四,坚持多维多元、综合评价的评价体系。应该建立三维评价目标,从劳动知识技能、劳动的过程与方法及劳动的情感、态度、价值观等方面全面分析评价学生的劳动。并且,评价的主体应是教师、学生、家庭、社会等方面的综合体,只有做到多维多元,才能得到综合客观的评价结果。

(2)采用多维评价指标

一方面,校内评价指标的建设。劳动教育评价活动涉及多方主体,评价内容既包括可直接观测与考查的内容，也包括难以直观评估的内容。劳动价值观评价本身就是一个复杂的过程，再加上许多学校对于劳动价值观的评价处于无指标可参考的摸索阶段，造成了劳动教育评价混乱、随意的现状。因此，有必要制定一个劳动教育评价指标体系，让劳动教育评价有据可依。指标体系及评价要兼顾劳动内容、劳动操作实践、劳动素养三个维度。评价框架也要遵循劳动内容、劳动实践、劳动素养相融合的目标与原则。

另一方面，校外评价指标的建设。在劳动价值观评价中存在家长不会评价、教师收到家长的评价不及时、教师对学生家庭劳动情况不了解等问题，因此就需要建立一个家庭劳动指标体系，使家庭劳动情况可视化，以及建立一个社会劳动价值观评价指标体系，使社会劳动情况明了化。有了劳动价值观评价指标体系的导向，学生的劳动也就有了方向，家长、社会相关人员的评价也就有了参考。家庭在劳动价值观培育中发挥着基础性的作用，要通过良好家风的建设，日常生活的言传身教、潜移默化，让学生养成从小爱劳动的好习惯。

3. 设立完备的劳动价值观培育监督机制

在完善新时期劳动价值观培育的管理机制和评价机制的基础上，组建高素质劳动价值观培育的学科督学队伍，规范督导流程，完善督导标准，提高督导专业水平，健全督学工作保障机制和激励机制也是提升新时期大学生劳动价值培育的重要一环。聚焦大学生劳动价值观培育教育的内在需求，及时设置贴合学生实际和特点的教学、教研、评价等关键环节问题，为大学生学校劳动价值观培育工作提供高水平参考建议。为了实现这一目标，首先就应该将劳动教育课程与劳动教育评价相结合，在此基础上进行改革，并保证课程设置与评价目标的取向一致，才能促进大学生劳动价值观培育更具实效。其次，建设相应的督导机制，以确保大学生劳动价值观培育能在此基础上，高校、教育者和学生都能自觉自愿地将价值观培育真正地入脑入心践行。这就需要把劳动价值观培育纳入督导体系，以督导推动学校改进劳动教育的方式，按规定将劳动教育督导评估结果向社会公开，并作为各级各类学校考核奖惩的重要参考依据。最后，在监督机制的设立上，应该完善多元主体评价机制，注重对学生的全过程评价，注重劳动过程中学生的劳动情感、态度、价值观的变化，使评价结果更客观。同时，教师应该帮助学生在充分认识自己的基础上,激发学生的劳动积极性与热情。另外,学校要记录学生的劳动价值观培育评价,把劳动评价结果作为衡量学生全面发展的重要内容,作为选拔、评优、评先的重要参考因素。

（三）发挥好高校校园文化的熏陶作用

切实将劳动价值观培育融入高校人才培育的全过程,需加强劳动价值观培育与校园文化融合,应积极发挥高校物质文化、制度文化、精神文化、网络文化及行为文化对大学生劳动价值观培育的凝聚、导向和渗透功能。

1. 促进校园物质文化建设

高校物质文化的建设是促成大学生劳动价值观培育的肥沃土壤,主要包含校园内硬性设施、环境布局、建筑风格、教学设施条件等。高校物质文化以其外显的感性特征直观反映高校校园文化,是其他校园文化存在和发展的前提,同时在感官上直接影响学生,发挥其潜移默化、陶冶学生情操的功能。自改革开放以来,高校物质文化建设日新月异,随着新元素、新对象、新需求的不断涌现,结合学校办学理念和办学特色,高校形成了一批独具特色的物质文化建设成果,但还需进行不断的完善和发展。一方面,高校要重视校园自然物质环境的建设,在广大师生的工作、学习和生活的场景中重视楼宇文化的建设,发挥教学场所、校园、宿舍、食堂、楼宇文化等硬件设施的建设,为师生员工提供良好的场所;与此同时,要积极发挥自然环境"第二课堂"的作用,在学习生活的点滴中渗透、传承并弘扬劳模精神、劳动精神与工匠精神,促使教师和学生树立正确的劳动价值观念,摒弃精致利己主义思想。另一方面,高校物质文化建设不仅要为师生提供完美的工作及生活的自然环境,还应发挥人本思想,重视人文环境的建设,积极构建以宣传劳动精神为主题,营造积极向上、导向清晰的育人氛围。高校可以利用文化墙,通过张贴标语、宣传劳动模范事迹等与劳动相关的内容,在思想上增强广大师生对劳动教育的认同感,帮助大学生树立正确的劳动理念,培养大学生正确的劳动价值观。总之,校园物质文化建设是一个需要长期建设的系统工程,需要多方力量的共同帮助,需要协调各方力量,在加大投入的基础上,通过科学化和技术化的手段在物质载体上不断亮化、绿化、美化。

2. 规范校园制度文化建设

校园制度文化是高校校园文化建设的保障，健全规范的制度可以更加合理有效地促使广大师生开展各类劳动价值观培育活动。劳动价值观培育在高校制度文化建设中一直处于缺席的状态，因此只有系统持续地加强制度文化建设，才能逐步实现规章制度与劳动教育发展目标的深度契合。高校制度文化体现在劳动价值观培育上主要包括高校的传统仪式，即教育教学、检查评估、考核奖惩等规章制度。

首先，校训、校纪对师生的行为规范具有一定的指导和规范意义，高校应对其进行不断的完善和阐释，并为其注入新的血液，一部校史也是一部劳动教育史，高校的发展离不开一代又一代知识分子的发展和壮大，应积极发挥高校这一作用，培育师生爱劳动、勤劳动的精神。

其次，高校作为学生步入社会走向工作岗位的过渡阶段，应积极开展相应的课程培训和实践，在教学制度上，应该设立专门劳动价值观培育课程，监督课程高质量完成，并通过制度的倡导提升师生对劳动的积极性。

再次，高校应将评估制度贯穿于劳动价值观培育课程的始终，可以本着促进学生全面发展的育人目标，巧妙地将劳动相关课程和活动列入学生的综合评价体系当中，作为大学生的一项基础评价指标。

最后，还应该在全校建立健全师资队伍劳动价值观培育考核和奖惩机制，高校可以通过劳动价值观课程标准审核和教案评价制度等，评选优秀劳动价值观培育途径，激发全校师生锐意进取的精神，从而发挥其主流引领、价值趋同的作用。

3. 重视校园精神文化建设

高校校园精神文化是高校文化建设的灵魂，要加强高校劳动价值观培育，不仅要发挥物质文化的作用，更要注重精神文化对大学生劳动价值观培育的潜移默化的作用，将校园精神文化建设贯穿于校园的各个方面。

首先，精神文化作为校园文化的思想引领，应具有正确的建设方向。大学生劳动价值观与社会主义核心价值观是一脉相承的，综观社会主义核心价值观的内容，虽然没有明确提出对劳动价值观的要求，但是其中在国家、社会和个人层面都包含了对劳动的态度和观点。在国家层面，"富强"的实现要依靠踏实的劳动；在社会层面，"平等"指明了对劳动者的基本态度,无论体力劳动者还是脑力劳动者,都应该被平等对待,都应该被尊敬;在个人层面,"敬业""诚信"表达了对个人劳动态度的要求,这也是新时期大学生应该坚持的劳动态度和信念。目前大学生的劳动价值观,受到网络信息碎片化、社会思潮复杂化的影响与干扰,出现劳动价值的动摇与偏移的倾向。因此,高校应该聚集教育合力,将社会主义核心价值观融入校园文化当中,在潜移默化的过程中促进大学生形成正确的劳动价值观。

其次,要不断加强校风建设,营造可以激励大学生产生积极的劳动观点、劳动态度,具有很强的培育功能和实践鼓舞。

最后,师生作为校园精神文化建设的主体,为了促使校园形成更为浓厚的崇尚劳动、热爱劳动、辛勤劳动、诚实劳动的精神,就要充分发挥广大师生在校园精神文化建设工作中的积极作用,牢固树立师生员工校园文化共建的意识,采取多层次、多形式的渗透,加强校园精神文化建设。比如,可以开展丰富多样的校园精神文化活动,将大学生劳动价值观培育寓于文化活动之中,突出弘扬优秀的劳动模范,寓教于会、寓教于行、寓教于乐,最大限度地调动全体师生的积极性和主动性,以期培养大学生积极健康的劳动价值观。

第二节　形成必备的劳动能力

一、劳动能力

《法医学词典》和《辞海》对劳动能力的定义为:"人类进行劳动工作的能力,包括体力劳动和脑力劳动的总和。"文新华从劳动能力的构成要素方面进行了界定和说明,他认为"劳动能力是人们从事一定的劳动工作和完成一定的劳动任务的体能和心理特征,它包括劳动技能,又不等同于劳动技能。"[1]

劳动能力教育是培养大学生成为全面发展型人才的重要举措,它通过对大学生进行劳动与生产技术的传授,提升大学生的劳动能力。劳动

---

[1] 文新华. 论劳动、劳动素质与劳动教育 [J]. 教育研究, 1995 (05): 9-15.

技能教育可以使大学生掌握一定的专业知识与生产技能，在就业时可以满足招聘单位对人才的需求，能够胜任心仪的岗位，以便于顺利步入社会生活。在当今大学生数量迅速增长的大背景下，大学生劳动相关知识匮乏与劳动技能的缺失是造成毕业生就业困难的重要原因。大学生肩负着建设祖国未来的重大使命，因此加强大学生劳动技能教育是高校劳动教育的重要教学目标之一。

二、劳动能力培育

大学生在素质教育的背景下成长，从小就接受以个性和创新能力发展为重点的教育方向。他们不再抱着书本死记硬背，可以接触到更丰富的文、体、科技活动，让学生在实践中积极探索，学会动脑筋、想办法，无形中给学生提供了更多想象空间，拥有更多机会能在学习中亲自动手、亲自操作，在实践的基础上使学生的创造性劳动能力得到更好的发展。在教学方式上，"黑板教学"也不再是唯一，多媒体、"慕课"及"翻转课堂"的加入，更加体现以学生为主体的教育原则，促进学生个性发展。另外，国家政策层面，也利好频出，出台许多文件和政策为学生提供物质和技术支持，进一步激发大学生的创新能力。

在家庭中，由于生活条件的改善，大学生从小就能接触到手机、电脑等高科技产品，丰富的网络世界为他们拓宽了视野，在智能化、信息化的生活方式成为日常的同时，也将科学技术是引领发展的第一动力深深印入脑海。家长对于孩子的职业发展也不像以往呈现保守态度，开始鼓励孩子的自由发展，引导孩子自主探索个人兴趣和潜力，在这种环境下成长起来的"00后"大学生具备突出的创造性劳动能力，他们不仅善于用脑、勤于思考，积极应对以人工智能、大数据、云计算等数字技术为支撑的新产业、新业态、新模式的迅速发展，还可以以智慧型劳动者的姿态做到既发挥自己的劳动技能，又能提升劳动的效率，敢于打破常规、突破现状，以创造性的思维结合新型劳动工具进行实践活动。

三、新时期大学生形成必备的劳动能力的途径

劳动能力是劳动素质的外在表现，而劳动素质涵盖了劳动价值观、知识技能、情感驱动力、劳动态度、行为习惯等方面。因此，遵循"劳育

聚点,知行双线、协同拓面、学践共体"的点线面体逻辑思路,以提升大学生劳动能力,探索深化高校劳动教育在大学生劳动价值观、劳动热情、劳动意志、劳动实践教育的实效性,是贯彻党的劳动教育方针的实践落脚点,是培养具有社会责任感、创新精神和实践能力的社会主义接班人的时代使命。

（一）丰富劳动育人实践形式

目前,高校劳动教育内容形式缺乏,理论和实践相脱离。因此,丰富劳动实践形式就要发挥好"第二课堂"的功能,安排学生进行校内课外劳动实践和志愿者服务,促进大学生劳动素养的发展。

一是以日常和服务性劳动为主,可以让学生在每学年进行或者寒暑假进行。目前高校中的劳动实践活动形式中,志愿者和"三下乡"活动是目前大学生进行服务性劳动的主要载体。因此,要继承这一优点,拓展学生服务性劳动实践活动,让学生在寒暑假进行相应的社会实践,同时要为学生提供日常性劳动活动,如"劳动月、劳动周"的开展,让学生完成对公共区域的清理任务,各种校园活动场所都可以成为日常生活劳动开展的地点。

二是通过"第二课堂"形式,借助志愿者青年社团、志愿者协会等组织学生参加各种校园活动赛事志愿服务以及社会志愿劳动活动,如养老院、孤儿院、志愿服务或者暑期支教活动,充分挖掘校内的劳动实践岗位,如设置校内教学助管、行政管理助理、辅导员、学科助教、档案数据录入员等勤工助学岗位,还可以动员学生参加校史馆的学习和讲解、图书馆助管等志愿工作;积极组织开展"三支一扶""三下乡"等社会实践服务活动,鼓励学生运用业余时间到社区、工厂、农村等地帮扶人们进行一些力所能及的社区公益活动,围绕环境保护、资源循环利用等开展科普宣讲工作,积极传播文化、科技、卫生知识。

三是推进劳动教育与大学生创新创业的深入融合,发挥好劳动教育"第三课堂"的育人功能。例如,上海财经大学 2020 年与长三角地区的中小企业共同创建创新创业平台,并建立"智慧学习工厂",积极参与举办全国创新创业比赛。对于创新创业教育活动可以分学年举行,一年级主要是从课程上组织学生学习理论知识,做好实践的理论准备;二年级就需要深化创新创业的心理准备、劳动技能、劳动权利法律法规等的渗透;三年级和四年级加强对学生创新创业劳动及实战技能的培训与提高。再者还必须加强政府部门对大学生劳动创新创业课题的经费支持，积极指导学生进行自主设计或开展创新创业社会实践项目研究，支持鼓励大学生进行创业活动。学校引进优秀企业组织在校内建立试验示范基地，给予学生更多创业实践机会。

（二）拓宽劳动育人资源平台

社会中的劳动教育资源对大学生的劳动素养的培养也发挥着积极的作用，为学生提供劳动实践平台，单靠学校的力量不够的，还需要与社会中的组织紧密联系，积极拓宽学生实践活动场所。

一是利用校外企业组织建立劳动实践基地。通过联络一些优秀的组织机构建立起学生社会实践活动场地，把一些富有教学教育意义的企业组织作为稳定的劳动教育教学实践基地，通过这些组织搭建学生实习实训活动基地。同时，学校要加强与企业组织合作，可以定期联合开展一些社会实践活动，如创新创业大赛、网络科技大赛等，让大学生在更大平台上展示自己的知识技能，促进学生劳动素养的提升。

二是加强校企合作，创新合作模式。高校中培养的人才最终是输送给社会，因此高校人才的培养也需要社会中各企业的支持和帮助，二者在某种意义上有着共同的利益关系。学校可以与当地企业沟通，在专业设置上与地方产业相结合，根据地区经济发展动态和产业调整进行专业课程规划，专业课程内容的设置与企业岗位对接，了解其职位需求。此外，高校应积极寻求当地政府支持，为高校和企业之间的合作争取更多的机会。各高校要从自身做起，提高办学水平和教学水平，加强校企合作下学生实习的教学环节，加强质量保障体系，将实习和学习结合，理论联系实际，调动学生主动、互动式学习，从而培养一批高素质人才。对校内发展良好的大学生创新创业项目可以寻得企业帮助，根据"素质冰山模型"来讲，在大学生创新创业项目面向社会企业的时候，可以依据此模型中学生劳动素养的标准与企业中的人才标准进行匹配对比，提升大学生的劳动素养。

三是要创设良好的舆论媒体平台。随着互联网信息化的高速蓬勃发展，人们获取资讯的方式更加便捷，社会中各种舆论思潮都会对大学生的劳动思想观念产生深刻的影响。因此，社会要创设良好的舆论环境，借助互联网、自媒体等方式引导大学生树立正确的劳动思想观念，宣传劳模精神、工匠精神；还可以开放交流平台、发布劳动教育实践活动,鼓励学生建言献策、积极参加各种社会实践活动,帮助学生在信息快速传播的时代,拥有正确的劳动价值观。

第三节　培养个人的劳动意识

一、劳动意识

《现代汉语词典》将"意识"一词解释为"察觉、发觉、思想活动,或指人的头脑对客观物质世界的反映,是感觉思维等各种心理过程的总和"。[①]在心理学层面,意识先于思维。意识脑区位于大脑的前额叶周边,它没有存储记忆和思维的功能,但是能够辨别信息的来源与真假,这也是意识脑区最独特且重要的功能。另外,意识也分潜意识和无意识。在哲学层面,意识是思维的一种表现形式。马克思主义哲学唯物史观肯定了意识是人类头脑中所产生的特殊物质,也强调了意识从一开始就具有的社会性。这一论断很明显地把人与自然界的其他物种分离开来,从一定程度上肯定了意识是人类特有的属性,肯定了意识会随着客观世界的变化而发生变化。

卢梭在《爱弥儿》中从自然教育观出发,认为劳动可以让人接近自然状态因而获得自由,与此同时,还可以促进智力和德行的提升。苏霍姆林斯基是将劳动与教育的实践结合得最好的教育家之一,他明确指出"让人在造福于社会的劳动中得到精神上的满足,让劳动给他带来真正的个人幸福"。在苏霍姆林斯基这里,培养劳动意识的意义在于使人们在劳动中体会情感上的满足。而刘盼倩认为劳动意识与想象力具有一定的联系,劳动通过情景体验来促进人的整体性的发展,同时还可以破除知识表面化的现象,劳动意识的培养是对个体身心统一发展的呼唤。韩升、赵雪从马克思的"身体思想"出发,提出劳动教育首先从"身"出发,既要动手也要动脑,培育正确的生命健康观,同时,劳动教育还必须从"心"出发,关注劳动者的心理健康,彰显教化意义,实现人的心灵解放。

申文昊从弘扬劳动精神的角度,认为教育引导学生树立劳动意识,

①　商务国际辞书编辑部.现代汉语词典(双色本)[M].北京:商务印书馆,2019:938.

将是促进其积极参与劳动、在劳动中学习真知、掌握真本领的基础,也是培养无数能够担负起民族复兴大任的时代新人的内在要求,更可以在塑造学生劳动价值观的同时增进他们对社会主义核心价值观的理解,最终形成更高水平人才梯队。梁广东从劳动教育的使命和职责出发,认为劳动教育应该承担立德树人的重要使命,培养更多的既具有高尚德行又具有应用能力的学生,其根本指向就是要为经济社会高质量发展培养更多的高素质劳动者和技术技能型人才。

二、劳动意识培育

在人类文明的进程中,不管是知识素养还是科学技能等综合素质,都依赖于教育者细心的培养与孕育方能苗壮成长起来,劳动意识培育也有其异曲同工之妙。培育某种特质时要有健康的土壤、良好的环境、优质的培育对象、系统化的培育方法以及培育者细致入微的看护,方能使得培育结果达到理想的状态。

劳动意识是促使人辛勤劳动、创造性劳动的不竭动力。不少脑科学方面专家,都曾说过大脑是人体的控制器,而意识脑区最大的作用是分辨大脑外物质的来源与真假,故人类劳动意识形成的关键步骤是培育。2004年,《中共中央、国务院关于进一步加强和改进未成年人思想道德建设的若干意见》(中发〔2004〕8号)中提出"努力培育未成年人的劳动意识",2020年,《中共中央、国务院关于全面加强新时代大中小学劳动教育的意见》强调"从小学低年级要注重围绕劳动意识的启蒙"。由此,劳动意识培育也是思想道德建设及劳动教育的奠基石,有着不可替代的作用。劳动意识的培育可以简要概括为培育者遵循劳动教育的培养目标,面对培育对象的差异性,选取系统、合理、可行的举措为其提供相对健康的培育环境。经过后天对其进行劳动认知、劳动态度、劳动意志、劳动能力等方面有意识的培养与锻炼,促使培育对象养成自主劳动意识和劳动习惯,完成劳动教育的培养要求。

三、新时期大学生培养个人劳动意识的途径

(一)树立新时期"四最"劳动价值观

"四最"劳动价值观是马克思主义劳动精神根植于中国大地的特色

表达,也是中华传统美德的现代化凝练。习近平总书记在不断总结我国教育事业发展规律以精简浓缩的形式对我国国民提出的伟大期许。这既是马克思主义劳动精神的集中体现,又是中国特色社会主义新时代劳动精神的集中体现,以其浓缩精简的形式丰富了马克思主义劳动本质观、劳动价值观、劳动社会观和劳动实践观。教育是一项双主体的实践活动,是教师教育与学生自我教育的双向互动,劳动教育同样不例外,自我教育是必不可少的环节。

首先,弄清楚劳动最崇高源自劳动本质,正如马克思所认为劳动本质上是人的本质力量对象化的体现。

其次,理解劳动伟大的本质源自劳动创造一切价值,马克思以历史唯物主义反复论证一切社会物质、精神财富都是由人们在劳动实践中创造的,劳动带来了生产力的发展,促进了社会形态从低级到高级的更迭,将个人价值和社会价值统一于劳动实践中。

最后,劳动最光荣和劳动最美丽则是源自劳动社会性与劳动实践性,劳动因其为社会创造价值而光荣,同时也因为在创造价值过程的诚实劳动而彰显美丽,劳动本就没有高低贵贱之分,唯有分工之别,本质上都是在为社会做贡献,劳动不仅是财富的源泉,更是幸福生活的源泉。

(二)加强辛勤劳动、诚实劳动、创造性劳动精神的培育

党中央在《中共中央、国务院关于全面加强新时代大中小学劳动教育的意见》中强调劳动教育是打破应试教育的困境,是推进素质教育实施落地的有力助推器,在培养人全面发展方面发挥其他四育不可比拟的价值,将其写进党的教育方针既有合理性又有必要性,是提升其在中国特色社会主义教育制度中的地位的实然之举。习近平总书记呼吁广大劳动者在辛勤劳动中历练艰苦奋斗品质,以诚实劳动加快社会主义现代化建设,最后倡导提升劳动的深度推进创造性劳动。一方面,要增强辛勤劳动的自我意识,明确一切幸福生活都是在劳动中奋斗出来的,辛勤劳动的精神品质应该流淌于每一个中华儿女的血液里,刻在每个中华儿女的骨子里。另一方面,诚实劳动作为辛勤劳动的延伸凸显实干求真的劳模精神和诚信文化,强调劳动者要立足于专业知识,学科学、学技能、学文化,在脚踏实地中增强自身综合素质。创造性劳动突出开放性思维和挑战性实质,突出技术、知识、思维创新,不断满足新的劳动业态下的社会需求。应着眼于当下,要想建成社会主义现代化强国,在国际竞争

中赢得优势,需要青年群体增强创新劳动思维,充分发挥主观能动性和主体创造力。当今社会是互联网、大数据、人工智能化的社会,国与国之间的竞争早已是人才和科技的较量,这要求大学生要充分发挥主观能动性,以专业知识技能为基础、以科学知识为依托,凭借专业优势结合社会发展,积极主动参与学校及社会举办的各项创新创业活动,锻炼自己的批判性逻辑和开放性思维。

（三）促进劳动习惯的养成

教育不应该只是培养学生对劳动的尊重和热爱,还必须培养学生劳动的习惯,劳动教育的最终目的不是就书本谈理论,而是使得劳动教育常态化,大学生只有在知情意行上达到高度一致和统一,劳动习惯才能得以养成。首先,在劳动认知上,大学生必须明确劳动教育作为素质教育的一部分,是学校课程的必修课,承担着综合育人的任务,只有对劳动有着正确的认知,才能积极主动地参与到劳动实践中去。其次,在劳动情感上,大学生要以马克思主义劳动价值观为指导认真学习领悟中国传统文化中的劳动精神,继承并弘扬"民生在勤,勤则不匮"的中华民族传统美德,认真挖掘中国共产党历代领导人指导思想中的劳动思想。再次,是在劳动意志上,培养自己吃苦耐劳的劳模品质,秉持劳动最光荣的坚定信念,当面对负面事件时能够坚定社会主义核心价值观。最后,良好劳动习惯的养成要靠持续不断的劳动实践加以检验和巩固,因此在校大学生可以通过参与家务劳动、勤工助学、志愿服务、双创活动等充分锻炼自己的劳动能力,将劳动习惯坚持下去。借用陶行知先生的话,"一切劳动的生活正是劳动教育的源头",劳动与生活是紧密联系着的共同体。个体的主观意志直接影响劳动实践的成效,根据劳动教育现状,知行不一、功利倾向严重的现象日渐突出,亟待做出改变,因此,要发挥学生的能动性在劳动实践中筑梦和圆梦,增强自我教育的内生动力,主动打破安逸的舒适区,克服劳动惰性,习得健康的劳动习惯。

第三章

新时期高校大学生劳动精神的培育

　　劳动精神作为社会主义先进文化的代表,蕴含着马克思主义劳动理论的本质精髓,对于劳动精神的弘扬和培育不仅是坚持马克思主义劳动观的价值体现,也是引领新时期社会劳动风尚的价值指向,更是社会主义教育培养时代新人的必然需求。习近平总书记在全国教育大会上强调要在学生中弘扬劳动精神,引导学生崇尚劳动、尊重劳动,长大后能够辛勤劳动、诚实劳动、创造性劳动。在教育部印发的《大中小学劳动教育指导纲要(试行)》中也明确指出要弘扬劳动精神,将劳动精神教育贯穿人才培养全过程之中。由此可见,加强劳动精神的弘扬和培育有着重要的现实意义和深远的时代价值,关乎教育事业的使命责任,关乎时代新人的全面发展,关乎国家民族的前途命运。

　　青年大学生是推进国家现代化建设事业发展的中梁砥柱,其精神状态和劳动能力将直接关系到助力实现中国梦的实践行动。新时期以来,高校劳动精神培育工作取得了较为喜人的成绩,但依然存在着部分大学生劳动素养薄弱、劳动意识缺失、劳动能力低下等问题,这背后与高校劳动育人机制的不完善和大学生自身思想观念的错位等原因密切相关。因此,高校要系统提升大学生劳动精神培育工作的实效性,就必须厘清思想政治教育背景下加强大学生劳动精神培育的必要性和可行性,吸取以往高校在开展大学生劳动精神培育过程中的相关宝贵经验，从高校思想政治教育的视角入手，坚持大学生劳动精神培育的原则规律，创新大学生劳动精神培育的路径方法，从而引导大学生充分认识和深刻理解劳动精神内涵的"劳动引领时代、劳动成就幸福、劳动创造价值、劳动实干兴邦、劳动创新蓄能"等价值意蕴，塑造大学生积极健康的劳动观念，涵养大学生全面精深的劳动能力，锻炼大学生熟练卓越的劳动技能，更好地帮助大学生以知促行、知行合一。

本章就对新时期高校大学生劳动精神的培育进行分析和探讨。

第一节　发扬奋斗精神

一、奋斗及其奋斗精神

(一)奋斗的含义

"奋"和"斗"在《说文解字》中含义分别是:"从奋在田上。"[1]"斗,两士相对,兵杖在后,像斗之形。"[2]这里"奋"指鸟从田里振翅飞起。"斗"指两人互相搏斗。

"奋""斗"两字结合成为"奋斗"出自《宋史·吴挺传》中"金人舍骑操短兵奋斗,挺遣别将尽夺其马",表示"奋力格斗",这句话描写的就是人类操持短兵器英勇奋战的情形。

奋斗这个词汇从哲学的角度来思考是意味深长的,列宁就曾经提到:"永远不会满足人的是世界,但世界会在某种程度上被人坚定的意志改变。"[3]

在《现代汉语词典》中奋斗是"为了达到一定目的而努力去做"。[4]

奋斗是唯物史观中"实践"的中国化、时代化表达。而奋斗精神就是人们在奋斗实践过程中的意识、思维和积极的心理状态,包括人们为实现个人价值和社会价值所持有的积极乐观、苦干实干、拼搏进取、无私奉献、幸福愉悦的心理状态。奋斗精神是民族精神的构成,凝聚着民族团结奋进的力量,是激励人们奋勇前进、促进社会发展日新月异和国家不断强盛的强劲动力。

---

① 许慎.说文解字[M].北京:中华书局,2013:71.
② 许慎.说文解字[M].北京:中华书局,2013:58.
③ 中共中央马克思恩格斯列宁斯大林著作编译局.列宁专题文集:论辩证唯物主义和历史唯物主义[M].北京人民版社,2009:138.
④ 中国社会科学院语言研究所词典编辑室.现代汉语词典[M].北京:商务印书馆,2015:629.

（二）奋斗精神的内涵

"精神"，是名词，也是形容词，是一个较为复杂的概念。"'精神'从一开始就很倒霉，受到物质的'纠缠'，物质在这里表现为振动着的空气层、声音，简言之，即语言。"①《辞海》也认为其与"物质"相对，特指人的内心世界。在马克思看来，精神属于意识范畴，是人脑对客观事物的反映，对社会实践活动具有能动的反作用。习近平总书记也强调："人无精神则不立，国无精神则不强。"本书的"精神"特指人类的一切精神现象，包括人类的意志、品质和情感等方面。

精神是人在实践过程中所形成的意识，即一个人的观念、情感、意志、信念、目标等意识层面的综合体。精神与物质相对，是人类的一切精神现象，包括情感、思维、意志等有意识的方面以及一般心理活动等无意识的方面②。精神在人的社会实践中逐渐形成，对于人的具体实践具有能动作用，又在不断推进的实践中逐渐充实与完善。奋斗精神是在人类长期的实践活动中不断形成的一种人类意识，并在形成之后又反过来影响、推动、激励着人的具体实践。总体而言，奋斗精神是人为了达成和实现一定的目标、理想和愿景的过程中所展现出的积极蓬勃、不畏困苦的精神状态和意志品质，在不同的时期有着不同的内涵与表现。

刘建军教授将奋斗精神的内涵阐述为"伟大奋斗精神是一种振作精神，是一种实践精神，是一种拼搏精神，是一种牺牲精神，是一种愉悦精神"③。奋斗是人们通过对物质和精神层面进行改造，使其实现自身目标的实践活动。奋斗精神的内涵反映在奋斗实践的全部阶段，即以积极奋进精神状态去苦干实干，面对困难敢于斗争拼搏并且做到勇于奉献，最后收获幸福愉悦的情感。

（三）新时期的奋斗精神

奋斗精神是振作精神，是踔厉奋发的精神状态。精神状态影响奋斗姿态，影响人们的精神生活和国家的发展劲头。在积极振奋的精神状态

---

① ［德］马克思，恩格斯.马克思恩格斯选集（第1卷）[M].北京：人民出版社，2012：161.
② 金炳华.哲学大辞典（修订本）[M].上海：上海辞书出版社，2001：674.
③ 刘建军.伟大奋斗精神：科学内涵、社会价值与人生启示[J].中共杭州市委党校学报，2019（02）：11-12.

下，人们对世界的认知是美好的，能够关注到社会和他人，并以最大的热情激发自身潜能投入生活和工作中。在自身振奋精神的同时，每一个小的个体团结并汇聚力量，形成强大推动力，推动着国家的发展。当前我国正处在新的历史方位，机遇与挑战并存，在这种背景下，中国只有始终保持奋进的精神状态，积极应对挑战，不断开拓进取，才能推动我国社会主义现代化的发展。

奋斗精神是实践精神，是实干苦干的奋斗品质。奋斗目的在于改造世界。在改造主观和客观世界中，我们具备了振作状态，但是振奋状态外化于行动才有意义。通过参与实践活动、诉诸行动才能完美体现奋斗精神。从这个角度来讲，奋斗精神即实干苦干精神。苦干就是肯吃苦、肯流汗、脚踏实地、一点一滴干出事业；实干就是从实际出发办实事，而不是纸上谈兵、虚谈废务，只有实干才能梦想成真。

奋斗精神是拼搏精神，是披荆斩棘的奋斗意志。以奋进精神状态改造世界过程中会遇到很多困难与考验，面对前进路上的挑战，我们要用乘风破浪的勇气去顽强拼搏，只有这样才能取得成功。因此，在实践过程中我们必须具备敢于斗争、敢于拼搏的奋斗精神。斗争是奋斗的精神内核，拼搏是奋斗的表现形式。斗争不仅涉及自身与外部环境的斗争，而且同样涉及自身内部的斗争。在斗争过程中，双方不断拼搏与博弈，最终使新事物取得胜利。在实现伟大梦想进程中离不开伟大斗争，只有不断拼搏，攻坚克难，才能有效应对风险和挑战。

奋斗精神是牺牲精神，是勇于奉献的奋斗情操。"要奋斗就会有牺牲。"[1] 奋斗精神与牺牲精神是联系在一起的，奉献也就意味着牺牲，在奋斗过程中，或者付出了青春与时间，或者付出了脑力与苦力，更甚者付出了生命。奉献是奋斗的内在规定性，当我们以振奋精神状态奋斗的那一刻，就内在地接受了这种奉献和牺牲。在新时期，牺牲精神不同于革命年代的流血甚至牺牲生命，更多指向为了国家和社会的发展而牺牲自己利益的奉献精神。

奋斗精神是愉悦精神，是幸福愉悦的奋斗情感。"奋斗者是精神最为富足的人，也是最懂得幸福、最享受幸福的人。"[2] 奋斗过程虽充满荆棘，但又不仅仅局限于此。在奋斗的过程中我们以愉悦的心情去施展才

---

[1]　习近平.在 2018 年春节团拜会上的讲话 [N].人民日报，2018-02-15(02).
[2]　同上.

能,完善自己,精神世界是充实的,这一奋斗过程是幸福的。同时,通过奋斗实现目标后,我们收获了获得感、满足感和幸福感,激励我们朝着新的目标不懈奋斗,最终实现人生价值。

二、新时期大学生的奋斗精神

奋斗精神的内涵不是一成不变的,而是历史的、具体的,是要随着现实的变化和时代的发展不断充实和完善的。随着各方面的创新、科技进步、改革开放等为国家带来的发展,奋斗的时代背景、社会环境和物质条件也都发生了深刻的变化,如今我们开启了全面建设社会主义现代化国家新征程,进入第二个百年奋斗目标的新阶段[①],设立了新的奋斗目标,这就要求青年大学生站在当代视角上,认清百年未有之大变局,树立起具有时代性的、科学性的奋斗精神。新时期大学生的奋斗精神主要体现为斗争精神、拼搏精神、担当精神。

（一）敢于斗争的斗争精神

斗争精神是当代大学生奋斗精神的应有之义,是在艰苦困难的环境下依靠英勇顽强、勇于斗争的品质去战胜困难。斗争是一门艺术,大学生不仅要具有斗争的意识更要有斗争的策略。

中华民族在发展的历程中多次面临着严峻的考验,而党和人民始终坚定地站在一起,用富有中国浪漫主义特色的斗争精神渡过了难关。斗争的本领并不是与生俱来的,人们需要在斗争的过程中学会斗争,才能够练成具有实践意义的斗争本领。大学生应当练就个人斗争本领,培养自己见微知著的能力,熟练运用马克思主义立场的观点和方法,在复杂严峻的局势中守住初心,在大是大非面前勇于亮剑,展现出富有时代气质的青春底色,强化斗争精神。

（二）自强不息的拼搏精神

拼搏精神是当代大学生奋斗精神的重要内容,拼搏意味尽全力去争夺,通过个人化的方式来实现自身的理想,在实现理想的过程中自强不

---

① 习近平.关于《中共中央关于制定国民经济和社会发展第十四个五年规划和二〇三五年远景目标的建议》的说明[N].人民日报,2020-11-04（02）.

息、坚韧不拔。大学生能够通过理解与内化拼搏精神在学校内初步形成正向的价值观，培养自身在学习、生活、工作中等多个方面的能力。

拼搏精神往往需要学生正面面对生活中出现的挫折和失败，在具有正向激励效用的拼搏精神指导下，大学生往往能够在痛苦和困难中提升自己，从而实现奋斗精神的自我实践。在反复锤炼的过程当中，拼搏精神有助于促进学生个人社会观与人生观的养成。因此，大学生应当在校内积极提升科研能力和学术水平，为将来步入社会做好规划；在校外则要广泛参与社会活动，培养自身在困境中突破自我的能力，这样才能够具有不轻言放弃的拼搏精神。

（三）勇担大任的担当精神

担当精神是时代对大学生提出的要求。在大学生增强自我能力的实践中，不仅仅要从个人的角度去思考问题，更要从国家、民族、社会的角度去思考问题。大学生只有将个人理想信念融入民族复兴梦想中，在不断登上个人人生一座又一座高峰时融入社会主义现代化国家建设的征程中，才能够完美展现出其自身价值。

习近平总书记在相关讲话中反复表示，青年学生要树立远大理想、培养使命担当。在当前波诡云谲的世界形势下，中国大学生更应该从民族叙事的角度来完成中华民族的伟大复兴。只有青年人有理想、有本领，才能够带领我们的国家和社会在接下来的发展进程中走在世界前列。因此，在时代变化的交汇点中，青年大学生更有义务担当起强国责任使命，在实现"两个一百年"奋斗目标中贡献出自己的青春智慧。同时，国家出台的一系列政策鼓励了青年大学生到西部去、到基层去，让其能够在实践中更好地发现本行业中存在的问题，从更加创新的角度提出推动社会各行业发展的方法建议，投身强国伟业，锤炼担当精神。

三、新时期大学生奋斗精神的内容

大学生奋斗精神的培育，是立足"两个大局"，以培育富含奋斗精神的时代新人为核心，综合多方教育力量，围绕高校大学生而开展的奋斗精神相关教育活动，旨在坚定大学生的奋斗意志、激发奋斗热情、夯实奋斗本领，逐步提升大学生对奋斗精神的践行力度，助推大学生自觉进行奋斗实践。大学生奋斗精神的培育内容是基于受教育者的内在精神需要和社会发展要求所提出的,培育内容明确与否直接关乎大学生奋斗精神培育的实效性。

（一）以德育人——坚定大学生的奋斗信念

立德树人是新时期高校思想政治教育工作的立身之本,是化育塑人的重要旨归。大学生奋斗精神的培育必须强化以德育人,塑造大学生的奋斗精神品格。一方面,要以革命文化为重要指引,围绕理想信念教育、"四史"教育,帮助大学生明确自身背负的民族复兴时代重任,树立为实现共产主义而奋斗终身的远大志向。这就需要通过加强"四史"教育,夯实历史教育,依托国情教育提升大学生对奋斗的情感认同,借助党的基本理论教育引导奋斗实践,将个人梦与中国梦完美融合。另一方面,要挖掘革命文化中蕴含的奋斗精神的教育资源,加强困难挫折教育和担当责任教育。在困难挫折教育过程中,注意将革命文化的教育资源与具体实际进行科学性、灵活性和创造性的运用,引导学生正确认知自己,包括自己的能力和优劣,明晰挫折的客观实在性,以顽强意志战胜困难,以不懈的奋斗实践为中国特色社会主义现代化建设凝魂聚力。时代呼唤担当,使命引领未来,新时期赋予了青年新任务新要求,大学生奋斗精神的培育需要以理论教育为切入点强化大学生的担当意识,以高度的责任感投入到社会主义现代化建设当中。

（二）以智启人——提升大学生的知识素养

所谓"智育",是教育者有目的、有计划地对受教育者传授系统的科学知识和专业技能的教育活动,是全面发展教育的一部分。大学生奋斗精神的培育要求教育者借助革命文化教育资源,夯实大学生知识素养、提高大学生思维能力和增强大学生专业技能。这是帮助大学生提升奋斗本领、形成奋斗精神的必要途径,助推大学生践行奋斗实践。这就要求在大学生奋斗精神培育的过程中,一方面要注重基础理论知识和专业理论知识的双重教育;另一方面,加强学生思维能力和专业技能的培养。一个人的思维能力的大小影响其认识世界和改变世界的方式。学生的专业技能的培养则关乎学生是否能够拥有强大的奋斗本领的关键。

大学生奋斗精神的培育要通过设置相关智育课程来锻炼学生的思维能力,提供更多的实践平台和锻炼机会,强化大学生的专业技能,铸牢大学生赓续、弘扬奋斗精神的决心和本领。

（三）以行树人——强化大学生的实践自觉

作为新时期社会主义现代化建设的必然要求，实践育人是培育德智体美劳全面发展的时代新人的内在需要之一。大学生奋斗精神的培育，不仅仅要求学生拥有扎实的知识素养，更致力于培育学生的奋斗自觉和实践自觉。通过社会实践的强化，不仅仅可以引导大学生树立正确的奋斗方向，形成良好的奋斗习惯，更可以助推大学生增强奋斗本领。这就要求大学生在培育奋斗精神的过程中，首要的就是注重实践技能的提升。大学生通过参与以革命文化为主题的社会实践，知行合一，提高奋斗意识，增强奋斗本领。其次是要培育学生的奋斗意识，形成良好的奋斗习惯，依托大学生日常学习、生活和工作，帮助大学生保持积极良好的人生态度，主动劳动，自立自强，使之能在形成、弘扬奋斗精神过程表现出的高度自觉的行为倾向，主动在社会实践中实现自己的人生理想。最后是重视服务性劳动，通过社会公益类实践活动，尤其是革命文化性质的社会服务类活动，激励学生爱国奉献精神，主动将个人梦与中国梦深度融合，在奋斗奉献中担当民族复兴的时代重任，为民族复兴凝心聚力。

四、新时期大学生发扬奋斗精神的意义

（一）顺应新时期社会发展需要，实现中国梦

奋斗目标的实现需要借助主观能动性发挥。当前中国正朝着第二个百年奋斗目标奋进。然而任何一次伟大目标都不是轻而易举就可以实现的，在征途中，容易解决的问题已经解决了，剩下都是比较难的问题和挑战。政治、经济等领域都充满着重重困难，接下来的道路需要我们发挥主观能动性，艰苦奋斗，锲而不舍，矢志不渝地高举奋斗精神旗帜不断前进。"为实现中华民族伟大复兴的中国梦而奋斗，是我们人生难得的际遇。每个青年都应该珍惜这个伟大时代，做新时期的奋斗者。"[1]

要实现中国梦就必须奋斗。培养大学生奋斗精神，有助于大学生积极主动承担复兴使命，挑起时代赋予的重担。个人理想与中国梦的实现辅车相依，大学生要牢固树立奋斗意识，始终保持奋斗状态，这对于

---

[1]　习近平.在北京大学师生座谈会上的讲话[N].人民日报，2018-05-03(02).

实现第二个百年奋斗目标和中国梦具有强大的激励和促进作用。培养大学生奋斗精神，能够培养他们勤奋刻苦、积极进取的意识，增强他们的社会责任感，使他们脚踏实地、乐于奉献并勇于挑战学习和生活的困难，通过不懈奋斗、持续奋斗、艰苦奋斗，在实现中华民族伟大复兴的实践中创造属于自己的辉煌。因此，对于大学生而言，应该抓住圆梦的机遇，将奋斗精神贯穿于学习、生活中，将勤奋学习作为重中之重，不断完善自我。在此基础上积极投身社会主义事业，将奋斗精神融入伟大梦想进程中，汇聚奋斗伟力。

（二）助力大学生成才，提升大学生自身素质水平

"青年的价值取向决定了未来整个社会的价值取向，而青年又处在价值观形成和确立的关键时期，抓好这一时期的价值观养成十分重要。"[①] 因此，必须培育大学生的奋斗精神，帮助其成为一名合格奋斗者。新时期的大学生很少经历过吃穿困难的生活，并且在如今校园里到处可见背离艰苦奋斗的现象，出现"伪奋斗者""精致利己主义者"，有些学生还奉行艰苦奋斗过时论和无用论的错误观念。因此，培育大学生奋斗精神十分必要。奋斗精神是一种振奋、拼搏的精神，表现为以积极乐观、迎难而上的良好心态去不断拼搏、突破难关。在人生旅途中，不管是学习、生活，还是工作，都需要以积极心态踏踏实实去拼搏才会有所获。并且，大学生的成长成才是一个长期过程，在这一过程中，他们只有不断奋斗，才能使学习能力、心理状态从量变达到质变。培育大学生奋斗精神有利于帮助大学生克服学习上不思进取，得过且过，只求及格的缺点，养成勤奋刻苦、积极进取的学习习惯；培育大学生奋斗精神有利于帮助他们树立积极的劳动观和就业观，敢于吃苦，勇于到祖国需要的地方去奋斗，并且使他们在奋斗过程中保持昂扬的动力去增强责任感和使命感，获得精神的愉悦和满足；培育大学生奋斗精神有利于帮助他们抵制不良诱惑，正确对待自己所遇到的挫折与挑战，用坚定意志和迎难而上的勇气冲出重围，总结经验教训，勇攀高峰。奋斗精神是一个人自身发展完善和成长成才不可或缺的条件。

---

① 习近平. 习近平谈治国理政（第一卷）[M]. 北京：外文出版社，2018：172.

五、新时期大学生发扬奋斗精神的途径

（一）高校要筑牢奋斗精神培育的主阵地

高校是大学生进行学习教育和娱乐生活的重要地方，是奋斗精神培育的主体。对大学生进行奋斗精神培育有多种渠道，其中学校的作用是最重要的，其他培育渠道是对学校培育的补充、完善。因此，高校必须在奋斗精神培育上下功夫，为大学生接受和学习奋斗精神提供良好教学资源和校园环境。

1. 完善课堂，丰富大学生奋斗精神培育的内容和形式

发挥高校思想政治理论课主渠道作用。奋斗精神属于价值观范畴，是高校思想政治理论课的内容。高校思想政治理论课要有计划地将奋斗精神融入教学中，丰富奋斗精神的理论教育。高校思想政治理论课教师要用好教材，深入浅出地将奋斗精神的一系列内容传达给学生，加深学生对奋斗精神的认知。比如，教师在讲授《毛泽东思想和中国特色社会主义理论体系概论》这门课程中结合时代发展，融入习近平总书记关于奋斗的一系列讲话内容，尤其是讲话中涉及大学生群体的奋斗内容，通过国家领导人对大学生群体的激励来动员大学生投身奋斗实践；把四史教育融入《中国近现代史纲要》，深入挖掘新中国史中革命前辈不怕牺牲和百折不挠的革命精神以及改革开放史和社会主义发展史中中国共产党领导人民艰苦奋斗、团结奋斗的人物事迹，提升大学生的理性认知。高校思想政治理论课教师既要加强对大学生的理想信念教育，也要加强挫折教育、责任教育和心理健康教育，促使大学生坚定奋斗意志。通过心理健康教育、挫折教育与责任教育，引导大学生树立责任意识，坚定奋斗目标，并且以积极乐观心态勇于面对生活和学习上的挫折和困难，培养大学生大无畏的奋斗精神。高校思想政治理论课教师也要注重问题意识，在教学中积极关注学生的学习困惑和现实情况，针对性地在课堂教学中融入对问题的解读与引导。比如，对学生在学习上精致利己和佛系学习的态度要辩证地批判，引导学生提高自我思辨能力，自觉抵制功利主义和丧文化等不良风气，积极回应学生的现实状况。

在其他课程教学中渗透奋斗精神教育。奋斗精神培育不能单单依靠高校思想政治理论课，还需要在其他学科的教学中渗透奋斗精神，尤

其是在学生重视的专业课学习中渗透奋斗精神内容。高校教师要充分利用专业范围中的奋斗素材，在授课时候将所挖掘的奋斗精神资源传递给学生，使学生在不知不觉中接受奋斗精神的熏陶。在大学语文的课堂上，通过欣赏反映民族奋斗精神的神话、古文、名篇等，强化大学生对中华民族奋斗精神的认同；考古学、历史学等方向的教师可以借助人类发展文明和中国建设成就等培育大学生对民族和国家的认同，激励大学生持续奋斗；自然科学类教师可以结合我国国情和学科发展与其他国家的差距使大学生认识自身学科存在很大发展空间，以此勉励学生为提高我国科技水平而不懈奋斗。

教师要改进教育方式，利用多变的教学艺术。教师可以借助社会上最美奋斗者的实例，运用讨论法、情景模拟法等分析和演绎他们的奋斗历程，这样的教育方法既活跃课堂气氛又加深了学生对奋斗的理解；教师也可以借助现代化手段，将有关奋斗的励志音乐、视频、文字有机组合成教育资源，使用多媒体授课，增强教学效果，使学生在视听享受中获得奋斗动力。而且，教师还可以利用多种教学艺术进行课堂教育。教师要有教学的艺术，能够把握时机，在大学生出现思想困惑、人生目标不清晰的时候及时进行针对性的引导，帮助学生解决困惑，树立奋斗目标；教师要有语言艺术，在讲授新中国史、改革开放史等的历程和奋斗者故事的时候，运用生动活泼的语言来增强感染力，进而增强学生的思想认同。

2. 强化实践，注入大学生奋斗精神培育的活力

在校内开展实践活动。实践教育是学校课堂教育的补充，开展实践教育有利于增强思想政治教育的效果，是高校发挥育人长效机制的重要途径。一方面，高校可以在校内开展形式多样的劳动教育，使学生在劳动中锻炼吃苦耐劳的奋斗意志。一是开展忆苦思甜活动，邀请经历过我国艰苦年代的老人给学生分享他们那个年代对粮食的珍视和对工作的热忱，并且在食堂留出一定空间，让学生自己动手做忆苦思甜饭，通过他们的切身体验体会过去年代艰苦奋斗的精神。二是将劳动教育纳入课程体系中，利用校园内相关设施和工具，规定学生每周的劳动量来积极引导学生参加劳动活动，如学校可以定期组织学生清理校内的卫生环境、下雪天组织学生扫雪等培养学生的苦干实干精神。另一方面，高校可以提供多方面的实践锻炼活动，通过灵活多样、紧跟学生实际需求

的实践活动来助力大学生艰苦奋斗。一是在课堂教学中开展实践活动。高校思想政治理论课教师可以让学生围绕大学生奋斗精神实地展开调研并撰写调研报告,或者结合时事政治和典型奋斗人物事例通过情景再现方式引起大学生心理共鸣,增强大学生奋斗动力。二是强化军训锻炼和提供更多勤工助学岗位和活动。军训既可以强身健体,还可以锻炼学生的意志力和吃苦精神,同时引导学生将国家和个人的理想结合起来不懈奋斗。高校提供勤工助学岗位引导学生积极参与,不仅可以使学生获得努力工作之后的满足感,而且还可以培养学生自强不息的精神。高校还可以组织学生利用网络开办"二手交易"平台,吸引全校学生积极参与,使学生在日常生活中合理消费并且养成勤俭节约的习惯。

在校外积极搭建社会实践平台。大学生借助社会实践活动可以将理论与实践深入融合,并且可以在实践中锻炼和培养奋斗精神。高校在校外搭建的实践平台形式是灵活多样的。高校可以带领学生到爱国主义教育基地和纪念馆等红色教育场所对学生进行革命教育,让学生正视历史,感受中国共产党为取得革命胜利进行的不怕牺牲、英勇顽强的奋斗;参观现代化建设成就和展览馆等对学生进行改革开放教育,使学生认识到我国发展的进步与自身能力的差距,激励学生为国家的强大而不懈奋斗;进行志愿者活动,鼓励学生去参加"三下乡"活动、去贫苦地区支教、去敬老院和福利院等开展帮扶活动等使大学生在实践中磨砺意志,培养他们无私奉献的品质。高校还可以和企业合作,让学生在假期进入企业工作,既帮助学生巩固专业知识,又锻炼了他们拼搏的意志品质。

3. 注重校园文化熏陶增强大学生奋斗精神培育的效果

高校要抓好校园文化建设。首先,物质文化建设上,高校可以利用校园绿化景观、建筑、广播设备等,创造让"学校的一草一木都说话"的教育情境,如把绿化景观修剪或摆放成"奋斗"两字或契合奋斗精神内涵的字;在学校建筑外墙上绘制与奋斗有关的作品等;利用学校广播播放励志音乐作品和文章等,使学生在耳濡目染中接受隐性的奋斗精神教育。高校也可以利用文化基础设施来传递奋斗精神,如在图书馆设置关于奋斗及奋斗精神相关的阅读专栏;在教学楼、校园大屏幕、宣传展板等地方设置相关的板报和视频等,定期更换来培育校园奋斗氛围。其次,精神文化建设上,通过树立优良校风、学风引导学生不懈奋斗。高校要注重校风建设,将积极奋进、顽强拼搏、苦干实干、勇于奉献的精神融入校风建设,用优良校风引领校园文化建设;高校也要注意完善学风建设,营造勤奋学习、不求甚解的学习氛围。高校也可以定期开展奋斗主题教育,围绕奋斗精神展开学术研讨、主题讲座、榜样人物分享会等活动对大学生进行奋斗精神的主题教育。最后,在制度文化建设上,高校要注重落实规章制度,利用制度约束行为,营造良好有序的校园环境。高校也要注重健全学生、教师评价体系,引导教师和学生树立正确的奋斗观。

在校园文化宣传方面,高校要发挥网络媒体的积极作用。如今,大学生生活和学习愈发依赖网络。因此,高校要紧跟时代,利用好网络在校园文化宣传方面的积极作用。一是要综合利用校园官网、微信公众号、短视频等软件,打造身边榜样的奋斗精神宣传栏目,加大对校内艰苦奋斗、自立自强、勇于奉献的优秀大学生事迹的宣传力度,通过榜样的力量使大学生明白奋斗对自身成长和国家发展的重要性。二是要利用好国家主流媒体。高校要及时准确地传达国家层面的信息,新时期孕育了新思想,高校有义务和责任将新思想传递给每一名大学生。在新时期,习近平总书记发表了一系列关于奋斗和奋斗精神的讲话,高校要利用自己学校的网络平台宣传这一系列讲话,使大学生深刻领悟国家对他们寄予的厚望,激励大学生为实现中国梦团结奋斗。三是要注重网络交互性的特点,通过大数据掌握学生的心理需求和兴趣爱好,进而分析他们的思想政治状况,然后以某一活动为契机,有针对性地设置有关奋斗的网络知识问答竞赛活动,在学生答题过程中不知不觉地影响学生关于奋斗的认知和认同。

4. 提高高校对大学生奋斗精神培育的认识水平

加强组织领导,增强高校的责任感。高校党委是高校的领导核心,能够从学校发展的全局进行管理和组织。高校党政干部要紧跟国家发展动态,不断提高思想觉悟,充分意识到奋斗精神培育对高校落实立德树人的重要性,在工作中将奋斗精神培育摆在重要位置。高校领导干部在落实奋斗精神培育工作中,要率先垂范,发挥模范带头作用,以自己的奋斗实践带动全校教职工对奋斗精神培育的重视和践行,自上而下形成重视和践行奋斗精神培育工作的共识。高校奋斗精神培育要取得良好效果,需要每一位教职工的积极参与。高校党委要重视加强对教职工的培训,改变教职工认为培育奋斗精神与自己无关的错误认识,明确教职工自身对学生进行奋斗精神培育的责任,在日常工作中给学生做好奋斗示范,并且对学生的失范行为进行及时的反馈和引导。只有高校层面从上到下都重视奋斗精神培育,才能使奋斗精神培育工作真正贯穿到教育各环节,才能保证奋斗精神培育深入课堂,走进学生。

加强制度建设,提供高校培育的保障机制。一方面,高校党政领导可以从教职工角度着手领导制定规范教职工行为的制度规定,用规定来约束教职工承担的培育大学生奋斗精神的具体职责,并且根据各部门工作性质的不同,因地制宜地采取不同针对性措施。比如,后勤部门强调对学生生活方面奋斗精神的培育,思政部门强调学生思想上奋斗精神的培育,就业部门强调学生就业心理和就业选择上奋斗精神的培育。高校不仅可以从制度规定上,还可以从奖励制度方面引导教职工对奋斗精神培育的重视。高校在评优评奖等方面可以将教职工的奋斗精神培育工作成效作为评比的一个标准,通过实质性的奖励来动员教职工对奋斗精神培育的积极性与主动性。高校要与各部门形成及时有效的沟通机制,各个组织部门间要做好职能分工,不仅要协同配合奋斗精神培育的工作开展,也要加强奋斗精神培育的监督与问题反馈,通过形成培育合力提高工作质量。另一方面,高校可以从学生角度入手,制定完善的奋斗精神培育的激励机制。目前高校的激励机制覆盖面和影响力较弱,没能充分调动大学生的奋斗积极性。高校要重视和推广激励机制的受众面。高校可以加强奋斗精神的宣传,提高奋斗精神培育活动的吸引力来激发大学生践行奋斗精神的内在动力;高校可以通过物质奖励和荣誉奖励等外部激励来鼓励大学生参与奋斗实践。

(二)企业自觉参与,涵养奋斗精神

大学生奋斗精神的培育,需要汇聚各方力量共同发力。在政府的带动下,社会各方尤其是相关企业需要响应号召自觉参与,在追求经济效益的同时兼顾社会效益,承担社会责任。搭建校企合作平台,提升大学生奋斗精神培育渠道,充分结合自身优势,助力大学生奋斗精神培育,不忘奋斗初心,携手共同前行。

1.传播革命文化正能量,打造涵养大学生奋斗精神的良好环境

在信息技术飞速发展的新时期,互联网企业是随着互联网发展而诞生的新兴企业组织形态,如电子商务企业、即时通信企业、门户网站企业、搜索引擎企业等。互联网企业一经出现,打乱了传统企业的发展节奏。它们掌握信息源,具有多重主体性,社会影响具有增值力,在促进经济增长、保障社会民生、响应共同富裕、推动教育发展、参与抗击疫情等方面具有积极作用。尤其是互联网企业和实体经济的深度融合,极大地带动了我国数字经济的发展,说明互联网赋能范围在不断延伸。另外,互联网企业在快速发展的过程中,也存在利用大数据传播虚假信息、数据安全意识淡薄、合规自律性较差等问题,对社会风气造成严重的不良影响。尤其是对身为"网络5G冲浪选手"的大学生引发思想危机,动摇了马克思主义理想信仰。

既然是环境造就人,那就必须以合乎人性的方式去造就环境。当前,我国借助革命文化培育大学生奋斗精神,必须要求互联网企业在遵循法治的前提下,主动提升合规自律性,建立行业自治机制,依托革命文化,积极吸收革命文化正能量,为涵养大学生奋斗精神、推动大学生奋斗精神的培育打造价值取向明确、社会道德高尚的社会环境和成长氛围。尤其是《2021全国网民网络安全感满意度调查"互联网平台监管与企业自律"专题调查报告》中,提出了诸多针对互联网平台监管与企业自律的对策建议,动员社会各方力量引导企业自觉合规自律。因此,互联网企业必须做到合规经营,完善制度机制,规范管理操作,尤其是加强对旗下相关平台网络红人的培训和监管,大力宣传社会主义核心价值观,打造革命文化建设的网络新阵地,遵循网络道德规定,积极传播革命文化正能量,接受社会群体的监督,在全社会形成行业自律机制的沃土,为涵养大学生奋斗精神提供健康向上的社会网络环境。

2.搭建校企合作平台,提升大学生奋斗精神培育实效性

大学生奋斗精神的培育不能单靠互联网相关企业的合规自律,打造涵养大学生奋斗精神的良好环境,更需要其他相关企业在政府的引导下主动连同其他社会群体一起承担社会责任,尊重革命文化,敬畏革命历史。尤其是相关企业跨越校企合作中的"求利"和"育人"的鸿沟,主动参与高校的全员育人工作,搭建校企合作平台,在校企合作中发挥革命

文化育人功能,构建校企育人合力,提升革命文化助力大学生奋斗精神培育的实效性。企业在促进经济发展、勇担社会责任的同时需要主动参与学校全员育人工作,形成校企育人合力,围绕革命文化,助力大学生奋斗精神的培育。比如,企业协同学校开展诸如"企业讲堂——企业导师讲革命、讲奋斗、讲思政"的活动,打造"开门办思政"校外育人新平台。企业和学校积极对接,打造与大学生专业高度契合的校企合作教育平台,囊括国有企业、民办企业、海外华人企业和校友创业型企业等企业类型。同时,邀请爱岗敬业、积极创业、奋斗立业的企业导师进入高校,开展围绕"树立为国奉献,厚植爱国情怀的职业境界""培育爱岗敬业、艰苦奋斗的职业精神""形成吃苦耐劳、团结奋斗的职业态度"等主题,以爱国主义、革命精神、奋斗精神等为核心的系列"企业导师进校园"宣讲活动,形成校企育人合力,引导大学生通过合作平台,从中汲取革命文化的营养,满怀家国情怀,养成奋斗精神,将个人理想与祖国、人民的需要相融共生,为民族复兴的实现奋斗毕生。

（三）个体自我教育,主动养成奋斗精神

大学生奋斗精神培育最终落脚点是提高大学生的奋斗理性认知和奋斗意识,进而使之内化为符合社会主义现代化发展规律的奋斗实践。大学生奋斗精神培育要取得显著效果,就必须从大学生自身出发,积极主动地将奋斗精神内化为自己的品格特性,并付诸实践,在实践过程中践行奋斗。

1. 坚定理想信念强化奋斗认知

坚定的理想信念为奋斗提供动力支撑和方向指引,理想信念是奋斗精神的根基和支柱,缺乏理想信念的人,精神上是不完整的。

一是要坚持马克思主义信仰。马克思主义追求每个人自由而全面的发展,与大学生奋斗的终极理想是完全吻合的。马克思主义高度认同实践的价值——人通过积极能动的实践活动改变了世界,它激励人们努力苦干,积极奋进地进行社会生产实践,不断创造辉煌。因此,大学生要坚持马克思主义的奋斗目标,积极参与实践活动,为实现目标而不懈奋斗。"全世界无产者联合起来!"也体现了马克思主义超越国界的大爱情怀,只有大爱情感才有无私奉献,才有马克思为解放事业奉献的一生。大学生要坚持用马克思主义来提升自己的价值观,从情感上热爱国家和人类,热爱奋斗。马克思一生为追求真理进行了不懈的奋斗,尝尽颠沛流离的苦楚却始终坚持初心,迎难而上,最终勇攀思想高峰。作为大学生,要坚持马克思主义信仰,学习马克思的坚强品质。

二是将个人理想和祖国命运联系。个体发展必须依托国家安全和强盛的大环境。并且个人的梦想只有融入国家的梦想才具有实现的可能,如果个人梦想完全背离国家的发展,那这一梦想就成为空想。只有树立远大的人生理想,才能不惧前进路上的挑战,以坚定信心顽强奋斗。大学生要胸怀祖国和人民,在大我中成就小我。一方面,大学生要提高政治觉悟,坚定共产主义,跳出追求狭隘私利的"自我境界"。大学生要积极地学习马克思主义理论和党的理论,用科学理论武装奋斗精神;要加强学习"四史",正确认识我们党的奋斗历程;要时刻关注国防和中国形势政策变动,对中国基本国情深入了解,激发为国奋斗的动力。另一方面,大学生要提高学习本领,只有过硬的实力才能敢于奋斗、持续奋斗。大学生既要提升专业和文化知识,也要学习实践技能,在理论与实践碰撞中不断加深对所学知识的理解。大学生也要探寻适合自己的正确学习方式和树立积极的学习态度,以求真务实的态度进行终身学习,不断提高各方面素质,为持续奋斗注入新鲜血液。

2. 投身社会实践磨砺奋斗意志

大学生传承奋斗精神不能只停留在口头上和思想上,而是要从知行合一上下功夫,身体力行地参与到奋斗精神培育的实践环节中,在实践过程中磨炼奋斗意志,养成奋斗品格。

第一,大学生要投身实践,真抓实干,做积极奋进的行动派。一方面,大学生践行奋斗精神要立足点滴小事,脚踏实地地一步步前进。实现梦想是一个长期奋斗的过程,要敢于吃苦,勇于拼搏,从点点滴滴的进步中奋进。大学生要想成就梦想,理应从小事做起,脚踏实地做好每一件事情,不要想着一步登天。眼高手低、不切实际地鲁莽前进只会使前进道路困难重重,很难有所成就。大学生要懂得厚积薄发,在平常的学习中不断储备各类知识,不因功利性而放弃相关知识的学习,要学会提升自我内在素养,通过不断的积累小成就而取得最终成功,要明白只有长期坚持不懈地投身奋斗实践,才能勇担复兴大任。另一方面,大学生要积极参加实践活动,在亲自参与活动的过程中体会奋斗的魅力和价值。实践活动是大学生提升奋斗精神的重要途径,大学生要积极参与学校活动等,也要自己主动去社会生活中实践,到革命老区、贫困边远地区,深入基层去服务人民和锻炼自己,在基层较艰苦的环境中亲身体味奋斗的艰辛与幸福,从而更加激励自己为祖国发展不懈奋斗、持续奋斗。

第二,大学生要磨炼意志,顽强拼搏,做坚持不懈的奋进者。不论是国家还是个人的成长之路都并非顺风顺水的,实践过程中会突发许多意外和困难,面临许多抉择。大学生要克服自身的懒惰、安逸和懦弱。大学生奋斗的前途光明而道路曲折,如果在这一过程中,大学生或者因懒惰而将奋斗停留在嘴上,几乎不采取行动;或者因安逸而丧失奋斗意志,胸无大志;又或者因懦弱而止步前进甚至后退,那么大学生将难以实现全面发展。因此,大学生要具备坚定的恒心和毅力,以持之以恒、锲而不舍的精神去迎接挑战。在挑战过程中,大学生既要逆流而上,直面奋进道路上的急流险滩,化磨难为动力,奋力驶向胜利彼岸;又要逢山开路,遇河架桥,利用有利条件,改造不利条件,以敢为人先,百折不挠的精神奋力开辟新天地,勇作走在时代前沿的奋进者。

第二节　弘扬劳模精神

一、劳模及劳模精神

(一)劳模

按照《现代汉语词典》(第6版),劳模是我国对先进建设做出突出贡献的先进人士的一种荣誉称号。"劳",在说文释义中是指人们为创造物质和精神财富而进行的劳动,同时也意味着生活的艰辛。"模"是一个形声的单词。小篆由木而生,无声无息。"模"的本义是铸件的模子,如"模具"和"字模",指形状,外观。

劳动模范的含义可总结为在人类创造物质或精神财富的过程中,付出不懈努力,历经千辛万苦,干出一番事业而涌现出的先进人物。2020年11月24日,北京召开了全国劳动模范、先进工作者表彰大会。习近平总书记说:"劳动模范是民族的精英、人民的楷模、共和国的功臣。我国是人民当家作主的社会主义国家,党和国家始终坚持全心全意依靠工人阶级方针,始终高度重视工人阶级和广大劳动群众在党和国家事业发展中的重要地位,始终高度重视发挥劳动模范和先进工作者的重要作用。"① 这充分体现了劳动模范和先进工作者的重要作用,也体现了党和国家对劳动模范的肯定和重视。

时传祥、王进喜、李素丽、袁隆平、徐振超、郭明义,这些劳模都是这个时代的精神象征。中国革命、建设、改革的不同时期,我们的工人阶级都有着站在最前面、勇于承担责任的光荣传统。新中国70多年的发展历程表明,以劳模为代表的数十亿看似普通的劳动者,已经成为中国的脊梁,在中国和世界历史上留下了光辉的一页。

劳模是一个时代的先行者,是杰出的工人阶级的代表,是国家的中流砥柱,是一个时代的领导者。或许你没有听说过这些劳模,但是他们在工作中取得的辉煌成就改变着我们的生活。

不同的历史阶段,国家发展和建设的重点各不相同,劳模的工作任务也各不相同,但在其创新实践和不断探索中,具有自主性、先进性等特点的劳模精神,总是激励着全体员工建功立业,展现出了社会进步的发展趋势。平凡的人在平凡的岗位上做到最好,令人惊叹,而对于劳模而言,工作更是一种境界。今天,我们要向全国劳动模范学习,不仅要学习他们的精神,还要学习他们的工作方式以及他们对工作的看法。

全国劳动模范可不是靠着吃苦耐劳就能做到的,而是靠着自己的努力,让自己变得更有智慧、更有韧性。细枝末节,精益求精,在单调重复的工作中找寻"灵感"。现在的社会,浮躁的风气越来越严重,每个人都希望能快速赚钱,希望得到的东西超过付出,而劳模则用自己的行动告诉你:不要着急,做好自己的本职工作。让我们能够看见我们努力的方向和参照。

(二)新时期的劳模精神

习近平同志非常重视对劳模、劳模精神的弘扬,他多次在会上强调:"劳模是民族的精英,人民的楷模,是共和国的功臣。"同时,指出了劳动模范的科学内涵,即爱岗敬业、争创一流、艰苦奋斗、勇于创新、淡

---

① 习近平. 在全国劳动模范和先进工作者表彰大会上的讲话[N].人民日报,2020-11-25(02).

泊名利、甘于奉献。①

爱岗敬业、争创一流是劳模敬业精神的体现。"爱岗"指的是做一份工作,热爱一份工作;而"敬业",则是对工作有着强烈的信仰,这种信念感催促着劳模不断学习,打磨技能。热爱自己的工作,勤勤恳恳,一丝不苟,认真负责是爱岗敬业的最好体现。所谓爱岗,就是一个人对自己的工作充满了热情,对自己的工作抱着一颗虔诚的心,勤勤恳恳地工作。劳模之所以能够在平凡的人群中脱颖而出,是因为他们不仅要在自己的岗位上做好自己的本职工作,还要实现自己的目标,力争达到世界一流水平。一代又一代的劳模在专长的专业上争创一流的工作态度,使得他们在众多的工人中脱颖而出,赢得了"劳模"的美名。伟大源于平凡,英雄源于人民。热爱自己的岗位,热爱自己的工作,用自己的努力取得更好的成绩,这是一种工作的态度,也是一种精神的体现。劳模们在自己的专业领域大放异彩,为中国梦的实现做出自己的贡献。劳动模范们以一种"主人"的姿态对待自己的工作,在他们的眼中,劳动不再只是一种生存的工具,更多的是一种高标准的自我要求,在自己的工作岗位中成为最好的员工。

艰苦奋斗、勇于创新要求每个人都有自己的无悔青春,都要在自己的岗位上艰苦奋斗。劳动模范的精髓在于艰苦奋斗。"艰苦奋斗"是中华民族的优秀传统。劳模们凭借着自己的努力做出了卓越的成绩,才能被评为劳动模范。劳模精神的核心是勇于创新。创新是一个国家、一个民族发展的永恒动力,是推动人类文明进步的一股不可忽视的力量。学习劳动模范最关键的是要学习劳动模范的坚韧不拔的意志,要学会在困难面前灵活应变、敢于创新。

淡泊名利、甘于奉献,体现了劳模的高尚道德观。工人们在工作中,就像是一汪清水,他们不在乎功名利禄,不在乎个人的利益,他们会在工作中不断地追求自己的价值。"清廉"是"劳模"的灵魂。劳模对名利的淡薄是一种境界,名利对劳模仿佛是一种束缚,比起"名扬天下",他们仿佛更倾向于做无名英雄。新时期的劳动模范不会只顾自己的利益,而是将自己的理想与实现中华民族伟大复兴中国梦紧密结合,树立远大志向。奉献是一种态度、一种行为、一种信仰。一名劳模用自己的

---

① 习近平.在全国劳动模范和先进工作者表彰大会上的讲话[N].人民日报,2020-11-25(02).

劳动为祖国、为人民服务，用自己的生命去实现自己的价值，展现出无私奉献的优良品质，体现了报效祖国、服务人民的崇高追求。①

二、新时期大学生弘扬劳模精神的意义

（一）有助于大学生树立正确的劳动价值观念

社会历史的本质包括劳动对人类社会的产生和发展、人类社会的影响；如果单纯从书本上学习，相对来说难以理解，通过将劳模精神融入高校思想政治理论课，讲好劳模及其背后的感人故事，让同学们从知识上理解劳动的重要性及其价值，懂得劳动是一切幸福的源泉，劳动是人类生存的根本，也是整个社会生活的来源。同时，人类与自然进行能源与物质的交流，以维系自身的生存，没有生产性的劳动，人类是不能存在的。劳动是最基本的实践活动，是从事政治、思想、文化活动的根本与源泉。从思想上深刻领悟劳动模范的敬业精神、创新精神、奉献精神，懂得劳动是最荣耀的，职业是没有高低的，伟大出自平凡，英雄来自人民，从而能够树立正确的劳动价值观；应从实践上学习身边的劳动模范，以爱劳动为荣，以懒惰骄奢为耻。

（二）有助于大学生的科学核心素养的培养

从培养大学生政治认同素养上来看，在"两个100年"的历史转折点上，我们离实现中华民族伟大复兴的目标越来越近，越来越有信心、越来越有能力实现目标。我们比以往任何时候都更需要紧紧依靠工人阶级的主力军，劳模精神的弘扬和培育工作是当前最迫切的任务。劳模精神是国家精神的重要组成部分，是见证民族自信力的有机素材。通过将劳模精神融入高校思想政治理论课，既丰富了课堂环境，又为高校思想政治理论课提供了育人案例，它有助于提高学生对党的领导能力的信心，进而提高学生的政治认同感。在对大学生的科学精神素养的培养方面，科学精神是指在认识世界和改造世界的过程中，始终坚持用马克思主义的科学世界观和方法论去思考、去做事情，做出正确的价值判断和选择。劳动是人类所有社会关系形成与发展的根本。马克思认为，整个

① 黄玥，高蕾，范思翔．新华网．"文明其精神，野蛮其体魄"——习近平同少年儿童的故事[EB/OL].http://cn.chinadaily.com.cn/a/202106/01/WS60b57ec3a3101e7ce9752a96.html

世界的历史,不过是人类的劳动,是大自然对人的创造。从中国近代史中我们知道,由于清政府实行"闭关锁国"政策,导致我国近代受到西方列强欺辱,被迫签订了大量丧权辱国的条约。"落后"指的是科技的落后,新中国成立以来,正是一代又一代的科技人才刻苦钻研、吃苦耐劳,才使我们取得了今天的科技成果。从整个人类的发展历程来看,社会的发展是在生产力和生产关系、经济基础和上层建筑之间的矛盾运动中不断产生、发展和解决的过程中产生的。生产关系必须与生产力条件相适应,上层建筑必须与经济基础条件相适应,这是每个社会都适用的法则。近代以来,我们的综合国力在世界上的地位,使我们更加了解到,劳动是一切社会历史发展的先决条件和依据。因此,应在此基础上,对学生进行科学精神素养的培养。

(三)有助于大学生社会主义核心价值观的培养

社会主义核心价值观的 24 字简要标语在我们生活中随处可见,我们在公交车上、地铁站内、马路边宣传栏等地方抬眼可见。大学生的学校校园文化宣传栏、班级文化墙、食堂等地方也屡见不鲜。但是,有些东西我们知道的不一定理解,理解的不一定透彻。将劳模精神融入高校思想政治理论课,有利于大学生更深刻领悟劳模精神、以劳模为榜样,明白劳模在各行各业的贡献,他们都在为中国的伟大复兴而努力。了解到我们的美好生活是无数人在负重前行,从而更加珍惜学习机会、尊重劳动者。凌晨四点半,当我们还在床上做着美梦的时候,环卫工人已经早早起床,收拾工具,为清扫地面、给行人提供一片干净道路做好准备;早餐店的老板凌晨三点钟就起床准备,做好热腾腾的包子、豆浆推着小车到路边贩卖;"90 后"高铁、轨道交通设计工程师葛钰,三年来一直在成长,是四院有史以来最年轻的女劳模,五一劳动奖章获得者;"90 后"戏剧演员徐哲韬:能找到一份能让自己开心的工作,是一件多么幸福的事情。作为个体,劳模以"爱国、敬业、诚信、友善"为行为规范,以"自由、平等、公正、法治"为社会价值取向;以"富强、民主、文明、和谐"为目标,把"小我"与民族发展趋势相结合,是实现价值的典范。

三、新时期大学生弘扬劳模精神的必要性

（一）是实现人的全面发展的需要

马克思认为，只有把劳动和教育结合起来，才能培养一个人的全面发展。马克思指出将来的教育之芽，是从工厂体制中萌发出来的，将来的教育对于所有到了一定年纪的孩子都是生产劳动，智力和运动的结合，这不但是一种改善社会生产力的手段，也是培养一个人的唯一途径。他主张，只有通过劳动教育，才能消除人的单边发展，使智力和体力活动有机地结合起来，从而使个体获得自由和全面发展。人的全面发展，是人的个性发展的基础。立德树人是教育的根本任务，而高校思想政治理论课从根本上讲就是一门政治、思想和道德教育课程。因而，它比其他学科更直接地承担起了道德教育的重任。大学生正值青春，价值观形成的关键阶段，迫切需要树立正确的劳动价值观，因而对大学生进行思想教育的塑造就显得尤为重要。全国劳模先进工作者是全国人民的杰出代表，他们身上集中反映了对国家深厚的爱国情怀，反映了时代的改革和创新。新时期的劳动教育要大力提倡劳模精神，引导青年以积极向上的心态，树立正确的劳动价值取向，全面提升劳动技能，努力成为德智体美劳全面发展的社会主义建设者和接班人。

（二）是培育有劳动素养的时代新人的需要

提高工人的综合素质，培育一支规模庞大、质量优良的劳动队伍是国家发展的需要。大学生是国家的栋梁之才，他们的思想品德素质直接关系到他们的一生乃至整个社会主义的建设和发展。但是现在，一方面，因为生活条件的改善，有的父母不重视孩子的良好的劳动习惯，放纵孩子的奢侈享受；另一方面，大学生把全部精力投入学业、居住在"三点一线"的校园里，缺乏人生历练，劳动意识淡薄，缺乏劳动实践，背离了"把教育与生产劳动结合起来"的教育方针，削弱了劳动教育的育人价值。世界绚丽多彩，却也纷繁复杂，面对诱惑和考验，有的人选择做"寄生虫""啃老族"，有的人选择靠自己奋斗书写无悔青春，有的人身在高位却不为人民谋利益，偏为自己谋私利，有的人身处底层却不甘于平庸奋发向上，发扬"螺丝钉"精神。大学生将来也要面向社会，成为社会中的一分子，通过学习劳模精神有利于大学生树立正确价值劳动观，为

今后职业生涯发展奠定一定基础。为此,应在高校思想政治理论课中强化劳动教育,将其内涵贯穿于学生的思想政治工作之中,以强化其育人价值,这对培养学生正确的劳动价值观念、培养深厚的劳动情感、全面提高劳动者的综合素质和精神品质具有重要意义。

（三）是推动实施素质教育的需要

素质教育要求学生的发展是德、智、体、美、劳的全面发展,要求学校培养的人不是书呆子,而是具有创造性的人才。但是,在教学实践中,我们可以看到部分学校过分注重学生智育的发展,忽视了其他四育,这严重影响了学生五育并举、共同发展的诉求。劳模精神从意识层面上讲它是从劳模群体身上凝练的一种对于国家、工作岗位、个人追求等方面的高度认同,劳模们无一例外地都对我们伟大的国家有着一种深沉且热烈的爱国之情,这种对于我们这片祖国大地强烈的感情让劳模无论身处何种岗位,都在自己岗位上不断追求高效率、高品质的工作,在祖国的各条战线上都不遗余力地严于律己,努力提升自己。这种伟大的爱国情怀体现出的不求回报、甘愿奉献的品德,为人们指引正确的价值方向,因此劳模精神在道德培育方面的价值不言而喻。劳模精神从行动层面来说,它对劳动教育的指导作用也十分明显。劳动教育绝不是组织学生打扫卫生,在农田里种种地,体验劳动辛苦,不是让学生感受到劳累来激励学生好好学习,从而摆脱体力劳动,而是要让学生感受劳动带给人的愉悦感或满足感。劳模群体都在自己的岗位上享受着劳动带给自己的乐趣,不论是脑力劳动的劳模,还是体力劳动的劳模,他们都享受着劳动带给他们的幸福感。他们也凭借着这种幸福感不断钻研,始终坚持开拓创新。

四、新时期大学生弘扬劳模精神的途径

（一）发挥教师的主导作用,加强高校思想政治教育

1. 参与专业培训,增强劳模意识与能力

教师是学生的学习与成长之路的向导,而学生要想学好知识,就必须要有教师的正确指导,一位学识渊博和道德情操高尚的教师带给学生的不仅是知识上的影响,在人格上也是极为重要的。因此,要想成为一

位能教好学生的好教师就必须有终身学习和学无止境的思想准备。高校思想政治理论课教师要重视每次校内校外的专业培训机会，通过借鉴先进优秀教师的教学实践经验，提高自身的教学水平。教师要抓住学校提供的职业培训机会，不断提高自身的专业能力。在如今的信息化时代，网络已进入千家万户，同时巨大的信息也在充斥着学生，学生在网络上学习也更加方便和快捷，因此"弟子不必不如师"甚至某些方面强于师，教师如果知识储备不足或者长久未更新，那么就会跟不上学生对于知识的需求，从而阻碍学生的发展，因此教师应不断地加满和更新自己的知识库，从而满足学生的求知欲以及提升自我。同时，要积极参与学校举办的劳模讲座，认真倾听劳模事迹和劳模故事，挖掘劳模背后的故事和其中蕴含的精神财富，为融入高校思想政治理论课做好知识积累和素材准备。知识要苟日新、日日新、又日新，面对新的时代、新的课程改革、新的教学对象必须要用创新的思维、科学的手段指导新的教学实践。许多教师几年甚至十多年都用一套教学设计、同样的老案例来上课，这不符合思想政治教育时代性原则，时代在改变，高校思想政治理论课教学内容的呈现方式和教学案例也应该与时俱进，如果脱离了学生身处的时代背景，不能让学生有很好的代入感，最终取得的教学效果也将不言而喻。教师要以最大的热情投入到新课程改革中去，与新课程一同成长，积极参与校本课程的培训，夯实理论基础，努力达到既有理论深度，又有实践高度，让持续不断的进修学习成为日常生活学习中必不可少的重要部分。

2. 创新思政教学方法，激发学生劳动意识

传统的高校思想政治课堂容易陷入教师单向讲授、学生被动学习的模式。课堂教学尤其强调教师和学生共同探究新知识的过程。教师可以采取个案教学和"一案到底"的方式，也就是将个案应用于课堂教学中，将劳模的故事以及劳模精神贯穿于整节课的教学内容。袁隆平院士不仅解决了中国十几亿人的温饱问题，为保障我国粮食安全问题做出了巨大的贡献，同时也为世界人民远离饥饿、维护世界和平做出了杰出贡献。相比之下，针对目前网络上对娱乐明星的盲目关注，网络上信息鱼龙混杂，一些明星更是不守艺德，拿着天价片酬却屡屡触犯法律底线，偷税漏税违法犯罪现象层出不穷，对学生正确价值观念形成十分不利，劣迹斑斑却受人追捧的娱乐明星与英雄人物的卓越贡献高下立见，因此

将劳动模范的光荣事迹作为案例融入高校思想政治理论课有利于帮助学生明辨是非黑白，树立正确价值观，厚植学生劳模精神。时代的进步离不开劳动的创造，劳动者是劳动的主体，劳模身上洋溢着一种主人翁的责任感和艰苦奋斗的精神，他们的劳动热情、良好的职业道德、爱岗敬业、无私奉献的精神，都是"劳动者"的深刻内涵。劳动模范是时代的先锋，是时代精神的象征。在我国革命、建设和改革的各个历史阶段，涌现出了许多先进事迹和优秀品质，激励着一代代人民为国家发展、民族振兴、人民幸福不懈奋斗，谱写了一首首经典咏流传的劳模事迹赞歌，至今在很多人的记忆深处久久难以忘怀。值得注意的是，许多大学生对于劳模没有清晰的概念认识，至今仍停留在"老黄牛"精神、不怕苦不怕累、牺牲小我成全大我、一心扑在工作岗位上，休息时间也要工作等刻板印象，因此案例的选择也要符合时代的发展，选取符合新的时代发展的劳模案例。劳模案例的选取要涉及社会工作岗位的各行各业，要具有广泛性。金牌工人徐振超，用他的"振超效率"多次打破世界纪录，不断追求创新，实现装卸速度世界第一，顶住压力，与铁吊车、铁集装箱周旋，终于实现铁碰铁无声响。他把热爱劳动当美德，把钻研技术当乐趣。对他来说，学习非常重要，始终保持着充足的干劲。祖国蓝天下战鹰"隐秘"的守卫者姜文盛，他曾参与并主持过多款飞机专用系统的工艺设计，为歼–10、歼–20在重大特殊任务中的技术提供支持和保障。为保障阅兵仪式百分百无失误，他花两个月时间对参阅飞机进行专项检查，在紧张的筹备过程中，短时间内生产方案不断推倒重来，各种大大小小的错误接踵而至，最终在紧急状况下创新设计出专用夹具，解决了问题，保证了飞机在阅兵大典上的完美亮相。全国劳模民营企业家张桂平从1987年开始创办企业以来，张桂平一直秉持着工业报国的理念，紧跟改革开放的脚步，至今已累计缴纳115.04亿元的税收，提供了超过20000个工作岗位，张桂平是一个具有强烈社会责任感的民营企业家，他还在全国各地创办了几十所希望学校，帮助那些无法正常上学的孩子重新回到了学校。近几年，为灾区捐赠了几千万元，并为社会捐赠了超过六亿元的物资。在此次疫情中，为抗击疫情提供了几千万元的捐助，为抗击疫情提供了42.5万只防护口罩，77万只医用手套，10000套专业防护衣。

增添新时期劳模案例进课堂，不仅可以让学生学习劳模对工作兢兢业业、一丝不苟的态度，面对困难不放弃，坚持到底追求胜利的气概，还可以增强民族自豪感和自信心，感受国家的强大，无数的劳动者在自己的工作岗位上实现自己的生命价值，为了国家的繁荣和美好的未来而努力，以此来培养学生们的远大抱负。

（二）发挥课堂育人功能，帮助学生更好理解劳模精神

1. 以教材为载体，拓展劳模精神培育内容

教师的课堂教学以教科书为主体，以教材为基础，而非以教材为全部。根据实际情况不同适当调整教材内容的先后顺序和删减，增加与时代要求相符合的内容进课堂。通过对高校思想政治理论课必修教材进行梳理，发现教材中包括大量可研究劳模精神的素材，对于劳模精神融入高校思想政治理论课提供了可挖掘资源。

我们可以从不同时期的劳模群体以及他们身上蕴藏着的为祖国、为人民鞠躬尽瘁死而后已的伟大的爱国精神上学习，劳动模范在我国革命、建设、改革时期都做出了杰出贡献。劳模们爱岗敬业，从宏观层面来看，爱岗就是以高度的责任感为国家的发展壮大做贡献，谱写了可歌可泣的劳动篇章。深入挖掘高校思想政治必修课的劳模精神，旨在弘扬劳模爱岗敬业、踏实肯干、甘于奉献的务实作风；弘扬他们维护大局、锐意改革、敢抓敢管的责任意识；弘扬他们艰苦奋斗、自强不息、勇于创新的人格魅力；弘扬他们勤学苦干、顽强拼搏、争做贡献的创业精神。这一精神成为我们前行的推动力，它引导着无数人战胜苦难、不断创新、孜孜不倦地开拓创新，在中国梦的伟大道路上，它的作用是无限的。

2. 采取情境创设的教学形式，激发学生劳动情感

通过采取情境创设的教学形式，激发学生劳动情感，触发学生的情感点，真实的素材往往更能打动人心。情境的设置也要具有生活化、真实性的特点，最好选取所在地的劳动模范的劳模故事和劳模案例，同时也要兼顾学生的学情，即学生对劳模及劳模精神的了解和掌握程度，如劳模群体的分布有哪些、哪些人可以成为劳模、全国劳模大会是从什么时候开始举办的、几年举办一次等，重点关注学生对劳模和劳模精神知识方面存在的困难，这些困难既包括知识方面的，也包括思想上的，学生对劳模是国家的功臣、人民的楷模这句话是否认同，是否从内心深处认同劳模和劳模精神，并身体力行地弘扬劳模精神等，从而帮助学生理解教材。

3.活用议题教学,丰富和发展学生的劳动观念

议题要设置为开放性问题,避免简单的是非判断回答。简单的是非判断难以引起学生讨论的兴趣,无法激起学生对于知识的渴望,因此议题式教学力求议题设置合理,能让学生在对问题的讨论中以疑激思,从而提高学生的思辨能力。

议题一:为什么疫情当前,很多人会谈"疫"色变,避之唯恐不及,而劳动模范却能不顾个人安危,迎难而上,挺身而出?引导学生探究背后原因,让学生在分析比较中感受劳模群体的先进性、深刻领悟劳模精神的时代内涵。

议题二:请学生观看材料,根据民法典及劳动法的第一条,找到二者的共同点,并给出原因。在完成答案后,教师要对学生的答案进行评价,要多使用正面、激励评论,以激发学生的求知欲和学习动机。教师通过总结国家尊重和保障公民权利,通过对劳动者的权利和义务等内容进行拓展,相信他们会对我国构建法治社会的一系列措施和成就也有所了解,也对劳动和劳动人民有了更深层次的理解。

议题三:畅想未来,说说你理想的职业是什么?让同学讨论自己未来的职业方向和职业理想,即可了解学生对社会的了解程度,也可以为学生未来工作提前做好规划,了解学生的职业选择等,让学生在班级讨论中既了解了同伴的未来规划,也认识到不同的职业。

(三)多方联动聚合力,增加融入实践途径

1.增加校园劳模精神培育活动

学校要重视劳模精神的培养,丰富劳模精神的培养方式。大力倡导劳模精神,有助于营造劳模精神培育的良好氛围。在宣传地点方面,可以利用图书馆、食堂、宿舍、文化宣传栏、班级文化墙、黑板报等多种形式,将劳模精神的内涵和价值渗透到宣传活动之中。通过在班级文化墙、图书角、墙壁上张贴劳模形象图片、劳模名言,使学生在班级中也能感受到劳模精神的熏陶,培养学生的责任心和敬业精神。在宣传媒体方面,学校通过现代化的宣传手段,如学校官方微博、官方网站等,让学生、教师、家长参与到宣传工作中来。另外,学校也可以邀请有关的模范人物到校园里做专题演讲,回忆过往,畅谈成绩,充分发挥榜样的带头

作用,让同学们更好地认识到劳动模范的精神。还可以组织劳模演讲比赛、知识竞赛等,让同学们围绕劳动模范在各自领域的突出贡献以及劳动模范对人民的生活水平、社会进步、国家发展等问题进行交流,讲述他们对劳模精神的看法,提高他们对劳模精神的情感认同。开展以"劳模精神"为主题的团日主题活动,重点关注有关纪录电影,鼓励学生搜集相关的政治新闻,引导学生结合所学知识分享感悟、发表见解,在活动中产生情感共鸣,并自觉转化为具体的实践行动。劳模精神的培养不仅可以通过课堂教学来进行,还可以通过多种形式的实践活动,在特定的环境中,通过各种形式的文化活动来培养学生对劳模精神的认识。提高大学生的参与程度,激发他们的学习热情,凸显他们在班级中的主体作用,充分发挥他们的聪明才智,从而使班级的建设更加完善。在构建班级文化的过程中,提高学生对自身道德的认识和行为的适应能力。

2. 家校合作,协同育人

由于受到社会竞争压力、升学压力、就业压力等方面的影响,广大家长过分重视孩子学业水平的提高,导致忽视了孩子生活自理能力、基本劳动能力的培养。有新闻报道,某大学生一周未洗衣服,将一周衣服打包寄回家里让母亲洗;某大学生家长为方便照顾孩子,辞掉工作到孩子学校附近租房等事例并不罕见。长此以往,孩子学习成绩提高了,基本生活自理能力却丧失了。更糟糕的是,这导致了学生想要逃避劳动、厌恶劳动的不良情绪的产生。良好的家庭环境对促进学校劳模精神培养起到了很好的作用。因此,家长在学生的日常生活中,要注意培养学生的生活自理能力。学校可以通过安排教师家访、与家长电话、微信视频沟通等方式,了解学生在家里的劳动表现。通过家长和教师的及时交流和沟通,教师能够了解到学生校外表现,更加全面地了解学校劳模精神培育方面需要解决的问题。

此外,学校在邀请家长参与家长会时,应大力宣传劳模精神对于大学生现阶段成长成才、未来专业选择以及职业选择等方面的重要性,让家长能够积极地参与到学生劳模精神培育中去,形成家校合力,共促发展的友好局面。高校思想政治理论课教师应结合当前大学生的发展情况,以教师和家长为学生提供服务,使他们成为热爱劳动、尊重劳动、具有劳动价值观念的人才。同时,应及时关注学校和教师发布的相关信息。通过互联网的帮助,有助于学生家长更好地进入学校,学校充分利用互联网的优势,通过微信等平台,实现对学校进行数字化的管理,让高校思想政治理论课教师了解家长的内心呼声,并为大学生家长解答疑惑,让家长为劳模精神的融入提供有效建议。

3. 丰富校外实践的大课堂,拓展教育深度

开展劳模精神的培养,不仅要积极营造校园文化,充分发挥高校思想政治理论课的作用,也要加强对学生的理论、政策等方面的指导,还要利用社会实践活动来激发学生的学习积极性,使他们把课堂所学的理论知识转化为具体的实践行为的能力,增强劳模精神教育的实际效果。社会实践是对课堂知识的延伸与拓展,是对课堂知识的一种有效的补充,学校组织实施有目的、有计划的实践活动,将其与社会实践相结合,有助于学生深化对劳模精神的理解,由感性认识逐渐上升为理性认识并最终付诸实践,促进学生实践能力的提高。

学校要搭建好劳模精神培育实践平台,或组织学生"走出去",到工厂、农村、工地学习劳动技能,到招聘会现场体验用人单位对劳动者在知识、技能、创新意识、责任意识等方面的需求。通过实地探究,丰富和发展学生对劳模精神的认同感,深刻体会劳动不易,形成敬畏劳动、尊重劳动、尊重劳动模范的情感。此外,学校还可以通过节假日,如五一劳动节、暑期假期实践活动、研习活动等,组织学生到校外开展实践活动,还可以组织学生参观当地劳模工作环境,亲自上手体验劳模的日常工作,用自己的双手感受劳动光荣。参观学习中,劳模与学生们面对面进行深入交流,通过认真聆听劳模讲述他们多年来的工作经验,面对困难,勇于挑战,不断学习提升自己的人生经历,启示同学们要以劳模为榜样,把劳模精神运用到学习中去。

此外,还可以通过参观全国劳模事迹馆,尤其是参观当地劳模事迹馆,了解我国各个时期的劳动模范和工人的先进事迹。通过对劳模精神的亲身体验,体会其力量,更好地体会劳动的价值,使其在新时期更加继承和发扬。

第三节　铸造工匠精神

一、工匠精神

（一）工匠精神的内涵

在古代，工匠被称为"手艺人"，是指精通一门手艺并以此为生的人。随着社会生产力的发展，工匠的内涵也随之产生了变化。而在现代，工匠是指专注于某一领域，并在这个领域中具有较高技能和技艺的人才，他们不仅能熟练运用本专业的知识与技能，还具有较强的创造能力和开拓精神，能够独立从事某种工作。《考工记》作为古代"工匠"的权威代表性著作，对"工"和"匠"做了全面的解释，其中提到"工匠之所以能立足于社会是因为其拥有高超的技艺，而随着时代的发展需要不断去更新技艺，要通过保持工匠精神才能使工匠的技艺得以传承和发展"。[①]

"工匠精神"可以体现从业者的职业道德、职业能力、职业素质等，反映了从业者所具备的职业价值观和行为取向，其基本内涵包括执着专注、敬业奉献、精益求精、创新进取等方面的内容。工匠精神在生活中无处不在，那些令人尊敬的被称为工匠的人，未必有多高的社会地位，也未必有多高的学历水平，更未必有多优越的生活条件以及工作条件，但他们都有一个共同点，那就是对待工作执着、专注、精益求精、一心一意的态度，用十年甚至数十年的时间去钻研，最终在某个领域取得了超越常人、超越自我的成就。比如，修建川藏铁路的爆破技术人员彭祥华，精确爆破了青藏高原上的岩层，把爆炸误差限制在了 15 毫秒以内，被人们称为"爆破王"。正是因为他凭借自身强大的专业技术，才能攻下一项世界级的爆破难题。川藏铁路是国家"十三五"规划期间的重要工程之一，其铺设难度也在世界范围内屈指可数，彭祥华正是在日复一日的工作中不畏困难、执着专注、精益求精，才能取得如此惊人的成绩。

[①]　彭兆荣.论"大国工匠"与"工匠精神"——基于中国传统"考工记"之形制[J].民族艺术，2017（01）：18-25.

总体来说,工匠精神在职业精神体系中处于核心价值地位,对高校教育的人才培养具有重要的意义。工匠精神就是专注地做好每一件事情,或者是在某个行业里兢兢业业,将自己毕生所学的技术毫无保留地展现出来,一辈子只专注于做某一件事。

（二）新时期工匠精神的内涵

工匠精神于新时期的发展是至关重要的精神力量,从经济发展角度来讲,工匠精神中的传承创新、坚持专注是贯彻新发展理念的内在需要,也是推进我国从制造业大国向制造业强国转变的精神力量;从政治角度来讲,工匠精神是国家意识形态领域建设的重要建设精神,工匠精神不论是在阶级社会还是现在的社会主义社会中都体现着它的社会政治属性;从文化建设角度来讲,工匠精神不论是从内涵还是价值都符合了现实文化发展的需要,是践行社会主义核心价值观,引导广大人民热爱劳动、实现和升华人生价值的重要动力。工匠精神在新时期的内涵可以概括为以下几点。

1. 积极主动的职业态度

工匠精神就是将一种良好的工作态度发挥到极致,全身心投入在自己的工作中,不厌烦、不焦躁,埋头苦干,坚持不懈,不向任何困难低头的一种职业态度。工作不仅仅是为了完成任务,更反映了一个态度问题,是一种发自内心的对工作的高度热爱,将工作视为自己分内的事情。工作不仅需要热情和行动,还需要努力和勤奋,更需要积极主动、自主自发的正确态度。以积极主动的心态来对待工作,我们才能在工作中不断发现问题、解决问题,从而提高自身的能力、发现自己的价值,而不是日复一日机械地重复劳动。从一定程度上来说,态度可以改变人生,也可以让生活更加出彩。

在职场中,我们可以看到形形色色的人,他们有着不同的工作态度,有的勤奋进取,有的悠然自得,有的得过且过。拥有积极的工作态度并不意味着能够获得成功,但成功的人都必定具有相同的工作态度。工作中,人们之间在智慧和能力上进行较量的同时,也是在对工作态度进行比拼。一个人的工作态度决定了他的工作表现。态度越积极,就越有决心,会对工作投入更多的心血,这样就能够不断超越自我,在工作中找到正确的方向。相反,那些态度消极的人,在工作中只能完成既定的任务，难以在工作中取得进步，难以取得较高的成就感。

2. 追求极致的职业操守

职业操守体现了一个人对自己所从事工作的一种高度自觉和自律，也反映出从业者的思想道德水平。"道"作为中国古代思想的最高境界，分为"天道"和"人道"，其中"人道"代表了人的价值追求，而工匠追求精湛技艺的真正目的在于通过提升自身的技术最终达到"道"的境界，以实现对人生价值的超越。追求极致的职业操守，体现的就是对品质追求卓越的价值追求，它是"工匠精神"的行为要求。

工匠精神中这种追求极致的职业操守贯穿于我们的日常生活中。我们都使用过圆珠笔，它的笔尖直径在 0.5 毫米到 1.0 毫米不等，其内部有不同高度的台阶和五条引导墨水的沟槽，其加工精度可以达到千分之一毫米。就这样一个不起眼的圆珠笔笔尖，需要经过二十多道工序才能加工出来。以前我国乃至全世界都主要依靠从瑞士和日本进口圆珠笔。直到 2011 年，太钢集团开启了对圆珠笔笔尖的研究，经过技术人员 5 年的研发，克服了重重困难，2016 年取得了笔尖直径为 2.3 毫米的成果。现如今，我们能够生产出自己国家的圆珠笔笔尖，这都要归功于那些追求品质完美的技术人员，正是因为他们有着精益求精的工匠精神，把产品做到极致，才取得了如此惊人的研究成果。

3. 追求创新的职业精神

传统的工匠精神的是一种对工作的执着专注，忽略了与时代发展要求相适应的创新精神。而当代的工匠精神要在专注的同时不死板、不故步自封，具有创新的意识，不断地提升工作质量与效率。纵观当下，一些工匠在继承传统的同时，并未进行创新。如果仅仅一味照搬前人的成果，不结合时代的特征，不进行创新，就算技术再高超，随着时代的不断发展，终究还是会被社会淘汰。我们生活在一个充满创新的时代，在创新力量的驱动下，这些精益求精、追求品质的工匠不但不会消失，反而将他们对待事物热诚与专注的态度、追求卓越与创新的精神一代代传承下去。

传统中式糕点店"祥禾饽饽铺"正是以创新的方式，让更多的人认识并品尝到非遗传统手艺。这是一家经历了四代传人的天津非遗老店，但在过去几十年里一直不被人熟知，随着《舌尖上的中国》第三季的播出,这家店在短时间内就吸引了众多顾客的喜爱和追逐。作为第四代传人的杨明在对市场进行考察时发现,如果不对产品进行创新,那么传统糕点的受众面就会越来越窄,最终可能会淡出人们的视野,由此他走上了创新的探索之路,结合现代人的口味,对糕点的配方进行了改良。与此同时,"祥禾饽饽铺"也不再只局限于线下售卖,还通过"抖音""淘宝"等各大电商平台进行线上销售,现在一个季度的销量相当于过去一年的销量,"祥禾饽饽铺"在继承传统的同时,也在继续创新。创新精神的力量是无穷无尽的,工匠精神必须在创新精神的推动下才能继续发扬下去。

二、新时期大学生的工匠精神

梳理国内学者关于大学生工匠精神基本内涵的界定,主要有以下代表性的观点。一是从工匠精神传承的视角,认为大学生工匠精神指的是大学生从工匠身上所传承并弘扬的生命体征融入自己的学习、生活与工作中的精神品质。[①] 二是从大学生工匠精神培育的视角,认为大学生工匠精神,是指在大学生专业素养品格培育中将工匠精神的精神品质作为核心品质并融入其中,使其成为专业素养的内在构成。[②] 三是从大学生群体特征的视角,认为大学生工匠精神是指大学生群体看世界、做事情的一种态度和品质。[③] 基于以上相关研究,本书认为所谓大学生工匠精神,是指大学生在学习实践中应具备的以爱国主义为底色,由热爱学习、勤于学习、持之以恒、坚韧不拔、精益求精、尽善尽美,追求突破、不断创新等精神品质的统一体。

三、新时期大学生工匠精神的内容

(一)坚定不移的理想信念

中国社会的大学生是中国青年群体的优秀代表,是中国社会最具创

① 李净,谢霄男.新时期大学生工匠精神的基本内涵、构成要素与培养路径[J].学术探索,2020(05):138-140.
② 高远,吕甜甜.新时期工匠精神与大学生专业素养培育融通机制探析[J].江苏高教,2021(04):98-101.
③ 路晓芳.大学生工匠精神及培养研究[D].沈阳:辽宁大学,2021:14.

造力与活力的社会群体，是中国未来发展的中流砥柱。实现中国梦是一场历史接力赛，当代青年要在实现民族复兴的赛道上奋勇争先。[①]

新时期大学生必须要将自身的前途命运与国家未来的发展相联系，将自身价值的实现与社会价值的达成相关联。要坚持理论联系实际，在向远大目标前进的同时，完成一个又一个小的阶段性目标，不断地在挑战自我中获得成长。

（二）严谨踏实的学习态度

大学是人生学习的关键阶段，勤奋好学、严谨踏实的学习态度是大学生工匠精神的基本条件，只有养成严谨踏实的学习态度，掌握好专业知识本领，才具备成为一名优秀大学生的基础。总体来说，就是要从小事入手，从细节入手，每一次课堂都做到认真对待，每一次作业都做到不应付、不敷衍，每一篇论文、每一次实验都用心对待，做到最好，在每一次的实践中提高自己的学习能力和专业水平。

（三）专注执着的至臻品质

在学习中，只有严谨踏实的学习态度是不够的，学习并不是一蹴而就的，而是一个过程，只有坚持不懈、持之以恒才能取得成绩。在新时期，面对社会上金钱、娱乐等方面的诱惑，专注执着成为大学生最难能可贵的精神品质，也是大学生工匠精神的内在需要。有着"中国精造之父"之称的聂圣哲曾说，培养大国工匠，只有踏踏实实去努力才能最终成功，任何捷径都会葬送一个工匠的精神气质。大学生要避免出现急功近利的心态，应保持平静坚定的内心，在面对挑战时毫不气馁，迎难而上。

（四）务实开拓的卓越能力

作为新时期的大学生，在日新月异的社会环境中，创新精神是必不可少的。对于大学生来说，学习并非一成不变地拘泥于书本，实践作为工匠精神的一大特点，要求大学生不能做"读书虫"，要做现实中的"行动派"，在实践中提出新想法，在实事求是的基础上进行创新，不断拓展

---

① 习近平.在庆祝中国共产主义青年团成立100周年大会上的讲话[J].中国共青团，2022（10）：1-5.

行业发展的新路径。在学习中,大学生要树立正确的问题意识,要善于发现难题、解决难题、总结难题,善于用理论知识去解决一些实际问题。唯有创造性的劳动才能突破现有的难题,创造出高的效率和新的品质。大学生是中国优秀青年的代表,与时俱进、开拓创新是新时期对大学生工匠精神提出的新要求,大学生要在新时期把握新机遇,以锐意进取、开拓创新的精神争作时代发展的开拓者。

（五）敢担重任的事业情怀

大学生工匠精神要求大学生必须具有坚定的事业情怀,将自己的学业视为自己的事业,在学习和实践中饱含强烈的事业心、责任感和使命感,并将个人的学习目标与国家民族的事业相联系,党和人民事业的发展离不开一代又一代有志青年的拼搏奉献,只有当青春同党和人民事业高度契合时,青春的光谱才会更广阔,青春的能量才能充分迸发。只有鼓足斗志、践行使命,在不断的努力中实现自己学习事业的升华和价值的凝结。

四、新时期大学生工匠精神铸造的意义

工匠精神是在奋斗中形成的宝贵精神品质,又在不断发展中吸收时代内涵,逐渐成了具有丰富内涵的精神财富,是全体中华儿女的宝贵财富。新时期大学生工匠精神能够激励大学生立志成为高素质人才和“大国工匠”,促进高校立德树人目标的落实,有利于形成尊重劳动的社会风尚,为建设现代文明国家提供精神动力。

（一）激励大学生立志成为“大国工匠”

在新时期,历史赋予了大学生推进全面建设社会主义现代化国家的使命,和担当实现中华民族伟大复兴的责任。因此,激励大学生立志成为高素质人才和“大国工匠”的意义非凡。工匠精神作为一种强大的精神动力,为大学生的学习生活和未来的职业生涯确立了正确的价值目标。工匠精神首先是劳动者的精神,它体现了劳动者身上所展现的优良品质,能够让劳动者在劳动中体验到满足感、成就感、获得感,有助于激发大学生的劳动热情,焕发劳动光彩,创造精神价值。

工匠精神所包含的爱岗敬业、精益求精、执着专注等优秀品质,有利于强化大学生对自身所学专业的认同感和信念感，激励大学生学习新的知识，促使精益求精、追求卓越的品质成为大学生的行为规范。工匠精神作为中国共产党人精神谱系的重要组成部分，对大学生也具有榜样引领的作用，促使工匠精神成为大学生不断前进的根本动力和精神信仰。此外，由于独特的校园环境，大学生较易被社会不良风气影响，导致当代大学生存在一定的好高骛远、心浮气躁等不良心理，极大地影响了他们的就业选择。工匠精神能够起到思想引领的作用，使大学生在学习生活中养成勤奋好学的学习态度，形成谦虚谨慎的优秀品质，成为祖国需要的高素质人才和"大国工匠"。

（二）促进高校落实立德树人的目标

新时期大学生工匠精神所追求的价值目标与高校立德树人的目标具有高度的契合性，是实现高校立德树人目标的客观要求。"立德"就是确立崇高的思想品德，"树人"就是培养高素质人才，即德智体美劳全方位发展的社会主义建设者和接班人。

一方面，新时期大学生工匠精神不仅重视专业技能的培养，而且更加注重人的全面发展，其所蕴含的坚韧不拔的精神品质、严谨认真的学习态度、求真务实的创新精神等都有利于人的丰富发展。一个人对待自身职业的态度和承担社会责任的自觉意识，是立德树人根本任务的要求之一，同时也是判定一个人是否能够成为优秀社会主义建设者的主要标准。

另一方面，新时期大学生工匠精神所体现出来的价值取向与高校立德树人的价值目标有着相契合的关系，新时期大学生工匠精神不只局限于技艺的精湛，而是将劳动者的职业道德素养放在首位，将技与道合而为一。这与立德树人关系中"立德"是"树人"的前提、"树人"是"立德"的目标有异曲同工之处，为高校立德树人中将立德与树人完美结合提供了重要的价值参考。综上所述，新时期大学生工匠精神的研究有利于丰富思想政治教育的内涵，有利于提高思想政治教育的实效性，有利于实现高校立德树人的根本目标。

（三）有利于尊重劳动的社会风尚的形成

辛勤劳动、无私奉献是中华民族优秀的精神品质。正是因为有无数辛勤劳动、无私奉献的劳动者，才让中华文明屹立于世界之林；也正是因为有许多具有创造精神的工匠,才让中华文明光彩夺目,产生了无数让世人叹服的精思巧作,扩大了中华文明的影响力。习近平总书记指出,要在全社会弘扬劳模精神和工匠精神,营造劳动光荣的社会风尚和精益求精的社会风气,这充分体现着尊重劳动和崇尚劳动的重要性。

工匠精神是劳动精神内涵的进一步升级,从劳动精神到工匠精神就是从崇尚劳动、热爱劳动、辛勤劳动到科学劳动、高效劳动、创造性劳动的升级。工匠精神摒弃了过去重视复杂劳动、贬低简单劳动的价值取向,是基于马克思主义劳动观立场上的宝贵精神财富。世俗认识上的工匠精神,往往代指工匠的高超技术,而忽视了工匠对自身工作的热爱和对劳动的尊重。工匠精神中爱岗敬业、专注执着的优秀品质有利于克服校园内和社会上弥漫的浮躁风气,使敬业乐业的态度成为每一位劳动者都自觉遵循的价值准则,将工匠精神的优秀品质内化为每一位劳动者的生活态度,使人们感受到在工作中获得的乐趣。

另外,工匠精神对清正当今社会上贬低劳动者、轻视劳动者的不良风气,具有重要意义。每一位工匠的成功都凝聚着劳动的智慧和汗水,不论处于何种行业、生产何种器具的工人,他们的劳动都是具有相同价值的,劳动只有体脑之分,而无贵贱之别。职业虽有不同种类之分,但每一份职业都是光荣的,每一位劳动者都是社会主义的建设者。工匠精神既体现了敬业爱业的劳动本色,又体现了创新卓越的至臻品质,有利于全社会形成良好的社会风尚。

（四）为全面建设社会主义现代化国家提供精神动力

中国特色社会主义进入新时代以来,我们国家已经实现了全面建成小康社会的第一个百年奋斗目标,站在新的历史起点上,加快全面建设社会主义现代化国家离不开秉持工匠精神的高素质人才队伍。全面建设社会主义现代化国家,需要一大批爱岗敬业、精益求精、求实创新、专注执着的大国工匠为人才支撑,需要艰苦奋斗、坚韧不拔、无私奉献的工匠精神为精神指引。实现中华民族的伟大复兴,需要激发大学生的奋斗精神,弘扬自强不息、敢担重任、爱国敬业的工匠精神,能够激发大学生的爱国情怀和强国使命,对助力国家圆梦具有重要意义。在工匠精神的引领下,爱岗敬业重新成为社会上的主流风尚,并涌现出许多的优秀工匠,如"北斗三号"卫星总装工艺团队负责人吕景辉、被称为矿山"华佗"的煤矿维修电工李杰等人,他们都是平凡岗位上的劳动者,都以工匠精神为动力全力以赴地奋斗在建设祖国的行动中。工匠精神正是中国制造由大变强的"精神之钙",是完成第二个百年奋斗目标的内在精神推动力。

五、新时期大学生工匠精神铸造的途径

新时期,工匠精神必将成为构建中国特色教育体系的精神内核,要想更好地将工匠精神融入高校思想政治理论课,提升培育效果,需要立足大思政视角,善于利用政策法规和社会舆论助力工匠精神复兴回归,巧妙化解工匠精神在高校教育体系中与技能培训的内在矛盾,妥善处理大学生工匠精神培育参与各方的利益关系,积极引导家庭要素在大学生工匠精神培育过程的归位,从而凝聚育人合力,提升工匠精神与思政教育的融合度,激发大学生内在潜力,以工匠精神培育助力大学生的职业竞争力、职业教育的创新发展力和国家的综合生产力的不断提升。

（一）法治建设、文化建设双管齐下助力工匠精神培育

时代呼唤工匠精神的回归,弘扬和培育工匠精神,首先需要以政策法规建设在各行各业正本清源;其次要强化舆论引导,加深大众对工匠精神的了解,为大学生工匠精神培育提供大环境。

1. 以法律法规建设彰显工匠精神

市场经济的不断发展使得当前社会逐利趋利现象愈发突出,浮躁、急功近利、追求眼前效益的风气充斥在企业和市场当中,在这种社会风气的影响下,部分不法企业不思考如何提升产品质量,反而一门心思钻研如何利用制度漏洞、如何非法降低成本提高产量、如何虚假宣传产品,高质量的产品和服务得不到应有的尊重和回报,专注打磨被许多人嘲笑为迂腐和落后。对此,要进一步完善市场监管和职业法律法规,规范职业行为,约束职业道德,对于行业中违法乱纪、扰乱市场等现象的出现,坚决予以打击惩戒,净化市场经营环境,维持健康运行秩序,通过法律法规逐步将追求短平快的市场风气转变为注重长期、追求创新、鼓励专注,让高品质、好口碑成为市场经济的主要价值导向。

2. 以文化体系建设强化工匠精神

一方面要强化社会主义核心价值观教育,当前,社会主义核心价值观已经成为全体国民的共识,弘扬工匠精神,要以社会主义核心价值观这一共识为基础,将"爱国、敬业、诚信、友善"与工匠精神相结合,营造工匠精神培育所需的社会认同和价值导向;另一方面,要注重依托网络新媒体平台,牢牢把握工匠精神的发展趋向,运用大众喜闻乐见的方式将工匠精神渗透到大众的日常生活当中去,特别是针对大学生,要大力宣传平凡岗位上的敬业案例,因为大学生正处于价值观形成的关键时期,通过观察学习,任何人都能够习得榜样所具有的思维与行为,榜样的选择不应游离于青少年现实生活世界与精神生活世界之外,因为年龄和时代的同质性使得这些榜样对大学生来说具有更明显的可学性、更强大的吸引力、更有力的感召动员作用,能够提升大学生工匠精神培育的效果。

(二)将工匠精神培育纳入学校立德树人"大思政"格局

当前,大学生工匠精神培育应当紧扣时代主线,以立德树人为引领,贯彻三全育人,落实五育并举,将工匠精神培育纳入"大思政"育人格局,视为推动大学生全面发展的重要推动力。

1. 以立德树人为导向引导学生科学认识工匠精神

加强对大学生工匠精神培育,其目的不仅在于期望大学生今后能够在工作中表现突出,更是希望通过工匠精神理念的培育,引导大学生树立正确的价值观,以积极向上的心态面对当下与未来的工作和生活。一方面,要引导学生对工匠精神形成正确认知,明确工匠精神不是强加给自己的"紧箍咒",而是助力自己在今后学习工作中取得更大成就的"筋斗云",将工匠精神视为对自身的一种能力加成而不是负担,同时也应提升思想高度,认识到工匠精神对我国各方面发展的重要意义,将工匠精神作为一名新时期劳动者必备的内在素质;另一方面,要引导学生对工匠精神培育的过程有正确的认知,清楚地认识到工匠精神培育绝不是一蹴而就的,整个过程具有系统性和长期性的特点,做好"持久战"的准备,做好理论与实践全面吸纳工匠精神的准备。

2. 以三全育人为驱动引导学生主动学习工匠精神

一是要以队伍建设搭建全员育人平台，引导每一位教职工将对大学生的思想引领和工匠精神培育作为日常工作的重要组成部分，专业课教师要将工匠精神有机融合到技能实训过程中去，文化课教师要把握教育时机引导学生树立正确的价值取向，行政人员、后勤保障等教职工也要以身作则，时时处处用实际行动为大学生良好品质的形成树立正面榜样。

二是要以精准分层构筑工匠精神全过程培育体系，不同年级学生的认知水平和心理发展特征差别显著，因此对大学生工匠精神培育也要遵循教育规律，针对低年级学生要以理论认知为主，针对中高年级学生要以在实践中体会感悟为主，针对实习毕业学生要以外化践行工匠精神为主，确保工匠精神贯穿于学生成长的整个阶段。

三是要以校园文化建设打造工匠精神全方位培育空间，校园文化是中国特色社会主义文化的组成部分，在立德树人任务中发挥着重要作用，对工匠精神培育也具有重要意义，结合信息化趋势，进一步搭建以工匠精神为主要内容的校园文化体系，强化对学生的思想引领和文化熏陶，通过学校官方媒体和校园文化设施等多种形式，宣传国家政策导向和各行各业先进典型，通过丰富多彩的社团文化活动将工匠精神呈现出来，让大学生无时无刻不沉浸在工匠精神的大环境当中，使学生的思想得到熏陶与升华。

3. 以劳动教育为路径引导学生积极践行工匠精神

劳动教育直接决定学生的劳动精神面貌、价值取向和技能水平，与工匠精神有着必然的内在联系。马克思主义关于人的全面发展观强调，造就全面发展的人才的唯一方法就是教育和生产劳动相结合，因此在工匠精神培育过程中，既要注重引导大学生将工匠精神吸收内化为个体内在品质，又要积极将工匠精神通过日常的学习生活外显为实际行动，要主动将工匠精神培育与劳动教育对接，以丰富的劳动教育内容、多元的劳动教育场景、多样的劳动教育方法，引导学生在劳动教育过程中体会感知工匠精神，在劳动教育后总结凝练工匠精神，通过劳动教育加深对工匠精神的理解程度，更深层次地思考如何结合自身的性格特点在本专业更好地培育和践行工匠精神。

（三）加强大学生工匠精神的自我涵养

在培育大学生工匠精神的过程中,不仅要重视客观因素的作用和方法,更要重视大学生自身因素的作用,通过主客观两个方面的相互融合强化大学生工匠精神。根据个人思想品德形成的过程,通过"知情意信行"等五个方面来强化大学生工匠精神,使工匠精神在自身扎根。

1. 加强对工匠精神的学习理解

加强大学生对工匠精神的理论学习有助于提高大学生对工匠精神的情感认同,是大学生工匠精神自我养成的第一步。工匠精神的历史源远流长,内容也十分丰富,包括工匠精神的发展历史、工匠精神的内容与表现等。大学生学习工匠精神不能只是简单地了解、粗浅地读一读,把学习停留在表面,而是应该深入系统学习工匠精神,仔细钻研工匠精神中所蕴含的优秀品质,了解工匠精神对自己未来职业生涯和人生道路的长远价值,了解工匠精神是新时期中国发展必不可少的精神引领,将工匠精神内化于心,才能在工匠精神的指导下,结合自己的实践情况,践行工匠精神。

2. 提高对工匠精神的情感认同

提高对工匠精神的情感认同是使大学生将工匠精神认知转化为实践的重要一步。工匠精神所体现的就是劳动者对待自身职业的深厚情感,但着眼于新时期的部分大学生,对待学习和劳动的态度总是不够端正、不够认真,情感认同更是无从谈起,提高这部分大学生对工匠精神的情感认同,才能从根本上改变大学生的观念,除了高校要为大学生提供机会之外,大学生必须积极主动地参与社会实践,在与工匠的深入接触之中,感受工匠的工作态度、精湛技艺、职业操守,进而逐步增加对工匠精神的情感认同。只有对工匠精神产生情感认同,才能使大学生乐于在学习和实践中践行工匠精神,从而大幅度提升大学生工匠精神养成的效果。

3. 强化践行工匠精神的意志力

大学生工匠精神的培养是一个长期的过程,并不是一朝一夕就能完成的,在践行工匠精神的过程中需要强大的意志力来支撑。对于新时期的大学生群体而言，从小生活在优渥的环境之中，生活一帆风顺，没有经历过风风雨雨，因而意志力较为薄弱。但在践行工匠精神中肯定会遇到很多困难和挫折，面对繁重的学业以及职业技能的学习不免会产生偷懒、应付、放弃等想法，意志力亟须强化。养成良好的学习习惯是强化大学生意志力的主要途径，只要保持良好的学习习惯，面对学习中遇到的困难和挫折也就能够坦然面对、着力解决。此外，大学生工匠精神的践行更体现在社会实践中，大学生普遍缺乏社会实践的经验，在进行社会实践时会面对更艰苦的环境和更棘手的障碍，因此更加需要超凡的意志力。大国工匠在研究制造的过程中会遇到更多更棘手的困难和挫折，两弹一星工程、载人航天工程、杂交水稻技术等国家引以为傲的成就都是大国工匠凭借其顽强的意志力和坚定的爱国主义精神在艰苦的条件下勇往直前，不曾退缩所获得的成就。因此，强化大学生践行工匠精神的意志力才能使大学生坚持在工匠精神的引领下学习实践，以工匠精神的意志实现自己的人生价值。

4. 树立对工匠精神的信念支撑

对于大学生而言，培养大学生工匠精神并不是使他们马上达到工匠的技艺，而是希望他们能够时刻以工匠精神来约束自己的行动，提升自己各方面的能力，以工匠精神的信念来支撑自己的人生理想。此外，树立大学生对工匠精神的信念支撑是抵御外来腐朽文化侵蚀的重要武器。在新时期复杂的社会背景下，各种思想文化和价值观念的相互碰撞，就会产生多种多样的社会思潮，给大学生工匠精神的培育带来障碍，只有树立起大学生对工匠精神的信念，使工匠精神内化为内心的信念，成为自己人生道路的精神向导，才能帮助大学生抵御腐朽思想的侵略，以工匠精神引领学习和生活的方向并实现人生幸福。

5. 在生活实践中践行工匠精神

实践是自我养成的重要一环。在"知情意信"的基础上更要将工匠精神体现于"行"。大学生在学习和找工作时总是会产生迷茫、焦躁的不良心态，这是由于大学生对自身的认识不足，不能准确判断能力与梦想之间的差距。大学生可以在实践中充分地了解自己梦想与现实的差距，从而有针对性地提高自己的能力。除了学习实践外，大学生的社会实践需要学生积极主动地参与学校组织的各项活动和社会开展的实践活动。实践是认识的基础,大学生可以通过参与实践活动认识到自己的短处,并在实践中观察、学习别人的长处,以此达到提升自身能力的目的。校园实践毕竟有限,大学生还应积极主动地参与勤工助学、社区服务等活动,在实践中培养自己的兴趣爱好,提升自己的专业技能,加强自身对职业的认识。家庭是大学生工匠精神的源起地,对大学生工匠精神的培育有着天然的引领作用,因此家庭与学校、社会相互配合形成合力才能发挥最大力量。伟大梦想不是等得来喊得来的,而是拼出来干出来的。大学生必须将工匠精神贯穿于学习生活实践当中,真正将工匠精神做到内化于心、外化于行。

第四章

新时期高校大学生劳动教育课程的建设

随着国家有关劳动教育政策的推动和社会对劳动者素质的要求，劳动教育深入人心，从学校到社会纷纷掀起了劳动教育活动，而以劳动课程为载体的成效最为显著。因此，研究高校劳动教育课程不仅是促进劳动教育发展的现实要求，也是完善高等教育劳动课程体系的迫切需要。因此，明确当前高校劳动教育课程在建设过程中存在的问题，并对问题进行原因分析和提出解决的对策与建议，以便更有效地完善高校劳动教育课程体系。

第一节　高校大学生劳动教育课程理论分析

一、劳动教育课程

劳动教育课程是指为提升专业技术和职业技能水平,培养具有劳动精神、德技并修的高素质劳动者的教育课程。由于劳动教育本身要求与时代发展同向,劳动教育课程也不拘泥于形式,其外延与内涵也不断增添新的内容。从课程外延来看,课程包含多样的教学场所、多变的教学方式、多向的教育主体。从课程内涵来看,课程包含劳动观念教育、劳动情感教育、劳动实践教育。劳动教育课程是一门育心又育体的课程,既有文化课的育人价值,又有活动课的实践意义,它是一门跨学科、多元化的综合课程。学生通过劳动教育课程,学习了劳动理论知识,提升了劳动技能水平,从而进一步使学生形成正确劳动观、提高劳动能力,能够使学生真正做到自觉劳动、热爱劳动、享受劳动。

二、劳动教育课程的理论基础

(一)中国传统的劳动教育思想

自古以来,劳动精神就贯穿于中华民族精神发展的始终,一直通过多样的途径和鲜活的事例展示出劳动的价值及意义,成为开展新时期劳动教育的宝贵文化资源。

文学兴之,劳者歌起。中华民族的发展就是一部劳动史,人们在生活中进行劳动,体悟劳动,享受劳动,在劳动的过程中获得成果与快乐,或是在劳动中感怀悲伤与烦忧。在此间,无数文人墨客留下了对劳动的悦耳诗歌,至今仍广为流传,影响着一代又一代中华儿女。例如,《尚书·周书》中有云:"功崇惟志,业广惟勤",其所表达的意思是如果要想成就雄图伟业,只树立远大理想是远远不够的,一定要脚踏实地、勤劳努力。明朝冯梦龙曾说道:"请观懒惰者,面带饥寒色。"人的"富贵"原本就是无根无种,全都凭自身辛勤劳动才能取得,如果认为"富贵"可以轻易取得,那些懒惰的人们为何面露"饥寒色"。①

成仁尽孝,以劳治身。仁德,是成人的最高标准,而勤劳则是"仁德"的必然要求。诸子百家关于劳动的思想组成了中华民族的劳动哲学智慧。其中,以儒家为代表,提出"先之,劳之"且"无倦",即在治理国家之前,首先要有劳动力,统治者要身体力行且勤于劳动,强调劳动中的仁和义。"爱之,能勿劳乎?"爱其人,则必勉策其人于勤劳,始是真爱。否则,这份爱变成为"禽犊之爱"。如果说儒家劳动思想是统治者的圣言,墨家劳动思想则是普通劳动者的心声。毛泽东曾这样评价墨子,他是一位真正的劳动者,他不做官,但他比孔子更高明,他自己动手做椅子。墨家学派注重劳动生产技术,在《墨子》一书中记载了许多劳动知识和劳动器械制造方法,并提出"士虽有学,而行为本焉",认为亲身参与劳动实践是学问的根本所在。与儒家学派所推崇的社会劳动不同的是,墨家学派的论点更为直观地表述劳动的真谛,即劳则国富民强、不劳则民饥国贫。

中华儿女用辛勤劳动丰富了物质生活,创造了精神财富。劳动之美,在脍炙人口的诗篇中、口口相传的神话中都得到完美诠释,流露出人们因劳动而获得幸福生活的喜悦。盘古开天、女娲补天,歌颂了"劳动创造世界"和奉献自己为别人谋求幸福的伟大劳动追求。精卫填海、愚公移山等传说则是歌颂劳动人民面对困难临危不惧、迎难而上的劳动精神。如果说"会劳动"是人与动物的根本区别,那么创造性的劳动则是人脱离动物的根本力量。古人们在日复一日的劳动中也发挥着聪明才智,在人文、机械、建筑等方面都取得了令人瞩目的成就,创造了璀璨的中华文明,以《农政全书》《齐民要术》为代表的经典农耕著作,以"四大发明"为代表的科技成就、以丝绸锦缎为代表的手工业,还有以龙门石窟等为代表的建筑业,体现出中国古代劳动人民不懈探索的勤劳之美和追求卓越的匠人之心。

(二)中国共产党人的劳动教育思想

劳动,至今经过数千年的推崇绵延,早已深深地融入中华民族的血脉之中,成为共产党人继往开来、行稳致远的中国力量。几代中国共产党人在实践摸索中,逐步形成极具中国特色的劳动教育理念。

---

① 钟小连.新时期高校劳动教育课程建设研究[D].广西民族大学,2022:25.

1949 年 9 月,《共同纲领》中将"爱劳动"列为国民五项公德之一,提倡"不劳动者不得食""给劳动者以劳动权",营造鼓励劳动的社会氛围,从而激发群众劳动的热情,投身于伟大社会主义事业当中。1955 年教育部在《关于初中和高小毕业生从事生产劳动的宣传教育工作报告》中指出:"让学生从理论上和实践上懂得一些工农业生产的基础知识……",这是我国第一次将生产劳动放在教育指导方针当中,并在 1956 年与德智体美四育一同写进中学教育指示当中。

进入社会主义建设时期,教育事业蓬勃发展。毛泽东指出"我们要培养有社会主义觉悟的有文化的劳动者",并首次明确中国高等教育的主要培养目标和发展方向。1958 年,时任教育部常务部长陆定一曾旗帜鲜明地指出"教育为工人阶级的政治服务,教育与生产劳动相结合"。1958 后,"工农兵"大学生、知识青年上山下乡的活动席卷全国,劳动教育也达到顶峰,从而不可避免地出现了极左的倾向。确切来讲,适度推动劳动教育是符合当时中国国情的,将知识青年劳动化是有必要的。但"大跃进"的极左狂热,完全扭曲了"劳"与"学"的关系,直接导致产生"以劳代学"错误教育模式。

改革开放到 20 世纪末为止,党的工作中心转移,脑力劳动与体力劳动的关系问题在国内引起巨大讨论。伴随着我国对近代教育事业的拨乱反正,在同国民经济快速发展的社会需求相适应的历史基石下,1986 年 7 月颁布的《关于中华人民共和国义务教育法的说明》中首次将劳动教育作为基础教育中的一部分提了出来。同年,正式提出"五育全面发展"的说法。21 世纪后,党的教育方针也相应做出调整。党的十六大报告中将"必须与生产劳动与社会实践相结合,培养德、智、体、美等全面发展的社会主义事业建设者和接班人"作为我国教育方针的新表述,并发布于 2015 年修订的《中华人民共和国教育法》当中。显然,随着社会的进步与发展,劳动教育的内涵不断丰富,形式也不断创新,形成了我国劳动大众正确的人类生存与社会发展的价值态势,为构建一个共享劳动成果的和谐社会而不懈奋斗。

(三)马克思主义经典作家的劳动教育思想

在马克思主义经典著作中,孕育极其丰富的劳动理论,形成了马克思主义劳动观。马克思主义劳动思想体系从历史唯物主义、政治经济学、教育学原理三个维度,对劳动观进行了深刻的理论阐述,对于研究如何开展劳动教育有基础指导性作用。

劳动是理解当代历史唯物主义的一个核心观点，被广泛用来阐释当代人类社会历史发展的进程，在一定程度上被认为是马克思主义劳动观的缩影。马克思认为构成现实社会的关键因素之一就是人的劳动。正是通过劳动，人与客观世界的关系得到根本扭转，以劳动为中介，"自然世界"逐渐转变为"自为世界"。1876 年，恩格斯历史性地提出"劳动创造了人类本身"的观点，为深入研究人类发展的基本过程和实践成果开辟了新的理论研究领域与方向。在劳动的推动下，人类得到了进化，也正是因为劳动，人类才能实现自己，在劳动世界中直观自身。在马克思看来，劳动创造人类历史，人类只有通过劳动创造，才能使自己赖以生存的自然社会和持续发展的物质需求得以保障，这也是辩证唯物主义的基本立场。

劳动是掌握马克思主义政治经济学的核心观点，被用来研究社会经济发展。马克思在著作《资本论》中以劳动为逻辑起点，对整个经济社会的发展进行了深入研究，并形成了马克思主义劳动价值论。劳动价值论说明了劳动是商品价值的唯一源泉，揭示了资本主义社会是靠劳动剥削发展的本质，提出了按劳分配是实现社会正义的重要准则。马克思主义劳动价值论体现对普通劳动者劳动价值的肯定，也是对劳动者之间劳动正义性、合理性的承认。

劳动是开展社会主义教育的根本原则，其核心途径就是教育与生产劳动相结合，本质在于促进人的全面发展。社会精细化分工虽然提升生产效率，但劳动者则会在这种精细化劳动分工中逐渐丧失劳动能力的整体性。马克思曾认为，分工协作会使人变成"片面"的人，使劳动者的发展受到限制。而人只有通过不断提高劳动能力，让劳动知识体系逐渐完整、丰富，人的全面性与创造性才能得到全面发展。在马克思看来，人类生产活动必须要将劳动与教育相结合，在具有理论知识的基础上得以实践，从而提升生产效能，成为促进社会进步的重要力量。因此，将教育与劳动相结合不仅是一种教育方式，更是符合社会发展对生产力的要求，是实现人的全面发展的必然要求。

三、劳动教育课程的内容

劳动是人类社会最普遍的活动，是每个人都需要进行的活动。劳动时时刻刻发生在我们身边,即便如此,我们也未必清楚构成劳动的内涵、属性、意义以及价值观念等要素,也未必认识到劳动教育对社会与个人发展的重要意义所在。重构劳动教育的教学内容,帮助学生重视劳动的价值、体悟创新式劳动,使学生形成对劳动清晰而正确的认识。

(一)劳动精神

精神是一个国家、民族的灵魂。新时期劳动精神深植于中华优秀传统文化中,在继承和吸收马克思主义劳动观的基础上,成为中国特色社会主义先进文化的重要组成部分。马克思曾论述,劳动创造人类历史,人类只有通过劳动创造,才能使得在赖以生存的物质世界中得以保障。劳动精神是劳动者在劳动中展现出来的精神状态、精神面貌以及精神品质,是在面对劳动时所展现出来的积极人格气质。劳动精神一方面展现"劳动"本身,另一方面也超越了"劳动"本身,是人直接参与劳动所产生的认知与情感的有机结合,其中"劳模精神""工匠精神"成为新时期劳动精神主要体现。

(1)劳模精神。习近平总书记指出:"劳动模范身上体现的'爱岗敬业、争创一流、艰苦奋斗、勇于创新、淡泊名利、甘于奉献'的劳模精神,是伟大时代精神的生动体现。"[1]学习劳模精神,树立正确的价值观。劳模精神在文化继承、道德规范、教育导向等方面与社会主义核心价值观具有高度的一致性。通过学习劳模精神,涵养深厚的劳动情怀,将学生培养成为德智体美劳全面发展的时代新人。

(2)工匠精神。新时期学生肩负着实现中华民族伟大复兴的历史使命,应当成为践行工匠精神的生力军与排头兵。工匠精神是在参与劳动中所追求精益求精的态度与品质。在新时期背景下,学生群体正经历前所未有之大变革,他们追求个人价值实现与自我发展。而工匠精神中所蕴含的精益求精、追求卓越等精神特质,对于培养学生树立正确的三观、挖掘学生个人价值、培养创新创业能力具有十分重要的意义。

(二)劳动情怀

情怀教育是通过教育达到学生对客观世界的感性认知的教育方式。

---

① 习近平.在全国劳动模范和先进工作者表彰大会上的讲话[N].人民日报,2020-11-25(02).

教育除了传授理性认识之外，还应当通过教育主客体之间心与心的交流，培育情感认同。劳动情怀教育具有独特育人魅力。劳动素养不仅体现在具有高超的实践技能，也体现在实践过程中所展现的态度、情感等心理因素。

（1）劳动态度。态度是通过人的行为表现而反映出的认同程度。每个人的劳动态度体现在所参与的每一项劳动活动的实践之中，会通过外显性行为表现出来。著名心理学家凯尔曼认为劳动态度的转变需要经历"服从—同化—内化"三个阶段。而劳动态度的转变则会受到态度特性、劳动者自身特点与环境等因素的影响。要想培养良好的劳动态度，需要参与劳动实践，激发学生劳动需求；需要开展理论学习，培养学生劳动意识；需要发挥示范作用，发挥学生劳动积极性。

（2）劳动情感。劳动情感是指基于感情的需要而形成的对劳动情感的依赖关系。劳动情感具有一定主观能动性，对参与劳动活动的个体具有引导与调控作用。高聚能的劳动情感可以激发个体的劳动行为，提高参与劳动的积极性；低聚能的劳动情感对个体的劳动行为可能会产生阻碍作用。培养学生的劳动情感，要在学生对劳动认知的基础之上，加强学生劳动情感的培育，构建完善的劳动情感支持体系。

（三）劳动知识与能力教育

劳动知识与能力的培育是学生劳动教育的重要内容。人类通过劳动实践活动探索劳动各个要素之间的关系，这个过程中既包含了通过劳动认识世界并建立联系，也包含了劳动者自身的发展与实现。

（1）劳动知识教育。劳动教育的知识内容丰富多样，可以分为理论知识与实践知识两大类。在教育教学的实践环节中，理论与实践二者相互依存、相互联系。理论知识是开展实践活动的基础，实践知识是理解理论知识的必要途径。劳动理论知识教育是通过教育达到受教育者对客观劳动世界的理性认识的教育方式。通过对劳动理论知识的学习，系统地了解劳动哲学、劳动伦理、劳动保护以及劳动健康等相关内容，可以帮助学生在参与劳动时，更好地理解劳动，树立正确的劳动道德规范，并懂得利用合理合法的程序保护自己的劳动权益。劳动实践知识教育是受教育者在反复练习的过程中，将学习体验转变为自身行为习惯的教育方式。劳动实践能力的培育仅依靠课堂听讲是远远不够的，不能只"听"劳动，还要"看"劳动，更要学会"做"劳动。"听"是永远无法真正体会劳动的真谛,更无法体悟劳动的价值。劳动实践教育要明确以体力劳动为主要培养方式,走出讲堂,走进社会生产,在祖国大地上挥洒劳动的汗水,体验劳动的快乐,养成劳动习惯,实现成长。

（2）劳动能力教育。一般来讲,劳动能力是指保障劳动个体顺利完成劳动任务的能力,是个体劳动综合素养能力的展现,能够直接影响个体劳动效率。根据劳动行为的不同,对于学生所具备劳动能力可以做不同划分。在劳动教育课堂内,可以将劳动能力划分为日常生活劳动能力、生产劳动能力以及服务性劳动能力。

应在不同阶段制定相应课程,有针对性地提高所对应的能力。新时期学生作为未来社会的参与者,需要同时具备的关键劳动能力主要包括人际交往能力、团结协作能力、创新能力等。通过提升学生的劳动能力,学生可以脱离家庭的照顾、学校的庇护,独立走进社会生活中,自主调节自身行为,不断积累知识与经验,提升自己的核心竞争力。

第二节　高校大学生劳动教育现状与课程体系构建

一、高校大学生劳动教育现状

现阶段劳动教育课程所面临的主要挑战来自学生和学校两个方面。首先,学生没有充分认识劳动的重要性,部分学生对劳动教育课程持怀疑态度。其次,部分学校对劳动教育课程的重视程度不够,表现为尚未充分挖掘劳动育人价值、课程地位不明确、课程内容单一以及课程相关保障机制不健全等方面。

（一）劳动教育价值的认知度较低

轻视体力劳动、唯读书论的观念仍然在一定程度上影响着学生群体。在我国两千多年的封建社会历史中,形成以小农经济为基础的经济模式,从而让人们在面对体力劳动时戴有有色眼镜。学生长期受到错误观念的影响,潜移默化地抵触劳动、轻视劳动,看不到劳动的本质。

第一,家庭对劳动教育重视程度不够。在整个教育环节中,家庭教育发挥着至关重要的作用。同时，家庭中的劳动也是学生人生中最先接触到的劳动实践。但随着生活质量的不断提高，在多数学生成长环境中，从小就失去了很多劳动锻炼的时间与机会。一方面，大多家长秉承"唯有读书高"的教育理念，在面对应试教育的"分数高压"下，家长选择性地放弃劳育，过度重视智育，将劳动与学习完全对立。在整个培养中，家长将"成绩好，分数高"作为衡量孩子成长成才的唯一标准，把考取名校作为学生时代的终极目标，完全忽视了劳动教育的重要性。另一方面，家长过度溺爱孩子，助长了"衣来伸手，饭来张口"等不良习惯的养成。在成长环境较好的学生群体当中，学生是整个家庭的中心，只要提出要求，家长就会满足。这种"心想事成"的成长环境，使学生从小就缺失了劳动责任感，也丧失尊重他人劳动成果的意识。而对于成长环境较差的学生来讲，从小就被家长教导要"走出农田，走进高楼"，摆脱从事体力劳动的窘迫，一定要从事一份"穿西装，打领带"的体面工作，导致学生从幼年时就鄙视劳动、厌恶劳动，无法真正认识到劳动价值。正是在这种错误理念的引导下，出现劳动价值虚化、劳动成果功利化的教育结果，学生轻视、弱视、鄙视劳动的思想更为显著。

第二，学校对劳动教育重视程度不够。首先，劳动理论与劳动实践相剥离。部分学校将劳动教育错误地理解为"活动"，在学校教育环节中尚未真正触及劳动教育的"内核"，出现了为劳动教育而"劳动"的现象。其次，在评价标准层面，学校各类评优评先活动仍以学生专业成绩作为第一参考，存在"智育为首，劳育缺失"的问题，对于学生应当具备的劳动素养关注度较低，且并未具有行之有效的评价标准。劳动教育从顶层设计到具体落实都亟须强有力的政策支撑，否则会面临学科发展方向不明确、实际操作遇阻力等问题。

第三，社会对劳动教育重视程度不够。社会风气的好坏直接影响学生对待劳动的态度，消极的社会因素就会影响劳动教育的成效。随着我国经济的不断发展，形形色色的社会思潮逐渐影响当代青年学生群体的价值选择。一方面，学生深受不良思潮的影响，一味追求"短、平、快"，跌入功利化的深渊，而这一观念在学生群体中营造出错误的拟态环境，而这个环境充斥着急功近利的气氛，学生群体陷入虚幻与现实的冲突中，无法正确选择价值取向，扭曲了劳动的本意，进而无法真正理解劳动价值的新内涵。另一方面，由于高速发展的市场经济所带来的负面影响，高校学生正逐渐被享乐主义、消费主义迷惑。部分学生深受不良舆论蛊惑,想当然地认为"不用现实劳动"就可以"发家致富""一步登天",直接导致学生认为"劳动"不再是社会发展所需,忽视了成功是要靠自身辛勤劳动才能实现的。

(二)劳动教育课程开发不到位

现阶段"五育"并没有实现全面协同发展的愿景,反而出现了发展不平衡、不全面的现象,其中劳育缺失最为明显,成为落实党的教育方针亟须努力补齐的短板之一。不同院校对劳动教育课程的设计与安排上呈现出不同样态,其根本原因在于对劳动教育课程的本质内涵与价值意蕴的理解有所差别,从而迈入"劳动"与"教育"相分离的误区,劳动教育课程呈现出碎片化、窄化和异化的发展态势。

第一,劳动教育课程体系碎片化,缺少连贯性。各学段要坚持"一根红线贯穿到底,各个年龄段写春秋"的思路来构建劳动教育课程体系。当前劳动教育课程仍处于单打独斗、唱独角戏的状态,缺少大中小学劳动教育课程一体化的设计,同一劳动教育课程内容出现在不同学龄阶段的教学课程当中,不能充分满足学生对劳动教育的需求。劳动教育课程出现不连贯、不衔接、不合适的情况,缺乏整体呼应。

第二,劳动教育课程内容窄化,缺少时代性。智育统帅一切,导致劳育成为学校教育体系中的附属品。在劳动教育课程中,授课内容主要以劳动技能与劳动知识为中心,缺少对学生劳动精神、劳动情怀的培育。在这种导向下,劳育沦为智育的附庸,劳动教育的真正育人价值并未得到充分发挥。甚至部分学校为了应付上级检查,将重复简单的体力劳动作为开展劳动教育课程的主要内容,使得劳动教育成为学校可有可无的课程。同时,由于劳动教育课程内容单一,很难让学生从感性层面获得情感认同,更不必说内化至对劳动的理性认知。这一问题正是导致学生群体参与劳动实践较少的重要因素。

第三,劳动教育课程形式异化,缺少针对性。劳动教育旨在领悟劳动价值,让学生在劳动实践中体悟最本质、最真切的内涵。在中国传统观念中,体力劳动低下致使人们在很长一段时间里排斥劳动、厌恶劳动,缺少对劳动美的追求。而在当下的实际教学环节中,个别学校把劳动教育课程目标简单地理解为"体力劳动",劳动中的脑力部分被有意识地忽略。需要明确的是,体力劳动是学生劳动教育的形式之一,并非劳动教育课程的全部内容。劳动教育甚至被异化成一种休闲方式,甚至是一种惩罚学生的手段,从根本上忽视了劳动观念的培养。为此,劳动教育课程要实现体脑劳动、身心合一,全方位、多途径地提升劳动教育成效,探索劳动教育新形式,打造高质量劳动教育课程。

（三）劳动教育课程的投入力度不够

劳动教育的教学场所不能仅限于教室当中,更要把教育放在学生参与劳动实践锻炼的应用过程当中。劳动教育课程需要有关部门统筹联动,促进劳动教育课程全方位开展。但目前,在开展劳动教育课程中仍存在一定的局限性,在课程物质条件方面有所欠缺,使得劳动教育课程的有效性较低。

第一,劳动教育缺乏制度保障。劳动教育的组织保障是保证劳动教育成效的决定性因素。近年来,党和国家出台数部劳动教育相关政策,为劳动教育指明了发展方向。但是,劳动教育顶层设计方面仍有一定欠缺。各级学校缺少对劳动教育执行政策的支持,无法保障劳动教育顺利开展。同时,劳动教育呈现出零星化的教育模式,忽略了劳动教育课程的整体性与发展性。在学校工作管理层面上,由于没有制定配套的管理制度,并缺少专业部门监督指导劳动教育工作,导致劳动教育评价工作机制欠缺,劳动教育的成效难以得到保障。

第二,劳动教育缺乏物质保障。劳动教育的物质保障是保障劳动教育成效的必要因素。劳动教育对物质需求较高,包括投入经费、购买设备、师资队伍以及搭建实践场所。由于劳动教育课程的教学成果无法单独量化,加之学校教学、科研、后勤等其他方面投入比重较高,从而对劳动教育经费投入比例则相对较少。部分学校与社会联系不密切,缺少社会对劳动教育的支持等问题也成为制约劳动教育课程发展的因素之一。同时,由于国家师范类人才培养尚未对劳动教育师资队伍制定专业人才培养方案,几乎没有开设劳动教育教师的专业课程,导致现有的劳动教育教师很难满足学生对精细、专业的劳动教育需求,也存在忽视知识学习与价值引领相结合的问题。因此,由于缺乏相应物质条件,劳动教育实践活动还基本停留在以学校自身为主,处于相对封闭、闭门造车的状态,很少与社会、家庭形成联动,在很大程度上限制了劳动教育课程的发展。

第三,劳动教育缺乏评估保障。劳动教育的评估保障是保证劳动教育成效的关键因素。教育评估制度是保障教育成效的有力武器。当前各级学校处于"无计划、无考核、无主题"的"三无"劳动教育教学评估状态。评估制度不完善、缺乏评估内容、评估方式落后是劳动教育督导评估面临的主要困难。随着对劳动教育认知程度的不断加深,劳动教育发展的主要方向应当是推动教育评估内容的多样化与评价方式的具体化。

二、高校大学生劳动教育课程体系构建

劳动是贯穿人一生的生命活动。劳动教育的总体目标直接关系到劳动教育课程的结构设置,要关注不同学龄阶段教学目标与内容的有机衔接、教学过程的有机联系、教学评价的有机构成。纵向贯通的劳动教育课程,既遵循劳动教育的规律,也符合我国社会主义教育制度的要求,更是构建新时期高水平人才培养体系的前提。

（一）明确劳动教育课程目标

劳动教育的最终目标是让学生有幸福生活的能力。根据著名心理学家布鲁姆的教育目标分类理论,劳动教育可以从认知、情感、技能三方面确立教育目标。具体而言,劳动态度与劳动品德侧重于情感领域,劳动知识技能侧重于认知与技能领域。

1. 树立正确的劳动态度

劳动是人与世界的接触的方式之一,人们在这种接触中形成对劳动的态度。劳动教育课程不仅要关注劳动技能的提升,也要注重对劳动态度的培育。劳动教育最大的育人价值就是能够让学生用身体丈量世界,用心灵感知世界,学其事、明其理,培植深厚的劳动感情。

"崇尚劳动"是对劳动的一种正确认识,体现了一个社会的劳动文化与文明水平。"崇尚劳动"不仅体现学生对劳动崇高性的高度认同与自我内化,也影响着学生选择参与社会的方式。"学也,禄在其中矣""文人不出汗,出汗非文人"等鄙视劳动的观念长期存在,一定程度上左右青年学生的价值选择。而现代社会则更需要"允文允武""手脑并用"的全能人才。无论时代条件如何发生变化,劳动教育始终都要引导学生崇尚劳动、热爱劳动,牢固树立历史由人民劳动创造的观念,通过劳动播撒希望,收获果实。

　　"尊重劳动"是对劳动的基本态度。尊重劳动不仅要尊重体力劳动或是脑力劳动，更要尊重构成劳动的所有要素。例如，对一切劳动者、不同劳动形式、各类劳动成果的尊重。劳动作为人类文明发展的阶梯，一切劳动创造都值得被鼓励、被尊重。尊重劳动要从尊重劳动者开始，要积极引导学生尊重劳动者的主体地位，不仅要向"劳模""工匠"学习，更要尊重社会上一切"基层工作者"。同时，要理性看待不同形式的劳动，劳动形式没有高低之分，劳动价值没有贵贱之别，尊重任何合理合法的劳动，在劳动中发展自己、创造财富、实现人生理想。

　　"珍惜劳动成果"是对劳动的价值认同。多难兴邦，殷忧启圣。勤俭节约、艰苦奋斗的品格一直流淌在中华儿女的血脉里，成为中华民族的传统美德，也是我们党的优良传统与政治本色。尽管现在经济条件与物质生活水平得到极大改善，但我们依旧要保持勤俭节约的品格，抵制铺张浪费。"奢靡之始，危亡之渐"，任何事情走向颓势，大都是奢靡之风泛滥造成的。教育学生以勤俭节约为荣，以骄奢淫逸为耻，从"光盘行动"开始，抵制浪费。

2. 培养优良的劳动品德

　　劳动教育是让学生学会动脑、动手，实实在在地干活、扎扎实实地工作。随着技术的进步，当代学生群体已经不需要经历"面朝黄土背朝天"的身体折磨，他们享受得天独厚的资源优势。技术的进步使得劳动自动化程度变高，劳动工作量减少，人力参与程度较低，一些消极的劳动观念也随之产生。但是在今天，勤劳诚实且极具创造的劳动成为时代符号。诚实劳动是创造性劳动的前提，创造性劳动是诚实劳动的发展，也是新时期劳动本质的展现。通过多途径、多形式的劳动教育让诚实劳动、创造性劳动在学生群体中蔚然成风，潜移默化地培养学生优良的劳动品德。

　　学生要能够诚实劳动。古人云："人无信不立。"投机取巧、偷奸耍滑与社会主义核心价值观相悖，我们要予以抵制与消灭。劳动，贵在诚实。不诚实的劳动，不仅不会创造社会价值，反而会造成损失，损害自己与他人的切身利益。诚实劳动是彰显人生价值的重要体现，劳动者用每一滴汗水浇灌每一寸梦想，成为逐梦路上的印记。劳动教育要积极引导学生用自身诚实劳动换取劳动成果。坑蒙拐骗终究害人害己，诚实劳动才能富国兴邦。只有诚实劳动，才能实现精彩的人生与幸福的生活。

学生要能够创造性劳动。创造性有两种具体表现方式：一是发明，二是发现。人类历史的车轮，就是在不断地发明与发现中滚滚向前。人类社会的进步高度依赖于创造性劳动。当前，人工智能、大数据等新型技术逐渐影响着每一个人生活的方方面面，极大地改变了人类的劳动方式与生活方式，距离"解放劳动力"的人类理想更进一步。在未来社会的劳动形态演进过程中，极富创造性的劳动将会成为主宰。创新性的劳动具有独特价值，具有不可复制性。因此，开设劳动教育课程，要将目光着眼于社会发展，鼓励学生在学好基础理论知识的基础上，通过发明创造提升劳动效率。

3. 掌握劳动知识技能

新技术是提高生产率和增加就业的推动力，充分利用新技术会使各行业的"技能基础"得到普遍改善，这就要求多方面提高从业者的劳动综合素质，提升社会竞争力。新时期劳动教育课程要注重学生劳动知识技能的培养，使得学生既能从事体力劳动又能从事脑力劳动，提高社会参与能力，实现全方位、高质量的发展。

（1）学会生活劳动。劳动教育源自生活，并与生活融为一体，生活劳动经验逐渐转变为客观认识，在学生探索世界的过程中起到基础性作用。生活即教育，要在"认识自我、实现自我"的价值选择中，接受生存方式的训练，开展聚焦生活能力的劳动实践。近年来，由于生产方式的不断变化、生活水平的不断提高，人们的生活方式越来越丰富多样。不同的劳动方式造就了不同的生活方式。此阶段的教学目标在于为未来生活做知识技能储备，家庭与学校要提供充足的实践机会，提高生活学习环境中动手实践比例，鼓励孩子在日常学习的过程中将培养良好的生活习惯，能够具备"自己照顾好自己"的能力，并且在"如何照顾自己"的学习过程中初识劳动，要埋下劳动种子。

（2）学会生产劳动。人类在生产劳动中学会利用工具改变客观对象，不断创造自身所需要的物质财富和精神财富。现代社会的生产模式越来越趋向于机械型、智能型，因而要求劳动者掌握广泛的科学文化知识与生产技能知识，从而不断满足产业升级与社会发展的需求。此阶段的教学目标在于为参与社会生产做知识技能储备，由此可以从三个方面进行理解。一是意识教育。适应社会大生产的科学劳动教育课程，要求学生在学习理工学科时，加大动手操作技能、职业要求技能等的培养力度,培养学生的基础性科学素养与科学意识。二是知识教育。劳动教育课的授课目标要让学生在学习科学技术知识的同时,掌握开展生产活动的科学方法和科学思维能力。三是精神教育。劳动教育课程旨在通过学习创新劳动知识、创新劳动技能,探究其中所蕴含的核心理念与基本价值,促进学生树立科学精神,坚定理想信念。

（3）学会服务劳动。人不仅通过劳动满足自己的生存需要,而且通过劳动可以实现自身的生存价值。人要用劳动的方式与他人建立联系,体悟与人合作、甘于奉献的乐趣。此阶段的教学目标在于为实现全面发展做知识技能储备,由此可以从以下三个方面进行理解：

一是具有普适性。服务性劳动教育不受学生群体、教学内容等客观条件的限制,亦旨在落实全面发展的教育方针。

二是具有价值性。服务性劳动教育将发展眼光放在除学生主体之外的客观环境中,教会学生如何正确处理"自身""劳动"以及"他人"之间的关系,帮助学生正确认识劳动精神与劳动价值。

三是具有社会属性。劳动教育形态根据时代演进而发展,而在演变发展的过程中,劳动主体逐渐增加,劳动形式逐渐多样,劳动成果也相应增值,在与多劳动主体共享劳动成果时带有了明显的利他性。因此,在服务性劳动教育中,要让学生不断提高实践能力与道德修养。

（二）统整劳动教育课程内容

劳动教育课程的内容是劳动教育课程的内核。在一体化劳动教育课程中,各学段都要有所侧重,形成以劳动观念、劳动情感、劳动实践为核心的课程内容纲要。从总体上讲,三者要均衡发展,不能失之偏颇。

1.劳动观念教育

价值观念是建立在对客观事物一定的认知基础之上,关于人对事物理解、判断的一种思维或价值取向。劳动观念是人对劳动的根本看法与态度,在课程内容中设置劳动观念相关教学内容是培养正确劳动意识的前提。远离劳动的危害不仅体现在人的技能退化上,还反映在人的意志与品德的缺失上。自古圣贤曾道："天将降大任于是人也,必先苦其心志,劳其筋骨。"一个未曾受过劳动磨炼的人,是无法体悟生活的真相。通过劳动观念教育,让不同学龄阶段的学生懂得幸福是建立在辛苦劳作之上的。

（1）懂得劳动最光荣。光荣意味荣誉、荣耀。劳动最光荣,是劳动推进历史前进、实现社会发展。职业无贵贱、工作有分工、劳动最光荣,体现了深刻的哲学思想,渗透着"不劳动者不得食"的理念。在课程内容中应当体现以辛勤劳动为荣、以坐享其成为耻的价值观念,需要积极引导学生充分认识到劳动是推动社会发展的根本力量。在社会主义制度下,深刻理解按劳分配制度是维系社会公平公正最有效的途径之一,体现劳动光荣、懒惰可耻的价值理念。劳动观念教育要从系好第一颗纽扣开始,让"一切劳动,无论是体力劳动还是脑力劳动,都值得尊重和鼓励"的理念深入每名学生的脑海。

（2）懂得劳动最崇高。崇高意味着高尚、高大。劳动不仅创造财富,也创造了幸福。而这种幸福是在实现自我价值的同时,"燃烧自己、照亮别人",为人所需,为人民服务。劳动精神是新时期劳动价值的集中体现。劳动教育课程中应当包括对劳动精神的重新学习。通过对社会生产劳动具有突出贡献的劳模们、工匠们的劳动精神进行学习,使劳动教育更具有实际意义。只有人的劳动才是神圣的,通过规划设置劳动教育系列内容,让自强不息的传统美德代代相传。

（3）懂得劳动最伟大。伟大意味着卓越、远大。劳动看似平凡,实则伟大。从人类发展历史看,劳动创造了世界,创造了人类灿烂的历史文明。而中国特色社会主义的建设不是一朝一夕实现的,而是依靠劳动、依靠劳动人民一点一滴创造出来的。劳动教育课程内容中应当包含致敬平凡且伟大劳动的相关内容。自 2019 年新冠疫情暴发以来,无数基层工作者用血汗搭成了抗疫长城。他们是社会中的平凡人,也是最伟大、最可爱的人。在劳动教育课堂中,切身感受劳动带给人的价值成就感,让劳动最伟大成为铿锵有力的时代强音。

（4）懂得劳动最美丽。美丽意味着漂亮、好看。美丽是主观与客观的统一体。世界上最美好的东西都是由劳动创造的,劳动是创造美的源泉,是体力劳动和脑力劳动的完美结合。在劳动教育课程中发掘美育的部分,让学生养成一双发现美、观察美的眼睛。在认识美的基础上,通过劳动创造美的同时,自身也被美育塑造。通过劳动教育,让"劳动者最美丽,劳动者最幸福"的观念深入学生内心,明白"不劳动可耻、不劳动丑陋"的道理,用自己的汗水与智慧创造幸福美好的未来,为中国特色社会主义建设贡献力量。

2. 劳动情感教育

情感认知是一个过程，是人所特有的一种心理活动，是对某个物体、事情理解程度的展现，是我们对待世界、对待自己时，所表现出的认知程度。劳动情感教育其主要教育内核在于帮助学生培养和加强劳动情感的内化与外化。

（1）劳动情感内化教育。通过相关劳动情感教育内容，帮助学生初识劳动情感，认识到人必须依靠自身的劳动来换取生存发展所需要的物质条件，从而感受到自身劳动价值，产生劳动自豪感，达到培养劳动情感的目的。打扫干净卧室、做一顿晚餐乃至领到人生第一份工资，学生通过劳动获得幸福往往溢于言表。虽然随着生活水平的不断提高，这种溢于言表的自豪感会出现"边际效用递减"的现象。但是，这种通过自身劳动感受劳动价值的状态却始终存在，就如同人离不开空气却又无意间忽视空气的存在一样。因此，劳动教育课程内容中要包含劳动情感价值培育，通过适当的劳动实践活动，帮助学生认识到自身劳动的价值，并能够在欣赏劳动成果时产生由内而发的自豪感。

（2）劳动情感外化教育。在内化劳动情感教育课程的初步影响下，在学生自食其力的基础上，通过更深层次的劳动，努力实现劳动成果的增值，从而使自身获取更长远的发展资源以及帮助他人获得生存和发展的需要。就如同农民通过辛苦劳作，不仅满足自身所需的物资资源，也让整个家庭吃喝不愁。这种通过劳动获得的自豪感、骄傲感就会涌上心头，代替了勤苦劳作时的烦闷。实现自身劳动价值增值，不仅是通过帮助他人实现的，创造性劳动则是更深层次的劳动情感培育的方式。体力劳动与脑力劳动的深度结合，能够使得在现有理念、技术等层面有所突破、有所创新，使得生存发展资料实现超常规增值，大幅度提升人类的生活水平。

每一次技术革命都给人类社会带来了跨越式发展，极大程度地提高了人类劳动的效率。在此基础上，人们通过创造性劳动带来的自豪感与骄傲感水涨船高。通过劳动情感教育，激发学生创造性劳动的热情，让学生感受到一切皆可创造，每个人都可以成为创造者，在这种创造性的劳动中体悟到劳动的幸福感。劳动情感教育就是要在这种通过劳动所营造的氛围中，认识和体验这种前所未有的价值感、幸福感、自豪感，从而让学生认识劳动、学会劳动、爱上劳动。

3. 劳动实践教育

劳动知识是学生对劳动客观对象进行有效学习的综合呈现。劳动技能则是学生运用已学到的劳动知识,所获得的一定行为方式。在经合组织 1996 年年度报告中,将"知道怎么做知识"划定为经济发展的核心。因此,劳动教育课程内容不能局限于对劳动观念、情感的培育,也要注重学生劳动技能的提升,将体力劳动与脑力劳动完美结合,手脑并用、知行合一,让劳动教育成为人生必修课。一体化劳动教育课程要注重内容的相互衔接,实践教育课程也要分步进行,包括掌握基本劳动能力、掌握专业劳动能力、掌握创造性劳动能力。

（1）基本劳动能力。劳动教育注重从小抓起,重点围绕着培育适龄学生的劳动价值观念与行为习惯。在此阶段,大多数学生还处于学习理论知识时期,尚未正式融入社会、参与职业劳动。此阶段劳动实践教育目的在于学生培养劳动习惯,让学生学会打理日常生活起居。例如,在 2019 年的抗疫特殊时期,很多学生就在家里通过网络教程学习制作美食、帮助家长做家务等,体现了较强劳动能力,激发对劳动的兴趣。在校期间,学校应当组织适合的校内外劳动实践活动,促进学生学会与他人一同劳动,共享劳动成果,初步培养学生能吃苦、敢吃苦的坚毅品质。在锻炼基本劳动能力阶段过程中,提升学生的劳动素养,达到既会动手也能动脑的教育目标。通过掌握基本生活技能,提升积极主动获取生活信息的能力,养成探索未知生活的习惯。

（2）专业劳动能力。从劳动实践能力界定情况来看,除了基本劳动生活能力外,对于专业劳动相关能力的培育也势在必行。专业劳动能力的侧重点在于实践技能的初识和实际工作能力的提升。在以往的教育观念中,"高职""中专"是专业劳动教育能力的主阵地。但是,在愈发注重实践能力的时代,专业劳动能力应当贯穿在整个劳动教育体系当中。值得注意的是,要厘清"理论化"与"技能化"的关系。过度强调"理论化",就有陷入"去技能化"之虞的可能;反之,过度强调"技能化"也可能产生劳动教育"内容窄化"的嫌疑,造成劳动教育持续发展弱化的影响。专业劳动能力的培养是更深层次的教育,落脚点在于引导学生熟悉掌握专业技能,成为符合时代需求的技能强手。要实现这一目的,其核心要点是紧跟社会发展方向,提升学生的专业技能水平,以"大国工匠"为目标,从而深化对劳动的理解。

（6）创造性劳动能力。创造性劳动能力培育的对象应是掌握一定基础的劳动能力，并形成正确劳动观念的高等院校学生。大学生群体是一批知识型劳动者，是善于接纳新事物、掌握新技能、擅长创新的新型劳动者。在该阶段的劳动实践教育过程中，通过创造性的劳动实践，提升学生更高水平的实践与创新能力。创造性劳动能力的教育内容主要包括创新创业教育，将所学专业学科知识与社会所需技能相融合，掌握新技能、新方法，创造性地解决实际问题，增强与社会接轨能力，积累技能经验，深刻感悟空谈误国、实干兴邦的道理。高等院校因地制宜，通过多样化的课程设置方式，根据不同专业、不同年级制定由初级到高级的实践课程内容。

在深化劳动教育理论知识的同时，增加劳动实践的次数与类别。在具体实践环节中，要结合现代科学技术，注重实践效果的广度与深度，进行更大范围的创造性劳动实践。

（三）规范劳动教育课程实施环节

选择合适的劳动教育方法，关系到劳动教育目标的实现、劳动教育任务的完成以及劳动教育效果的好坏。因此，劳动教育课程教学实施环节在劳动教育整个体系当中占有重要地位。在面向学生的劳动教育课程中，需要教师扮演"引路人"的角色，在传授相关课程内容的同时，规范劳动教育课程的实施环节。

1. 讲解示范启发学生思考

教育者对劳动内容的讲解是学生初识劳动的首要途径。教育者通过运用教具，以口头语言的形式向受教育者传达劳动知识、认识真理目的。这种讲解示范的方法具有直接、高效、省时的优点，帮助学生快速学习到劳动是什么、为什么要进行劳动以及如何劳动等问题。在此阶段，一方面要加强对劳动观念的正确引导，另一方面要注重劳动知识技能的讲解，要帮助学生通过认识劳动，厘清自然、社会与自身的关系，提升劳动技能水平。

教育者通过讲解示范有目的、有组织地帮助学生全方位掌握真理性劳动知识。真理性劳动知识即有关劳动本质的认识。教育者要从马克思主义劳动观出发，结合受教育者的特点传授劳动相关理论。学生通过教育者的讲解，了解劳动的本真。该教育内容的层次有三，分别是人是劳动的主体、人通过劳动与自然界进行交换以及在历史发展过程中劳动的决定作用。根据现阶段劳动教育课程开展情况来讲,由于缺乏细密的学科知识体系,在教育者讲解示范的过程中要注意以下几点:

一是注意讲解内容的系统性。西方学者布鲁纳作为学科基本结构理论的奠基人。他强调,教育要在讲授一般原理的基础上,也要加强对独立解决问题能力的培养。根据学科基本结构理论,教育者在传授劳动相关知识时,要进行整体规划,避免"东一榔头,西一棒槌"的情况,要根据受教育者的认知发展水平,切实制定劳动教育主题,有组织地进行讲解。

二是注意讲解内容的递进性。劳动教育能力的养成一定是建立在明确的劳动教育目标基础之上的。讲解内容与方式要符合"劳动观念教育、劳动情感教育、劳动实践教育"的授课逻辑。比如,小学生要通过自己基本生活劳动,感受劳动的快乐;中学生要初识马克思主义相关劳动理论,认识真理性劳动知识;大学生要参与创造性劳动活动,感受劳动的价值。

三是注意讲解过程的明理性。教育者在进行劳动教育时,最终目的是要向受教育者传递为什么劳动、如何劳动这一思想。劳动教育应当设置多样化课程,与家庭教育衔接、与社会教育接轨,突出对劳动价值观念的培养,把劳动教育作为立德树人的主要阵地。

2. 淬炼操作锻炼学生品质

实践能力的培养是劳动教育过程中的重要一环。美国著名教育学家杜威曾提出"从学中做、从做中学"的教育理念,认为所有的学习都应当将实践活动作为基础,通过"做"来促使学生独立思考问题,从而发掘新知、认识新知。中国近代教育学家陶行知更是将这一教育理念与中国实际教育情况相结合,提出"生活即教育"的观点。在淬炼操作教育环节中具有十分鲜明的实践性品格,依托学校开展劳动教育实践活动也是最为适切的。

新时期劳动教育的目的并不是让学生过早地参加社会财富生产,而是让学生在参与劳动实践过程中提升实践能力水平、体悟劳动真谛。教育者在讲解示范后,进入淬炼操作的环节时,也应针对不同学段有所差异。在初级教育时期,教育者以培养劳动习惯为主要方向;在中高级教育时期,教育者以社会实践与专业实践劳动为主要方向。同时,教育者在淬炼操作教学阶段中,要注重"做"与"学"的关系。

一是要"做"与"学"的相辅相成。"学"是内化，"做"是外化。劳动教育最明显的特点是学生直接参与实践。因此，教育者要充分调动学生感官体验，引导学生在劳动中获得进步，成为"做"的主人。

二是明确实践活动来源生活、服务生活。劳动是人类自发的能动性的活动。若将劳动实践内容刻板化则丧失了劳动的本真。秉持"生活即教育"的原则，没有生活意蕴的劳动教育是失败的。因此，教育者要以生活环境为出发点，有意识地融入劳动实践当中，帮助学生解决劳动实践中的实际问题，从而切实提高自身本领，增长才干。受教育者在学习劳动技能后，能够自行发现问题，找出解决方案才是劳动实践教育的本真。

三是"做"成为劳动实践活动的主要形式。在设置不同学段的劳动实践课程时，都要通过"做"来连接实践。不论是日常劳动、生产劳动还是创造性劳动，绝不能纸上谈兵，要让学生用双手去感受劳动的美丽，让原汁原味的劳动，成为劳动实践课堂最美丽的底色。"做"与"学"的辩证关系是劳动教育过程中的逻辑准则。在示范学习的过程中，学生首先通过观察具有引导性的行为，经过自主思考、独立操作等环节，从而达到学会某项劳动实践技能的目标。在此过程中或许会失败，甚至产生退缩、放弃等心理活动，但总体来说，通过淬炼操作，演练专业技能，可以培育学生自信、执着、坚毅等劳动品质。

3. 情境激励激发学生热情

新时期劳动教育课程因其特殊的教育目的与教育形式，需要摒弃现有程式化的教育方式，搭建劳动教育情境，在课堂中眼、手、脑并用，通过感官交互，实现既定劳动教育目标，在受教育者群体中形成"爱劳动、会劳动"的新风尚。情境激励在教育学、心理学、哲学等领域中都有所涉及。特别是在教育学中，情境激励具有帮助学生了解认识论进而加强价值论的意义。

西方著名教育家卢梭曾大力宣扬情境教学这一教学方式，他认为通过情境教学可以让学生在真实环境中获得直接经验，并在直接经验的基础上获得价值体验，最终将内化的直接经验转变为更完善的知识体系。学生在特殊情境下让感官认知转变为理性思考，在内在心理与外在环境中建立衔接，进行具象化的体验学习，搭建完整的认知体系。因此，设定劳动教育情境对新时期开展劳动教育是十分必要的。

在劳动教育课程中要构建真实有效的劳动情境。劳动活动是在真实生活中发生的,也需要在真实劳动中实现。因此,劳动教育课程的情境构建不能脱离生活本真。如今,能够满足劳动教育实践情境的活动场所有很多,诸如校园、社区、农场、家庭等,这些场所的劳动活动要素明确且具有普适性,能够满足不同学段学生的需求。科技馆、高科技企业、创业园区等特殊场所也可以进一步满足学生探索劳动发展的需要。劳动教育只有让学生亲临劳动现场,有切身的劳动活动才能培养具体认知,优化学生"身心一元"的认知图式。在眼、手、脑并用的过程中,通过多维处理机制,促进学生对劳动教育的认知与其他知识学科的再度探索。"情感"是情境学习的命脉。劳动教育除了有切实的实践活动之余,还要求学生同步产生劳动情感,做到劳动情感交融。只有通过这样的教育方式,学生才能在劳动中感受到快乐,忘记劳动给身体带来的疲劳。

为了确保情境实践活动的有效开展,教育者在教育过程中要注重知行统一。在过去的教育实践中,往往过度重视学生对知识的掌握程度,忽视了学生对知识产生过程的学习。劳动教育情境教学过程中,教育者需要让课堂"活起来",在情境实践中要时刻保持与学生之间的互动,激发学生的积极性,充分发挥教育者的引导性作用,让学生主导课堂。为此,劳动教育要选好、用好情景素材。劳动教育往往会陷入"只求精彩"的误区当中,在选取教学场景的过程中要与学生知行相统一。"博眼球""博笑声"的课堂注定是失败的。合适的情景素材要来自生活、用于生活,要让学生在劳动实际体验中学习总结经验,形成对劳动意义的价值判断。同时,情感体验也需要教育者不断提升自身的劳动素养,要让情境化的实践课堂充分展现出劳动是自由的、开放的特点,又以严谨的劳动教育理念协同课程推进,用教育者自身优良的劳动品质感染学生、启发学生。紧跟时代要求综合运用各类教育教学方法,借助新媒体、新技术,打造创新性校内劳动教育课程。

4. 探索交流促进学生成长

探索交流是提高学生自主能动性最好的教学方法之一。在劳动教育教学过程中倡导学生探究劳动,目的是加强学生对创造性劳动能力的培养。探索法之所以被广泛用于实际教学过程中,是因为人对自然、社会无穷无尽的思考。劳动教育的本意包含了对客观世界的探索发现。因此,在实施劳动教育的过程中,学生的探索交流也至关重要。

美国著名教育家杜威提出要反对学生成为"知识的旁观者"。他认为，知识是存在动态发展的，要让学生具有敢于质疑权威的勇气。简而言之，在授课时运用探索交流的方法就是以受教育者为主体，教育者适度教，受教育者探索性学。在教育者与受教育者密切配合之下，通过外界引导与自身发现，厘清客观事物发展变化的规律。现如今，探索发现法在我国学科教育教学中普及性不高，因此要让劳动教育充分发挥其育人价值，就应在劳动教育过程中适当运用探索交流的教育方法。

未来是不可预知的，只有不断探索实践才能开创发展新局面。将探究交流法融合进劳动教育中，必须重视劳动教育场景的创设、学生认知水平以及教育主体之间的谈论与交流，在探究学习中激发学生的创造创新能力。因此，一是教育要在劳动场景中进行。劳动场景包含真实的劳动生产、劳动过程，只有在真实的劳动场景当中，学生才能有话说、敢说话，才能真正领悟探究学习的真谛。二是教育者要设定相应劳动问题。合理的问题才能实现理想的教学效果。一个符合当前学况的劳动问题，才可以有效激发受教者探究劳动的好奇心与求知欲，激发受教者的内生动力，为实现劳动教育的目标而创造条件。三是教育者要设定科学有效的劳动任务。劳动任务的制定要遵循维果茨基的"最近发展区"理论。没有难度的劳动任务不利于激发学生的探索性，难度较大的劳动任务不利于调动学生的积极性。合理的劳动任务是指学生可以通过努力可以实现的。在学生认知可接受范围内的劳动任务，可以最大限度地满足学生的劳动成就感，刺激学生思考问题的积极性与主动性。然而，大幅度超出学生能力之外的劳动问题，会让学生产生自我怀疑、望而却步，也不能达到劳动教育的理想预期。

（四）创新劳动教育课程评价机制

新时期赋予劳动教育新的内涵与形式，劳动教育成果不再局限于单向的情感能力提升或高超的技能水平，而是以综合协同发展的形式所呈现。在劳动教育评价过程中，要兼顾到劳动学习成果与过程的统一、素养发展与技能提升的统一。由此，根据劳动教育的评价理念与教学实际情况，劳动教育评价应当合理规划评价标准、细化评价内容、创新评价方式，在评价过程中要多方共同参与提出反馈意见，并及时更新教育课程内容，采取有效措施，纠正实践过程与既定方案之间的偏差。

1. 合理规划劳动教育评价标准

一是科学研判,细化目标。各级学校要在遵循受教育者身心发展规律的基础上,充分掌握受教育者学况,综合考量当前阶段开展劳动教育课程的现实环境,结合教育目标与规划,善于把握机遇,勇敢接受挑战。要紧紧围绕劳动教育课程规划,构建分阶段、多维度的劳动教育评价标准。比如,可以以学生所在年级为线,按学年进行划分,每学年为一个总体参考,分设学年内的教育教学目标,并参与考核;在维度上,可以从劳动教育培养目标、成效、教学定位等多方面分别设定评价标准。

二是围绕目标,设置标准。各级学校要根据已经制定的劳动教育教学方案和不同维度的具体目标,设置各阶段相应的评价标准。评价标准的界定不能是模糊的,需要划分评价内容标准,以量化评价为主。例如,在劳动教育的教师与教育条件保障方面,质化指标可以规定为要设有劳动教育专职教师、不断提高师资教育水平等,在量化指标中则具体表现为劳动教育专职教师比上一年度增加 3 人并每月集中组织培训,提升实际教育教学能力;在劳动实践能力考察方面,质化指标可以规定为加强对不同年级学生实践能力的培养,在量化指标中则具体表现为每月开展劳动实践课程,并做好劳动实践成果展示。同时,也要避免目标僵化的问题发生,各项指标不能一成不变,要与学校教育整体现状相匹配,定期更新。

2. 准确把握劳动教育评价内容

劳动教育课程内容的设置与学生综合素质的发展要具有统一性。当学生接受不同阶段的劳动教育后,只有具备相应的劳动观念,劳动情操、劳动知识、劳动技能,并能够善于劳动创造,这样劳动教育课程才具有成效。劳动教育课程评价内容可以由三方面组成:劳动观念、劳动习惯与品质以及劳动知识与技能。

(1)劳动观念内容评价。劳动观念评价的总体目标是弘扬劳动精神、崇尚劳动、尊重劳动。劳动观念内容评价主要集中体现在考查受教育者对劳动世界的主观认知,从学会感受"劳动美"到深刻理解"劳动创造幸福"的正确观念;从感悟"劳动的辛苦"到认识"踏实肯干、脚踏实地"是劳动的基本态度;从学会"劳动基本技能"到深刻领会并在实践中践行"劳动精神";从体会"汗滴禾下土,粒粒皆辛苦"再到感悟劳动的"成就感""幸福感"；从知道"人人都要劳动"到准确理解"劳动者的权利与义务"的整个过程当中。

（2）劳动习惯与品质评价。劳动习惯与品质评价的总体目标是：拥有自觉的劳动、乐于助人、懂得奉献、懂得个人价值与社会价值。在不同学段可以将劳动习惯与品质评价分解为责任、诚实、创造与热爱。关于劳动习惯与品质的评价主要集中在受教育者能否自发地参与劳动之中，并体现出较好的劳动素质，能够遵守劳动纪律，体验"种瓜得瓜，种豆得豆"到能够自觉遵守劳动规范，用自身劳动获得成就感并感染他人。

（3）劳动知识与技能评价。劳动知识与技能评价的总体目标是：掌握基本的劳动知识与技能，学习关于劳动的学识与方法，能够分析问题、解决问题，学会劳动、善于劳动、创造性劳动。在不同学段可以将劳动知识与技能评价分解为劳动真理性知识、对象性知识与技能型劳动。关于劳动知识与技能的评价主要集中在受教育者是否了解劳动的起源、为什么要劳动以及如何劳动。例如，在考查学生对真理性劳动知识掌握情况时，可以从"自己动手，丰衣足食"的含义到时代前沿科技动向为内容。在评价学生是否掌握技能型劳动时，可以从"能否胜任家务劳动"的基本情况到能否结合所学专业进行"创造性劳动"为准则。

3. 科学制定劳动教育评价方式

劳动教育不是短期内的速成教育，具有生成性的特点。制定劳动教育评价方式，应当多维度考虑教育内容与教学形式，不仅要关注当前受教育者的学习情况，也要兼顾受教育者对未来学习的方向与潜在能力的提升。

（1）注重评价对象的多元性。与以往受教师主导的一元性评价相比，劳动教育的评价参与者应当包含教师、学生、家长以及社会等多主体评价。教师对学生劳动成果的评价只能是阶段性单方面评价，还应当让受教育者自身、其他受教育者群体、家长甚至行业专家参与评价过程，可以为学生提供不同层面的评价视角，全方位地考查劳动教育效果。尤其是让其他受教育者参与评价，可以让受教育者实现身份变换，由评价对象转变为评价者。通过对比他人劳动成果，认识自身缺点，找到改进的方法，充分调动学生的积极性与参与度。多元主体评价方式凸显出教学评价环节中鼓励教育的功能，实现劳动教育效果的增值。

（2）注重评价形式的多样性。在以往的教育评价理念下，学生的学习情况往往是通过考试得以呈现,并不能从发展的角度考查学生的学习状况,也很难发挥教学评价的作用。对于涉及知识与技能双向提升的学科来讲,"唯分数论"的评价准则已不再适用。

基于劳动教育评价形式多样性的考量,在教育评价过程中,既要包含整体性评价,也要包含局部性评价;既要有教育者评价,也要有其他主体评价;既要包含定量评价,也要包含定性评价。劳动教育评价方式要讲究灵活多变,可以采用劳动成果展示、书写心得体会、作品评定、相互交流等形式,达到对学生学习成果全面、客观的评判。

第三节　高校大学生劳动教育课程的开展对策

一、探究劳动教育课程实施路径

在新时期的教育课堂中,包括其他四育在内,几乎所有的教育活动展现出新的样貌。学校课堂早已不再是一支粉笔、一块黑板式的传统样式,正逐渐走向兼容并包的融合过程。家庭、社会、企业也应当走进劳动教育课程的视野当中。劳动教育作为独特的教育领域,应将整个劳动世界纳入课程当中,这就决定了劳动教育必须将开发、利用资源作为主要问题。哪里有劳动资源,哪里就可以开展劳动教育,劳动教育的场所就可以扩展到哪里。

（一）注重家庭劳动教育资源的基础性作用

家庭不仅是学生成长生活的场所,也是人生的第一所"学校",父母堪称孩子的首位教师。就劳动教育资源来讲,在家庭场景中蕴藏着丰富的家庭劳动教育资源,除了一些自我劳动外,还包括一些技能型劳动。家庭劳动是学生接受劳动教育的第一课,是初步培养劳动观的重要场所。

但不可否认的是,"学而优则仕"等传统教育观念至今还在影响较多家庭,加之"劳动教育"被片面地理解为"体力活儿",甚至不少家长将劳动与学习割裂开来,认为学习就是学生的职责,只要成绩好就说明一切,更甚者鄙视体力劳动者,轻视劳动教育。

令人惋惜的是,很多家长至今仍不赞同开展劳动教育。可见,要想发挥好家庭劳动教育这一基础性阵地的作用,就必须转变更新家长对儿女的成长成才观念,更新对劳动价值的认知,使之充分认识到劳动之于儿女成长成才具有决定性作用。家庭劳动教育会受家庭结构、经济水平等的影响,包含不同的劳动教育资源,但仍存在一些共性,就是基础性的劳动活动。

家庭劳动意味着体力与智力的付出,通过家庭劳动教育让孩子明白,他有为家庭做出贡献的义务与责任。由此,家庭劳动教育资源可分为学生自主型劳动资源、扩展性劳动资源。

自主型劳动资源主要是指学生在能力范围之内照料自己的日常起居与学习生活的劳动活动。通过自主型劳动,可以在家庭环境中尝试培养学生劳动意识的萌芽,形成独立自主的劳动品质,为后续开展劳动教育工作奠定良好观念与能力基础。在家庭劳动教育中,基础性劳动教育资源丰富多样。家长可以从小要求孩子自己叠被子、自己整理洗漱衣物、自己热杯牛奶,帮助家长做力所能及的家务活,同时,饲养宠物、照料花草也是培养学生劳动责任感的方法之一。随着孩子年龄的增长,自主型劳动的内容也会随之扩展,独自使用家庭电器、独自做学习规划以及探索其他社会环境,均属于自主型家庭劳动资源中的一部分。孩子劳动能力的不断提高,自主型劳动教育资源也将越来越丰富。

扩展型劳动资源是指将劳动教育的场景与对象扩展到除家庭基本场景以外的劳动中。例如,代替父母探访家中长辈、照顾弟弟妹妹、迎亲送朋等。在这些扩展型劳动活动中,往往带有伦理性和礼节性特征。劳动的场所和对象与社会联系密切,对学生劳动意识与态度具有一定程度的考验。在扩展型劳动活动过程中,父母应当有意识地对劳动观念进行恰当引导,充分利用好劳动情境,将生活、学习与劳动能力融为一体,并在劳动中锻炼孩子待人接物的能力,提升其劳动修养。

此外,学生还可以在家长的带领下走出家门,延伸劳动教育的教学场景。劳动教育与其他学科最大的不同是必须要在实践场景中进行学习,家庭劳动教育也不例外。家长可以陪同孩子参观劳动实践基地,参与农家劳动游学,使他们获得劳动亲身体验经历,增加对劳动的理解。在家庭环境中,为营造良好的劳动氛围,可以适度地接受劳动文艺作品的熏陶,尤其是在改革发展过程中的鲜活事例,处处都闪耀着劳动的光芒，家长可以与孩子一同欣赏，提高其感知劳动美的能力。

（二）发挥学校劳动教育的主导性作用

学校在推进劳动教育中的主要职能是打造多层次、宽领域的劳动教育课程。课程是人才培养的核心要素，也是学生受益最直接、最核心、最显效的方式。开设劳动教育课程，必须完善劳动教育课程体系，与其他专业课程同向同行，将劳动教育课打造成为具有高阶性、创新性和挑战性的"时代金课"。新时期劳动教育课程旨在实现四个转变，由目的论转变为学生本体论、由教育内容预设论转向教育过程生成论、由教师权威向学生主体转变、由教学环境封闭向开放转变。在实现四个维度的目标下，构建以学习劳动理论知识为基础、培养劳动情感为导向、以提升劳动实践能力为抓手的劳动教育课堂。

一是劳动教育与通识课程相结合。劳动教育课程是专门教授劳动有关知识的课堂。传授劳动理论知识应当根据实证调研结果，结合授课学生的认知水平编写教育教学大纲，制定教育任务，设定学分评估机制。该课程教育内容要紧紧围绕劳动基础理论展开，包括劳动科学、劳动哲学、人类劳动发展史等。劳动教育通识课程形式可以是教师课堂、社会化课堂等。

教师课堂由专业教师集中授课，教育内容即专业教师教授关于劳动的相关知识定义，学习劳动意识、劳动人权、劳动伦理、劳动关系、劳动条件等基础知识，接受劳动精神、工匠精神、吃苦精神等情感熏陶。学习劳动安全防护知识和劳动法律法规等内容旨在劳动教育初期将所涉及的劳动基础理论知识打扎实，使学生一开始就有宽厚的理论功底。所谓社会化课堂，就是综合利用资源将专家、校友、基层工作者等引入劳动课堂，以劳动榜样的力量引导学生成长，增强劳动课程吸引力。

二是劳动教育与专业课程相结合。劳动教育与专业教育二者具有内在统一性，在不同专业课堂当中，深度挖掘课程当中所蕴含的劳动精神，是学生通过专业课程了解社会、学习生产技能的重要途径。特别在新时期大学生群体中，以专业为导向的劳动教育资源极其丰富，工科中机械、电气、建筑、网络等专业领域的研究与探索都是劳动精神的体现。尤其是工科学生，在课堂上学专业知识、课下进行理论实操，构建"学中做、做中学"的模式。

教师通过课堂讲授专业理论知识，学生则通过"学科竞赛""实习实训"等形式将专业知识与实践相结合。同时,各科专业教师要将劳动教育有机融入专业课程当中,打造一门以"劳动精神 + 专业理论 + 实践活动"为核心的复合课程。劳动教育与专业教育相结合,在专业课程中强化劳动导向、强化劳动要素、强化劳动精神,形成具有劳动特色的专业课程。

三是劳动教育与校园文化相结合。在校内劳动实践课程体系中,校园文化应当扮演重要角色。校园文化是学校展示形象的重要方面,承担着部分的教学任务。新时期高校应当"切实加强校园文化建设",扎实推进劳动教育与校园文化相结合,营造校园劳动文化景观。通过对校园环境的实地考察规划,寻找合适的劳动教育宣传基地。在校园内,宣传大国工匠精神、传播劳动模范故事,使学生在日常校园活动中不经意间体会劳动意义。通过编著以劳动为主题的宣传册,在校园内进行发放,力求多途径营造劳动最光荣、劳动最崇高、劳动最伟大、劳动最美丽的风尚,潜移默化地进行劳动教育,引导广大学生勤奋学习、踏实劳动创造,切实提高劳动综合素质。

针对不同学段学生实施课堂教学、文化塑造、习惯养成、实践教学"四位一体"的实践育人模式,构建"劳动模范带头 + 传统文化熏陶 + 环境文化熏陶 + 活动文化培育"的塑造培育机制。在实际教学环节中,让劳动教育浸润不同类型的课程,做到"处处有劳动,人人会劳动"。同时,要避免陷入"填鸭式教学"的误区,劳动教育只有在"学中做、做中学"的教学模式中才能大放异彩,任何片面式的教学都是对劳动教育的误读。

(三)强化社会劳动教育的辅助性作用

社会环境对学生劳动价值观的影响不可小觑。因此,要充分发挥社会对劳动教育的辅助作用,大力营造"劳动最光荣、劳动创造伟大"的社会风尚。在全社会形成浓厚的劳动氛围,加强媒体监管,坚守劳动道德红线,提升社会公众对劳动教育价值的认知,为新时期劳动教育创造良好的社会环境。

一是引导社会舆论,营造良好的劳动氛围。每个时代的劳动都有其独特形式,不同时期的劳动教育也带有时代烙印。新时期下我们应当以弘扬劳动正能量为主题,聚焦新时期劳动精神,讲好每一位在岗普通劳动者的故事,让劳动精神触手可及。同时,在宣传过程中要汲取经验,在以往宣传劳动精神时,多将劳动精神代表人物完美化,给民众带来不能望其项背的错觉,而普通学生群体更会认为自己的道德水平与先进模范人物相差甚远,宣传效果往往差强人意。现如今,我们应当挖掘日常生活环境中"平凡人"的劳动故事并进行宣传,拉近学生观念中理想与现实之间的距离,提高积极性、增强感染力。例如,在疫情防控期间,许多新闻媒体将宣传报道的目光转向奋斗在抗疫一线的医护工作者、警察、外卖骑手、志愿者等,跟踪报道他们在抗疫时期的无私奉献,让学生明白岁月静好的背后是他人的砥砺前行,适时地宣扬正确的劳动价值观,潜移默化地对学生进行劳动教育。

二是加强媒体监管,纠正错误劳动思想。媒体渠道已逐渐成为意识形态领域斗争的重要阵地。学生群体正处于认识世界的阶段,更容易受到消极观念的影响。许多学生认为"做网红""成主播"可以摆脱依靠"血汗"而维持生活,进而成为学生毕业时的"理想工作"。社会媒体在弘扬劳动正能量时,也要及时回应和纠正错误的劳动观念。同时,各类媒体也要坚守道德红线,不能一味追求所谓的"头部网红"而炮制低级趣味的内容。各行各业的新闻媒体更要加强职业操守,将积极向上的劳动态度,以大众喜闻乐见的形式输送给受众群体,进而转变陈旧的社会劳动观念,形成被赋予新内涵的劳动价值观。

二、完善劳动教育课程条件保障机制

劳动教育课程相比较于其他课程来讲,对所需的人力、物力、财力要求较高。劳动教育课程如果缺乏相应的条件保障,那么劳动教育依旧会停留在观念层面,很难转变为行之有效的实践教育,进而直接影响到劳动育人的成效。因此,有关部门能否制定出与学情相适宜的劳动教育条件保障制度,是决定劳动教育效果的关键所在。

(一)培养专业劳动教育教师队伍

教育大计之本在于教师,教师是劳动教育课程转化的关键。为解决劳动教育所面临的教学困境,需要一支具有高素质、有干劲、深怀劳动情怀的高水平劳动师资队伍。

1. 加强教师队伍的建设

首先，劳动教育作为一门学科，需要专业的劳动教育教师开展工作。现阶段，除中国劳动关系学院之外，其他高等院校中鲜有设立劳动教育专业，劳动教育教师没有规范化的培养体系。但令人欣喜的是，教育部公布2021年新增本科专业名单，在教育学类中新增了劳动教育专业，旨在改变劳动教育师资严重匮乏的局面。相比较而言，德国、印度等国家在其劳动教育教师培训中则设有系统的培训机制。

德国对劳动教师的培养涉及劳动教育过程中的方方面面，对每个维度的能力提升都所有设计。在培养劳动教育教师时注重系统教育与不定时的在职培训，并对劳动教育教师做出了整体要求，从知识储备、能力培养、角色定位、教学方法等方面进行综合学习，要求教师具备劳动相关的学科知识以及教学技巧，以解决在实际教学过程中所面对的复杂问题。

劳动教育教师培训要落实劳动育人机制，持续推进劳动教育教师能力提升。可增设一批劳动教育教师培训研修基地，开展劳动教育相关知识的轮训与专业培训；打造一批劳动教育综合研究智库，着重研究劳动教育课程体系、教学规律等；建设一批劳动教育名师工作室，打造"样板型"劳动教育示范课。因此，新时期推进劳动教育，必须着重打造一支出身专业的劳动教育师资团队，建立一套符合时代发展要求的劳动教育理论学科体系，加强对劳动哲学理论与技能提升之间的联系，强化培养专业师资，为开展专业化劳动教育奠定基础。好的劳动教育需要高素质的劳动教育教师队伍，好的劳动教育教师队伍则必须接受专业系统化的课程才能被培养出来。

2. 加强教师队伍的发展

首先，要注重劳动教育教师向复合型教师转变。劳动教育教师除了接受专业的劳动课程培养之外，还可以与思政课程、专业课程相融合，充分拓宽劳动教育授课群体，满足日后不同学生的需求。同时，复合型教师的培养不仅要求教师具有多学科融合的知识背景，还要注重知识与技能的双向提升。在培养劳动教育教师时，支持教师参与劳动实践活动，实践领域要广、程度要深，使其具备理论知识与实践技能相结合的能力，才能在教育过程中做到得心应手。

其次,提升教育教学效果,不仅要加强劳动教育教师的教学培养,也要壮大教师队伍。除了依靠统一设计之外,还应当盘活社会力量参与其中。各级院校可以充分利用社会资源,将社会各界优秀人才纳入劳动教育教师的行列当中。让基层社区优秀工作者、劳动模范等具有突出劳动表现的人成为社会导师,做社会的劳动教育传道者。通过这些优秀的劳动人才讲述劳动故事,展示劳动技能,将工匠精神、劳模精神生动有趣地展现给学生,切实增强劳动教育课程的感染力。例如,湖南省长沙市雨花区以扩大劳动师资规模的形式提升劳动教育实效。该区每年将拿出 160 万购买劳动人才服务,聘请非遗传承人进校园、进课堂,聘请 220 余名在各行各业中有所专长的家长组建兼职劳动教育师资团队,多方面提升劳动教育师资力量。

（二）健全经费投入使用机制

"巧妇难为无米之炊",劳动教育的落地实施需要教学经费的有效支撑。劳动教育所需要的资源是多方面的,尤其是能否有效地盘活经费资源支撑,将在很大程度上决定劳动教育是否有实效。由于劳动教育学科自身的特殊性,学科经费的投入较大、使用环节较多,包括劳动场地的建设、师资队伍的组建、劳动器材的配备等一系列都需要教育资金的投入。

为确保劳动教育工作的顺利开展,教育有关部门应当把劳动教育所需经费列入预算计划当中,杜绝"撒胡椒面",要逐年加大投入力度。各级院校相应地将劳动教育所需经费开支纳入教育教学支出计划当中。劳动教育师资的资金投入是劳动教育发展的首要保障。劳动教育专业教师的培养与发展需要时间的考验,经费的支持。通过对教育经费的合理规划,打造一支"双师制"劳动教育教师队伍,聘请具有较强社会实践经验的劳模、企业家等,建立学校劳动教育专家库,提高劳动教育社会化程度,提升人才培养质量。

加强对劳动教育课程经费投入,运用劳动教育课程的实际教学环节中,完善劳动教育课程相关设施的标准化、体系化建设,通过不断提高平均公用经费拨款标准,提高对劳动教育课程中所需教具、设施的经费补贴标准,用实打实的经费措施保障劳动教育课程。同时,为推动劳动教育的可持续发展,要搭建多形式筹措教育资金模式,以政府牵头采取购买社会机构服务的方式,为学校劳动教育实践活动提供更多种选择。

融合社会力量，政府可以适当颁布相应优惠政策，提升社会资本对劳动教育的投入比例，拓宽劳动教育经费的来源渠道。例如，政府在自然、红色资源丰富的地区开办研学基地，丰富劳动教育实践途径，开辟新的经济增长点，更是为劳动教育提供充足的物质经费保障。

（三）盘活多样化劳动实践资源

列宁曾就教育教学活动发表看法，他认为如果学习关在学校内，而与沸腾的实际生活脱离，这样的教育方式我们是不会相信的。劳动教育的场景是开放多元的，如果局限在某个特定教育场景内，劳动教育的目的就不能充分实现。因此，劳动教育要在充分利用校内劳动资源的基础上，盘活多样化的社会劳动资源。要创建一批劳动教育实践基地，农村地区以学农实践基地为主，城镇地区要为学生参加农业生产、工业体验、商业和服务业实践等提供实践场所。显然，除了传统的劳动教育场所外，社会中也都蕴藏着丰富的劳动教育资源，这些可以转化为劳动教育的实践场所，扩大劳动教育的影响力。

首先，产业技术的迭代顺应了劳动教育与时俱进的特性。以第一、第二产业为例，在此环境中学生所接受的劳动教育是最为接近其字面含义的，是包含大量体力劳动的教育，如受教育者可以直接参与农业活动中的采摘、加工等活动中，也可以参与工业活动中的搬运、操作等具体环节当中。在这种实践场所中，参与劳动的学生群体可以直观地了解到整个劳动流程，并第一时间看到自己的劳动成果。对于初步接受劳动教育的学生群体来讲，更容易切身体悟到劳动所带来的满足感。在开发劳动教育社会资源时，各级学校要因地制宜，根据受教育者的接受程度安排适当的劳动课程。

其次，利用农村劳动资源。农村充盈着生动有趣的劳动文化，我国大部分农村虽逐步实现农业生产现代化，但仍保留着一定的劳动原初形式，这也是受教育者亲身认识劳动的最好资源。在农村，类如播种、耕地、除草、晾晒等是直接反应劳动的词语，以及川渝地区的山歌、陕南各县的打夯号子以及本村口音的劳动号子，都是各类形式的劳动资源。教育者可以根据教学规律，有序地让学生参与其中。例如，将二十四时节所对应的不同农作活动打造为适合各学龄阶段的劳动活动，也可以结合当地农村区域的自然资源、红色资源开发系列研学劳动课程。其农村劳动课程的开发目标是让学生在农作中明白"春种一粒粟，秋收万颗子"

的劳动意蕴,体悟"流自己的汗,吃自己的饭"的内涵。

再次,利用城市劳动资源。不同于农村劳动资源,城市劳动资源呈现多样化、专业化的特点,也为劳动教育实践走进社会提供了更多的可能性。在街道小巷中,商场、医院、创业园区乃至科技产业园区内都蕴藏着无限的劳动机会。例如,上海市沙田学校就曾联系附近的市场,组织学生开展了半天"售货员"活动。这次活动让学生不仅体悟到劳动的辛苦,还学会了劳动的技巧,也体验到劳动的成就感。城市劳动资源可以从多方面满足不同认知程度的受教育者进行实践。小学生可以在商场担任"小掌柜",中学生可以在银行担任"审计员",大学生可以在创业园区担任"运营官",让更多的学生参与社会分工,感悟自身的劳动价值。

最后,利用其他劳动资源。除生产性劳动资源之外,劳动教育中的公益劳动、研学教育都是适合开展劳动教育实践活动的资源。在劳动教育的公益资源中,可以将图书馆、养老院、博物馆作为主要实践场所,学生可以扮演志愿者、讲解员等身份,在这样的劳动体验中,让学生在感受无私付出、帮助他人的快乐,深切体会义务劳动的意义。研学教育是近年来新兴的教育方式,研学教育意在发扬"读万卷书,行万里路"的教育方式,与劳动教育的目的不谋而合。研学旅行可以将教育阵地转向自然资源、红色资源或者是综合性实践基地等场所,依托学生的所见、所想、所感进行劳动教育。从研学旅行教育的整个过程来看,包括前期的研学物品准备、过程中的互帮互助、研学基地中的劳动实践、结束后的总结交流,无不具有劳动教育的功能。以广州市一所多功能综合性素质教育基地为例,每年可以接纳将近7万名学生,开展各项综合实践活动。在研学旅行整个过程中不仅可以锻炼提高学生劳动协作能力和调研能力,通过开展沉浸式劳动,也有助于学生提升综合劳动素养。

三、加强劳动教育课程组织保障机制

劳动教育课程建设是一项系统性的教学工程,需要一套完善的制度来保障其有效运行。近年来,在国家相关政策的全面推动下,各级政府对劳动教育的引导与扶持力度不断加大,"优先发展劳动教育"已成为教育界的共识。

（一）把握劳动课程方向

劳动教育作为联通教育世界、生活世界和职业世界的重要桥梁，本质上更需要三者联合支撑。然而，在现实世界中劳动教育的开展依旧面临重重困难，在实际教学环节中遇各方阻力，摆在我们面前的首要问题就是如何从顶层设计的高度确保劳动教育稳定运行。

1. 制定劳动教育政策，保证劳动教育课程实施

随着教育事业的不断发展，教育系统内部演化出不同分支，多业态发展呈主要趋势。而众多不同的教育分支领域都存在着一个共同的特征，就是对政府出台相应管理政策的诉求越来越明显。

好的教育理念，如果缺乏必要的保障制度，那么就会停留在观念层面，而很难转变为行之有效的教育实践。因此，能否出台具有科学性、合理性的劳动教育政策，是决定劳动教育能否从理念走向实践的关键所在。关于制定劳动教育指导性文件，国外具有较成功的经验。美国在1989年曾出台相关的职业发展指导方针，曾明确要求学生要正确理解与掌握相关职业技能。日本也曾通过修订教育法，把"正视劳动"作为教育过程中的主要培养目标。近年来，随着党和国家对劳动教育的不断重视，从2018年习近平总书记的系列讲话开始，我国共相继出台七部系列指导文件，从教育政策的高度规划了劳动教育的发展方向。

基于时代发展的需要，2020年我国颁布了在劳动教育史上具有划时代意义的劳动教育指导纲要——《关于全面加强新时期大中小学劳动教育的意见》（以下简称《意见》），这使得劳动教育从此有章可循、有法可依。同时，在各级政府层面，充分考虑不同地区的特殊情况与教学水平，在《意见》的基础上因地制宜地制定详细的劳动教育方案。各级教育部门也应当将劳动教育的教学成果作为年度考核标准之一，通过审核各级院校对劳动教育的师资、经费、场所、成果等方面，正确评价各级院校的执行状况，并要有能力发现在劳动教育开展过程中的问题，做到明确各主体责任，提升统筹协调和指导监督水平。在各级学校层面，要开展对劳动教育指导文件的统一学习与交流，切实领会文件精神，并落实到位。同时，针对不足之处要敢于发现问题、解决问题，勇于向相关部门提出改革意见，积极探索多元的劳动教育模式，在校园中营造热爱劳动的氛围，不断提升教育教学质量。综合来看，凡是参与到劳动教育环

节中的各个主体,都应不断细化《意见》的内容,出台地方性、学校性的政策条文来保障劳动教育的推进与落实。

2.注重教育设计,注重劳动教育的整体规划

大学阶段的劳动教育要重视劳动情操启蒙。劳动是学生成长成才的基础,关系到国家民族发展的未来。大学生毕业之后作为直接参与社会生产的一员,熟练的劳动技能、高尚的劳动情操与坚强的劳动意识是高等院校开展劳动教育的重点。大学阶段的劳动教育要摆脱中小学时期以基础劳动技能为主的教育内容,要结合授课学生的专业进行深度融合。同时,也要注重与多种创新性元素相融合,如开展创新创业教育,开发大学生的创造潜能,培养新时期社会工作者的创新性劳动意识。

新时期的劳动教育要与时代发展方向相呼应,要能够满足新产业、新技术对人才的需要,要把劳动教育与时代发展相结合,鼓励学生通过劳动实践认识社会,在具备扎实劳动功底的基础上开展创造性劳动,以创新劳动融入社会发展,实现个人与社会同向发展。

(二)确保劳动课程落地

有观点认为"科学的教育是立体的,它分为三个层面:学校教育、家庭教育和社会层面"。"三位一体"的教育理论注重学校、家庭、社会三者交互联动,但是忽略了政府在推动教育发展中的巨大作用。而劳动教育与其他教育培养明显不同,在过往缺少政府力量的支持下,劳动教育的回归往往显得力不从心,缺资金、缺时间、缺场地、缺师资成为开展劳动教育的阻碍。

在开展新时期劳动教育的过程中,借助政府、学校、家庭、社会四方面的力量,形成劳动教育合力。不同的劳动教育系统分属不同的功能,但四者之间相互影响,共同构成劳动教育协同化的教育格局。开展协同化劳动教育的格局,要打破以往劳动教育的模式,打造新形式教育模式。学校作为教育的主渠道,与政府、家庭、社会间的相互协同,从本质上讲是一种耦合行为。从劳动教育类型看,学校与各方参与主体间的耦合属于系统与系统间的耦合;从劳动教育内容看,学校与各方参与主体间的耦合属于内容的耦合;从耦合的松散程度来看,学校与各方参与主体间属于高内聚低耦合。

建立多方协同、互惠共赢的劳动教育开展模式,就是将学校与外部

教育主体间的不同资源优势相互补,以更好的劳动教育为共同目的,使各教育主体间的合作路径从模糊走向清晰,使多方合作的实施从松散走向系统。

1. 促进政校协同推进劳动教育课程

劳动教育改革始终是一项自上而下的全方位改革,国内外实践证明,政府在其中发挥着重要的推动作用,尤其是在资源整合、宣传引导等方面。对于一门新开设的课程,政府需要扮演好"导演"的角色,尤其是在劳动教育课程开展的初期,要帮助学校、社会等方面搭建好平台,为推进劳动教育铺好路。目前来看各级学校似乎还未找到一条适合校情的劳动教育道路,还仅依靠单一的纯理论传授进行劳动教育,依旧面临着劳动教育资源匮乏的困境。仅仅依靠学校自身的劳动教育资源是无法满足各年级学生对劳动教育的需要。因此,必须由政府主导,转变劳动教育形式,融合多方面劳动教育资源,设计相关的劳动教育课程,形成多种模式结合的劳动教育格局。

首先,政府应统一组织编写劳动教育课程教材,制定劳动教育教学大纲。在国家劳动教育指导方针的指引下,开展适合各学龄阶段的劳动教育教学活动,规划教学过程中的各个环节,确保劳动教育课程的效果。劳动教育教师与其他各学科教师一同进行合作式劳动教育,让劳动教育的课堂走进专业教学当中,拓展教育方式,形成沉浸式劳动教育课堂。同时,各级教育系统要牵头开展劳动教育优质课堂展示,通过重点扶持一批劳动教育教师和优质课堂,充分运用公开课、线上教学等模式,扩大优质课堂的覆盖面,让每一位学生都可以接受到最优质劳动教育。

其次,政府要同学校一道,扩展劳动教育实践场所。学校的劳动教育实践场所只能满足基本的劳动实践需要,整合社会劳动资源,推进社会实践与劳动教育结合势在必行。各地政府、教育有关部门应当高度重视,在充分了解各级学校的教育需求下,寻找合适的社会实践资源,为学校开展劳动实践添能助力。社会实践可以是社会企业,也可以是专业的实训基地。社会企业的劳动资源最接近社会生产的需要,也是未来学生生存发展必须要掌握的技能,政府可以通过购买社会服务等方式,为学生谋求劳动实践机会,探索新的劳动实践教育运行机制。实训基地的教育可以帮助学生系统性地提升劳动实践能力,由政府牵头,支持社会企事业单位建设投资实践基地,为开展学校劳动实践教育提供场所。例如,浙江乐清市各中小学因地制宜地推进绿色劳动教育基地建设。目前,乐清市已有41处"劳动基地",占地总面积303.2亩。各实践教育基地还设计一周一课程、一月一活动等多个项目,提供多种形式的实践活动,提高实践教育的育人成效,完善劳动教育课程体系。宣传引导是统一思想、鼓舞人心、凝聚力量的有力工具,在重视劳动教育中具有不可取代的作用。各级学校应当结合本校校情,积极发掘劳动教育素材,并向主管教育行政部门汇报。各级教育部门应当注重汇总当地劳动教育教学开展情况,宣传劳动教育所获成果,推广先进典型。

加大对劳动精神、劳模精神以及工匠精神的宣传与奖励,办好职业教育活动周和世界青年技能日宣传活动,在社会上营造热爱劳动的氛围。各级学校也应当结合本校实际情况,在校园内部有意识地营造劳动气氛,深入开展"大国工匠精神宣讲""劳模进校园""优秀毕业生回母校"等系列活动,引导广大学生群体学习体会社会工作者的劳动精神,在学生心目中树立高大的劳动榜样,培养学生的社会责任感与劳动荣誉感。

2. 促进家校协同推进劳动教育课程

没有家庭的密切配合,劳动教育的链条就不是完整的。落实劳动教育,家庭有着独特而不可替代的重要作用。因此,要充分发挥在家庭劳动教育中家长对学生引导示范作用,推动构建家校协同配合模式落实劳动教育。

首先,构建完善的家校联系网络。家校合作教学的目的是让学生在学校学习劳动新知,在家庭中落到实处,做到"学校学、家庭做"的劳动教育模式。学校教师要做好与家长之间的联系,一方面,可以充分调动家长参与学校教学的积极性,提升劳动教育的效果,家长可以做好"监督者""协助者"的身份,与学生一同参与到劳动教育中来,与学校形成劳动教育合力,助力孩子全方位成长;另一方面,家长可以向教师及时反映学生学习状况,有助于学校及时了解家庭劳动教育的状况,通过分析评估,切实解决家长在开展家庭劳动教育时所面临的问题,增强劳动教育实效,为学校下一步开展劳动教育提供依据。

其次,布置家庭劳动作业。学校教师有目的有计划地布置家庭劳动教育作业,引导学生有意识地参与到家庭劳动中去,与学校劳动课程形成合力，产生更好的效果。在这个教育过程中，要充分发挥学校的引领作用与家庭的资源优势。根据学生的学龄水平布置合理的劳动作业，让学生在自己力所能及的范围之内体验劳动的乐趣。为了保证劳动作业的质量，教师要与家长保持密切的沟通，利用现代化的交流方式，监督学生劳动作业完成的情况，并给予评价。通过布置家务劳动作业，既能拓宽劳动教育场景，又能在实际场景中锻炼劳动能力。

3. 促进校社协同推进劳动教育课程

我国著名教育家陶行知先生曾提出著名的"社会即学校"的教学理念。他强调要充分利用社会的力量参与教育教学，打破学校教育的闭环，把学校教育放入社会当中去，让社会发展方向指导教学目标。脱离了社会生产的劳动教育就失去了根基，如同无源之水、无本之木。因此，推进劳动教育课程落地，离不开社会的扶持与保障。

首先，要扩展劳动教育社会资源。将劳动教育课程开到社会当中是校社协同构建劳动教育课程的最优解。共建共享劳动教育基地，充分利用社会中教育资源，如少年宫、综合实践基地等场地，扩宽劳动教育视野，开展劳动实践教育。让社会场景中的劳动成为学生提升综合实践能力的重要场所，不断提高学生劳动协作能力、创新能力、自我发展能力。各方可充分调动社会相关部门的力量，搭建资源公益服务平台，在学校的带领下，走进社区，开展公益服务活动，不仅可以帮助学生更快地融入社会，也可以培养学生勇于担当的意识和社会责任感。例如，成都市金牛区通过资源整合的方式，打通"学校＋社会＋学生"培养路径，形成校社协同"新链接"。

其次，开展产教融合，打造劳动教育课程新模式。产教融合从本意上来讲是指企业为学生群体提供实训实习机会，与学校直接合作开展劳动教育，把产业与教学进行密切结合。现阶段，产教融合的主要形式主要包括提供实习实训岗位、接触一线工作岗位、操作设施设备、接受企业技术培训等方面。实习实训岗位资源是社会企业特有的劳动资源，在劳动教育中有独特的育人价值。学生在实习实训当中了解企业的生产流程、管理制度，学习实际生产中的新技能、新方法。在实习实训中，高级工程师、管理人才可以迅速引导学生将所学理论知识应用于具体劳动实践，快速缩短理论知识与实际应用之间的距离。企业不仅可以为劳动教育提供实践场景，也可以综合利用资源优势，开发和提供相应的企业培训课程。在学校学习理论知识,在企业练专业技能,搭建劳动教育人才培养课程的框架。在具体实践中,厦门市内多所职业中专学校与企业合作构建了 3dsMax 教学资源库,兼具行业特色的同时,实战性也得到加强,明显提高了该课程的教学质量。

（三）增强劳动课程实效

劳动教育督导作为新时期教育教学督导体系中的一个重要组成部分,其核心是构建可量化的劳动教育课程督导评估指标体系。目前,传统劳动教育督导评估面临着督导制度不完善、缺乏详细督导内容以及督导方式落后等问题。因此,对劳动教育设定具体督导方案时既要充分考量到学校开展教育教学过程中的基础性要求,又要兼顾到学校特色发展。因此,为达到理想教学督导结果,从基础性督导考察办学条件、发展性督导考察教学方向、创新性督导考察发展潜力等方面入手,实行多元化的督导评价模式。

1. 基础性的劳动教育督导评价

基础性维度的劳动教育督导主要是评价学校开展劳动教育的基础条件与保障环境。各级各类学校在充分学习劳动教育政策方针的基础上,制定符合本校校情的劳动教育课程体系。从基础性督导评价方面出发,督导指标主要围绕劳动教育课程的教学环境、课程安排以及专业劳育而设定。教学环境督导指标主要囊括基础性教学设施、教师队伍、组织领导、校园文化四个方面,开展劳动教育教学活动,必须利用好现有"环境",避免陷入误区;课程安排督导指标主要囊括劳动教育通识课、劳动教育学分、社会化劳动课堂、特色劳动课程四个方面,要着重厘清劳动教育实践与理论知识的关系,二者互为补充,共同承担立德树人的时代任务;专业劳育督导指标主要囊括融合式劳动课堂、参与专业劳动实践、专业人才劳动目标三个方面。劳动教育开展必须"因校而异",不能将劳动教育理解为机械式的重复劳动,要建立起一种以培养劳动精神与专业能力的劳动教育体系。

2. 发展性的劳动教育督导评价

发展性维度的劳动教育督导主要是评价学校开展劳动教育未来发展可能性的各类指标。当前,劳动教育的主流发展模式是在坚持以生为本的教育理念基础之上，追求学校劳动教育课程的深刻内涵。从发展性维度出发，应该鼓励各级各类学校建立劳动教育自我发展机制。发展性督导评价指标主要包括课程思政劳育、实践育人两类指标，是学校进行劳动教育的核心教育方式和实践扩展路径。德智体美劳全面发展的教育方针要求注重学校德育与劳育并行，各有其侧重点与规律，但多数教育专家与一线教育工作者认为二者密不可分、相互联系，认为劳动教育是思想政治教育的重要组成部分。课程思政劳育督导指标主要囊括劳育融入思政课程类别、学分、大纲、课题等方面。劳动教育融入思政课程中既提高了学生整体素养，也拓宽了思想政治教育的途径。实践育人是实现理论与实践深度结合的重要方式，可以帮助学生快速适应社会需求。实践育人督导指标主要囊括科研竞赛、创新创业、实践方式、实践次数等指标。

3. 创新性的劳动教育督导评价

创新性维度的劳动教育督导主要是评价学校开展特色劳动教育的评估。劳动教育课程并不能完全标准化搭建，要与当地教学资源、学校办学传统等紧密相连，使劳动教育达到一校一品牌、一校一特色。从创新性督导评价方面出发，监督指标主要围绕着特色劳动教育课程展开，主要衡量学校劳动教育的独特性。特色劳育主要囊括特色课程、特色定位、特色成果、特色推广等方面。通过创新性的特色劳育督导评价可以帮助各级各类学校提炼出本校的教育教学特色，明确劳动教育的发展定位，真正做到"人无我有，人有我优"，更好地提高劳动教育教学成果质量，推动各级各类学校劳动教育课程规范、有序地开展。

第五章

新时期高校大学生劳动教育的践行

当前,高校大学生劳动教育不仅需要掌握充分的劳动理论知识,而且还需要开展大量的劳动实践,大学生需要在树立健康的劳动心理的基础上,积极践行校园劳动实践,同时参与社会劳动实践,提升自身的劳动实践能力。

第一节　树立健康的劳动心理

一、发挥学生劳动心理意识作用

（一）提升劳动境界，主动承担社会责任

培养大学生的劳动心理，首先要从学生自身出发，以马克思主义劳动思想为基础，把劳动看作自己应尽的义务和光荣的职责，将自身价值与社会价值紧密联系起来，为了国家和集体的利益，自觉自愿投入劳动。

大学生应当增强集体主义意识，增强社会责任担当，在日常劳动中自觉把国家和人民的利益摆在首位，正确处理权利与义务、付出与收获的关系，积极投身公益、服务奉献，利用课余时间，参与社区建设、环境保护、抢险救灾一线，注重培育公共服务意识，以国家富强、民族振兴、人民幸福为己任。因此，要着重培养大学生形成蕴含"爱岗敬业、争创一流、艰苦奋斗、淡泊名利、甘于奉献"等一系列丰富内涵的奉献精神和集体主义精神，这是社会主义社会广大劳动者的精神向往和道德追求。养成大学生甘于奉献的精神品质，不怕吃亏的态度，在工作与生活中不计较名利得失的心态。重在培养大学生的社会责任感，明白要在个人和社会的统一中创造人生价值，尤其在面对重大疫情和各种风险挑战时，要树立公共服务意识，心系人民，回报社会。

习近平总书记提出的"人类命运共同体"理念，从人类世界和全球发展的层面将大学生的社会责任感的立意提升到了更高的境界。建设人类命运共同体，意味着全世界人民追求共同的梦想，承担共同的责任。大学生必须树立全球视野，增强合作意识，深入学习贯彻习近平新时代中国特色社会主义思想，增强"人类命运共同体"的认同，在劳动心理上向共商、共建、共享、合作、共赢的理念靠拢，将个人劳动心理与世界更快更好发展相结合，追求真正意义上的自我实现、达成个人与人类社会发展的统一。

（二）调试劳动心理，着力磨砺劳动意志

劳动意志是学生在劳动中根据自己确定的目标和承担的劳动任务，调节自身行动，解决难题，实现预定目标的心理倾向，也是当前大学生劳动心理的薄弱部分。大学生处在获取职业技能、由校园走向社会的关键时期，提高他们在劳动过程中面对困难的心理调节能力和解决问题能力，对于他们日后走向工作岗位至关重要。

劳动过程中的情绪体验会直接影响到劳动的效率和成果，因此学生在劳动过程中要用积极的心态和充沛的信心来面对劳动过程中的困难和挑战，劳动积极性和信心的树立可加强劳动价值观在大学生思想中的坚固地位，并为后续的劳动提供心理支撑。在劳动心理的调试过程中，一方面，大学生要通过劳模精神、工匠精神的宣传学习，将模范人物的先进事迹和精神内化为自身的劳动心理，做到对劳动过程中的困难有良好的心理准备。大学生只有不断练就强大的心理素质，再通过积极的实践锻炼，才能在以后的竞争中脱颖而出。另一方面，大学生要培养艰苦奋斗的劳动意志，形成吃苦耐劳的劳动精神。艰苦奋斗是我国的优良传统，也是党的一贯作风，更是劳动意志的必备要素。让学生在劳动教育中明白在实现祖国复兴大任的道路上，必然要承担艰巨的劳动任务，必然会遇到各种各样的劳动困难，需要不断磨炼劳动意志，永不放弃，迎难而上。艰苦奋斗重在实践，只有将劳动心理转换为自觉的行动，才能发挥意识的能动作用，在认识世界的基础上达成自己的目标，最终改造世界。劳动实践的过程不会一帆风顺，在遇到劳动中的困难与挫折时，大学生要做好心理建设，以坚定的决心和顽强的毅力，克服艰难险阻。

二、利用家庭劳动形成健康劳动心理

（一）营造良好家风，提高家长劳育水平

家长的言行对学生的劳动心理具有潜移默化、深远持久的影响。针对当前家庭劳动教育中存在的对劳动教育内涵的片面理解和重学业轻劳动教育的倾向，要从转变家庭劳动教育理念出发，在提高家长劳动教育水平的基础上，营造良好的家风，加强学生的家庭劳动教育。

一是要营造良好的家庭劳动氛围。家庭氛围也叫家风，体现着一个家庭的精神风貌，对学生的劳动行为、习惯和观念具有深远影响。树立崇尚劳动的良好家风,对培养良好的劳动心理具有积极作用。在日常生活中,家长要以严格标准要求自己,为学生做出表率,努力营造"劳动伟大、劳动光荣、我爱劳动、我要参与劳动"的家庭氛围。家长要有意识地为学生制订家庭劳动教育计划,为学生分配合理的劳动任务和劳动时间,把家务劳动和劳动教化相结合,锻炼学生的动手能力。在劳动教育过程中家长和学生不可避免会遇到一些摩擦,家长要与学生耐心沟通,传授自身的劳动技巧与经验,帮助学生克服心理和身体上的困难。

二是要发挥家长的劳动示范作用。父母工作态度和父母工作行为的示范作用将对大学生劳动心理产生重要影响。家长应该为学生树立好榜样,用正确的劳动心理对孩子进行引导。只有当父母拥有正确的劳动心理,他们才能进一步影响学生对工作和劳动的热爱,帮助学生加深对劳动的理解。家长必须坚持学习并不断更新劳动教育理论,充分认识劳动水平直接关系到学生未来的生活水平与生活质量,家长不仅要帮助学生树立正确的职业选择观,还要引导学生树立勤俭节约的意识,自觉抵制大肆浪费。在日常生活中家长应该以身作则,积极主动投入家务劳动中,引导学生学会自立,懂得掌握劳动技能与学习知识同样重要。在必要时,可以通过家校专题讲座、线上线下家庭劳动教育宣传等形式向家长普及劳动教育的重要价值,改变家长对劳动教育的片面认识。

(二)遵循成长规律,促进劳动教育衔接

社会、学校、家庭是劳动教育的三个主要场景,其中,只有家庭教育会贯穿劳动教育的始终,承担着促进劳动教育不同学段和不同主体间相互衔接的重要作用。

一是利用家庭教育,促进小学、中学和大学劳动教育过渡。家庭劳动教育要遵循孩子的认知和成长规律,在不同的成长阶段辅以适合的劳动教育,内容设置要注重层次化、结构化、时代化。在小学阶段,劳动教育的主要任务是培养孩子的劳动认同感,懂得劳动最光荣,以活泼有趣和有参与感的劳动活动,使他们感受劳动的趣味性,掌握安全劳动的常识。在中学阶段,劳动教育的主要任务是教导学生掌握一定的劳动技能,激发中学生的劳动积极性。在大学阶段,劳动教育应该立足于中华民族复兴的伟大远景,不断完善孩子的劳动理念,注重劳动的创新发展,培养孩子为人民服务的意识。

二是利用家庭教育,促进家庭、学校与社会劳动教育衔接。家校衔接方面，家长可以通过了解孩子在学校学习的理论内容，为孩子提供学校所不具备的劳动教育资源，促进理论知识向实践能力的转变。在家庭与社会衔接方面，家长可以鼓励、动员孩子"走出去"，多接触社会，在社会中寻找实现人生价值的机会，还可以利用自己的人脉资源，为孩子提供更多社会实践和实习的机会，为未来孩子走上社会打下更坚实的基础。

（三）构建和谐健康的家庭教育环境

和谐向上的家庭氛围是大学生健康成长必不可少的基本条件。因此，为了更好地激发家庭育人的积极影响，家长要从内心重视家庭健康劳动环境的营造。

首先，父母要规范自身，做好言传身教，以身作则，在做好本职工作之余，利用家务劳动创造教育机会，让家庭中的每个人都参与到劳动中去，感受合作劳动的快乐。

其次，父母自身要更新劳动教育观念，突破传统应试教育体制下"学而优则仕"的落后观念，在注重智育发展的同时也要关注其劳动教育的均衡发展，父母自身要客观看待体力劳动和脑力劳动，切忌有轻视体力劳动者的行为，要引导孩子尊重各行各业的劳动者，珍惜劳动者的辛勤成果。

最后，家长要善于利用家务进行身临其境的劳动教育，如让孩子学着自己整理衣物，在劳动过程中独立思考找到处理家务的方法，抑或是利用适当的奖励机制鼓励孩子进行劳动，通过劳动获取报酬才会更加明白幸福生活的来之不易，付出和回报永远是对等的。古人云"家正则国定"，因此构建良好的家庭教育氛围是大学生劳动教育的重要基础，也是国家繁荣复兴的社会根基。

（四）积极引导大学生主动劳动的兴趣

随着劳动越来越被异化成惩罚的教育手段，人们往往会选择逃避劳动、敷衍对待劳动，并逐渐丧失了劳动的基本兴趣。父母相比较学校和社会更了解孩子特质和性格，因此也最容易掌握吸引孩子进行劳动的兴趣方式。尤其是大学阶段的学生有了一定的理性思维和分析能力，不能仅仅拘泥于简单的家务劳动，善于引导开发孩子在家中的创造性劳动能力，放手让其自己安排制订学习安排，提升学习效率，自己做好力所能及的家务琐事。另外，大学生即将走入社会成为真正的劳动者，因此会面临一定的择业压力,家长应该抓住这个特殊的教育机会,在良莠不齐的网络信息的环境下,由于孩子缺少社会经验容易滋生好逸恶劳、享乐主义的价值倾向,此时家长应督促孩子树立正确的劳动观和择业观,在工作岗位上踏实勤奋、吃苦耐劳,切忌眼高手低、好高骛远。当面对生活困难时,家长应该给予耐心的指导,善于利用逆境教导孩子乐观积极、转变思维方式、充分利用集体和团队的力量去解决问题,感受团队协作和集体劳动的重要意义。

（五）与学校共同形成劳动教育合力

尽管高校作为大学生劳动教育的主要场所,承担着大学生劳动教育最主要的育人任务,但是作为与大学生最密切的家庭同样对大学生劳动教育起着不可小觑的作用,因此单靠高校难以达到劳动教育的最优效果。

首先,学校要主动承担起劳动教育的主要责任,尽可能地全面调查研究在校大学生的劳动需求及学校的劳动教育资源和特色,因地制宜地制定、组织、安排更具特色、更加符合社会需求的劳动教育内容和劳动教育实践形式。

其次,家长要厘清学校教育和家庭教育之间的内在联系,积极配合高校劳动教育教学工作,在督促引导大学生完成学校学习任务之余,积极调动学生的劳动积极性,充分利用好学校的寒暑假及节假日创设多样化的劳动实践。

为了更好地打造协同育人成效,高校要实现与家长的密切联系与沟通,必要时定期为家长提供专业的指导和培训,引导学生家长树立正确的价值观,以身示范为大学生树立良好的模范作用。家庭、学校作为大学生劳动教育启蒙、学习阶段的重要主体,要明确各个育人主体的教育责任,在合作共赢的协同育人理念下协调好各育人主体的利益诉求。

第二节　践行校园劳动实践

一、大学生劳动教育与实习实训相结合

实习实训是高等教育教学环节中的重要组成部分,高校学生在实习实训中必然会遇到一系列问题,只有在解决问题的实践过程中才能真正加深对专业理论知识的理解,提高专业能力和自身综合素质。劳动教育作为当今的一种教育方式,不仅是高校培养人才的重要环节,还是培养社会主义建设者和接班人的主要途径。强调大力弘扬劳动精神,树立尊重劳动的理念,着力培养实践能力、团队协作能力。实习实训注重的是培养学生的团队意识和解决问题的能力,为此,强化实习实训在劳动教育中的地位,是贯彻大学生劳动教育的重要途径。

第一,要优化实习实训教学体系,加强与劳动教育融合。充分明确劳动教育在教学体系中的目的、任务和教学方法是将劳动教育融入实习实训的先决条件。要建立科学的实习实训课程体系,即高校在课程内容设计上必须紧紧把握相关专业教学质量国家标准,开设出一批具有本行业特色和就业密切相关的多学科课程,融合企业对相关工作人员的行业标准,了解课程教育是提高学生基础理论知识和专业素养的第一场域。

第二,要增设对学生在实习实训过程中的监督和管理机制,及时校准学生在实习实训中出现的不良现象或错误认知,确保劳动教育可以落地生根。首先,要建立学生参与实习实训时的标准,着重培养大学生的创新创业能力和动手能力;制定和完善实训场所的规章制度,如对实训基地工作的考勤、教学评价、教学反馈等的完善。其次,发挥教师的引导作用。实训工作的开展离不开教师的指导,学生个人探索知识的能力极其有限,缺乏指导可能会使其学习效率低和做许多无用功。最后,明确学生实训的目标,避免学生像"无头苍蝇",没有自己的目标性和方向感。

第三,要提高劳动教育在实习实训考核评价的地位。在劳动教育的实际展开过程中,要充分注重教师和学生的双向互动,实现教育过程的"教学相长",劳动教育要想顺利开展,关键在于能不能将教师的教学与

学生学习的主动性和积极性调动起来,而一套合理的考评体系将对二者起到很好的激励作用。一方面,学校应将劳动教育纳入教师的考评中,强调教师在劳动教育中"言传身教"的作用,在教学过程中充分发挥榜样带头作用,用实际行动向学生展示出"如何尊重劳动、热爱劳动",潜移默化地教育学生将尊重和热爱劳动铭记于心并践行于日常的学习生活中。另一方面,学校对劳动教育实行学分制,通过参考大学生在劳动教育课程的课中表现、课后劳动行为,给予相应的学分,营造出尊重和热爱劳动的氛围,激发学生对劳动的兴趣,体悟到劳动的内涵和乐趣,最终达到日常主动学习、主动劳动的目的。

二、大学生劳动教育与志愿服务相结合

劳动教育效果如何,关键要看劳动理念与劳动实践是否进行了有效结合。我国历来注重将教育与劳动相结合,但在实际的教育教学过程中,或多或少出现了教育方针不能落地的问题,劳动教育的育人功能往往得不到有效发挥。因此,必须将大学生劳动教育与志愿服务相结合。

一是要健全各级各类志愿服务组织。当前劳动教育在高校的各项工作中客观上依然处于边缘化地带,各高校要坚持因地制宜,充分利用已有的资源优势,聘请地区内优秀劳动模范为学校劳动教育兼职教师。在学校日常活动中渗透劳动教育,组建一批具有"品牌"影响力的大学生社团,以辐射的方式对其他高校社团进行"渗透"。对其他地区乃至国外的先进经验进行借鉴,发挥志愿活动在劳动教育中真实场景的作用。利用社区、街道、敬老院、托儿所等各类福利保障机构资源,建立起"学院—机构"相结合的劳动教育志愿实践平台。以这些平台为依托,开展劳动教育和志愿服务活动。

二是要创新志愿服务模式。为了解决高校内不重视劳动教育的问题,各级教学主管部门应建立起第二课堂成绩单,把志愿服务纳入高校共青团第二课堂成绩单管理,在此基础上加快第一、第二课堂二者之间的融合。第二课堂在设置中首先要紧紧围绕育人中心,将基础劳动知识融入志愿服务,让高校学生在志愿服务的社会实践中培养正确的劳动态度和劳动情感,充分发挥第二课堂的实践优势,让第二课堂更好地服务于教育事业总体布局。另外,要构建完善的学分体系。在志愿服务的学分获得上,也要针对不同学生群体进行有针对性的设计,其中应包含按

次获得学分制、自主申报获得学分制、学时折算学分制等。同时，要量化结果，高校要建立相应的网络技术平台，对志愿服务的选课、审批、实际完成度等课程学习过程给予技术支持，根据各个过程的实际要求，有所侧重地将学生的志愿服务情况反映到第二课堂成绩单上。

三是根据实际需要，拒绝生搬硬套，根据学生志愿服务的实际需要提供相应的志愿服务手册。高校要广泛采纳学生、教师在实际服务中出现的问题和意见，对志愿服务手册进行适当频率的更新，真正让志愿服务手册可以解决学生实际的问题，并在教材中结合实际，向学生教授适合的劳动知识和劳动方法。加大对志愿服务的研究力度，高校要对劳动教育指导手册编写进行有力、有侧重的支持，对此类课题项目进行理论上的指导和资金上的支持。对相关研究成果的转化更需重视起来，强化研究成果的普及和传播。

三、大学生劳动教育与创新创业相结合

面对全球产业革命和科技革新的挑战以及我国当前转变经济增长方式下经济增速暂时换挡、产业结构调整等情况，党中央，国务院从国家中长期发展角度提出了"大众创新，万众创业"战略部署。高校作为创新主体，承担着科研攻关的使命重担。

一是要培养大学生的创新精神，树立创业意识，激发劳动创造力。大学生要想实现个人的全面发展，就必须将创新、创业意识作为自己继续完善的一种个人素质。大学生群体具有认知水平高、思维活跃、接受新知识速度快的特点，本身就是创造发明和创新创业的主体。高校通过对其开展劳动教育，激发出他们巨大的潜力和强烈的创业愿望。通过劳动教育的加持，大学生可以扫除创新中的迷惑，找到正确的创业方向，选定更加适合自己的学习方案。因此，创新创业教育离不开劳动教育的正确引导，劳动教育也一定要把创新创业教育作为自己教学内容的一部分，通过培养学生的创新意识进而挖掘出学生的自我潜能，在以自身能力为保证的前提下提升创业能力，从而展现个人能力，创造劳动价值，反映社会需求。

二是要丰富创新人才培养方案。劳动教育与创新创业教育需要被纳入同一人才培养体系，融入人才培养的整个过程。高校的人才培养方案要重点思考怎样提高学生的创新能力和创业意识。作为一项系统性

工程,劳动教育在融入创新创业教育过程中要对引导学生关注社会发展热点引起重视。高校各部门要整合、出台相关可操作文件,定期沟通所发现问题,汇总多方信息进行协调联动。与此同时,要通过教学课堂和校园文化两个途径坚持对大学生进行劳动教育的渗透工作,形成理论学习、情感接受、文化渲染的多维度教学模式,使得人才培养过程更具活力,培养手段更加丰富。

三是积极引导学生参加创新创业实践,提高动手能力和创新思维。创新创业作为劳动实践的一种重要形式,是大学生劳动教育实践性的直接表达。课堂教学、课下活动和校外实习是大学生创新创业实践的三个必要环节,教师要充分用好实践教学时间,在规定的课时融入劳动技术教育。高校应大力支持学生进行创新创业活动,为取得一定成功的创新创业小组提供讲座机会,分享创新心得体会,对已经落地的创新创业项目举行公开路演,进一步激励学生的创业热情。

第三节　参与社会劳动实践

一、发挥社会在劳动教育培养中的渗透性作用

(一)创新劳育形式,拓宽社会培养渠道

劳动教育具有突出的实践特点和时代特性,社会劳动教育的开展必须依托大学生的成长背景和当前的社会环境,不断改进教育方式,更新教育理念,以满足大学生对劳动教育的需要。在社会劳动教育形式上,应该从以下几个方面进行创新:

其一,要符合时代特点。科技的腾飞、通信的便捷和网络的覆盖,不断更新着大学生的学习方式,劳动教育也要紧随时代发展,不断引进新媒体,如可以通过采用线上平台讲好劳动教育课程;在社会宣传中,可以在传统纸质媒体的基础上运用各种直播平台,扩大劳动教育的辐射范围,增强劳动教育的穿透力度。

其二,要彰显大学生的特点。大学生是伴随着互联网长大的一代,他们思维活跃,乐于接受新鲜事物,传统的课堂教学难以调动他们的积

极性，因此在劳动教育中可以充分运用实习、实践、实训等方式，组织学生走进社会、体验社会劳动锻炼，激发学生的劳动热情和劳动创新能力，让学生亲身体验靠劳动创造成果的获得感。

其三，要契合大学生的需要。大学生更加关注劳动教育的实效性，可以从劳动与未来职业发展的角度出发，为学生建立创新创业办公室，一边为学生提供创新创业咨询，让他们了解创业的最新政策，一边免费为学生提供创新创业的场所，降低大学生创业门槛。还可以从劳动与精神世界发展的角度出发，举办劳动讲座，邀请劳模进社区、进街道，分享他们的故事，宣传具有代表性的劳动人物，可以弘扬劳动精神、深化劳动情感、培养爱心意识，引导大学生破除对体力劳动的偏见，进而营造良好的劳动教育氛围。

（二）鼓励多方参与，构建社会支持系统

社会劳动教育具有丰富的内容和多样的场域，具备学校和家庭劳动教育所不具备的功能，要想将社会劳动教育的效果达到最大化，必须引导各种社会力量加入劳动教育中，使社会各方面发挥优势，形成高效协同的社会劳动教育支持系统。[①]

一是要加强党对劳动教育工作的领导。党的领导是社会正常开展劳动教育的根本保证，党中央要高度重视劳动教育工作，把劳动教育作为培养新时期综合型和技能型人才的有效途径，在劳动教育的理念和方针政策上提供指导。同时，许多高校和社会劳动教育组织存在实践活动预算不足的问题，需要党中央设立专项资金，保障劳动实践的正常有序开展。

二是企业应加强对劳动教育的支持力度。各类公司、企事业单位组成了庞大的社会劳动系统，涉及社会生活的方方面面，应该积极加入社会劳动教育中。一方面，企业要为大学生提供劳动教育平台。有条件的企业可以设立专门的大学生工作车间、实训基地、科研工作室等，还可以通过暑期项目的形式，每年选拔优秀的大学生到单位进行实习，使他们切身体会劳动的意义，并在社会劳动中逐步明晰自己的职业目标。另一方面，企业要为大学生劳动教育配备专业的指导师傅。在学生实习、

① 陈雅倩.新时期大学生劳动教育的实现路径研究[D].华东师范大学，2022：15.

实训过程中,通过有经验的师傅的指导,学生的劳动能力及劳动教育可以得到快速成长。除此以外,企业还可以和学校展开合作,以采访、讲座、交流会等形式,安排劳动模范、先进工作者等与学生进行面对面的交流,用劳模精神和事迹鼓励更多的大学生参与劳动实践。

三是社区、协会和各类社会群众组织要积极参与劳动教育建设。各类社会组织要主动参与社会劳动教育,不断丰富大学生的劳动教育情境,提供包括公益活动、志愿服务、社区劳动、农场体验以及假期劳动实践在内的劳动活动,主动构建、畅通社会劳动教育的机制,形成多主体共同参与的劳动教育社会组织系统。

二、大学生社会劳动实践路径的多位协同

在当代社会条件下,新时期劳动教育深刻认识到劳动与中国特色社会主义之间的内在关联性,是培养有理想有担当的时代新人的应然之举。然而,面对劳动教育对象的差异性、教育内容、传统劳动教育模式的根深蒂固等诸多困境,任何单一主体都无法承担劳动教育综合育人的根本任务,多位协同已然成为探索新时期大学生劳动教育路径的应有之义。

新时期劳动教育的价值得到了进一步彰显,更加注重学生素质培养的全面性、劳动教育的多主体协同参与性,为了最大程度发挥劳动教育特有的育人价值,引入协同理论积极构建国家、社会、学校、家庭及个人五位一体的多位协同模式,劳动教育新格局的开创需要各方主体坚守各自责任,全方位协同。

(一)政府加强劳动教育的顶层设计

劳动教育顶层设计要坚持马克思主义系统论为指导,从宏观层面做好大中小劳动教育的全局规划,集中有效资源针对立德育人的根本任务,对于劳动教育的相关负责部门及工作人员的职责进行统筹规划与部署。政府主管部门是劳动教育系统中的主导因子,对于其他主体功能的发挥起着调控性作用,因此可以在制定政策、完善法律制度层面把好关。学校作为劳动教育的主要抓手,可以从教学内容、教师队伍、教学方式等发挥主阵地作用。社会组织、家庭都是劳动教育宏观体系中的重要环节,对于劳动教育成效的巩固发挥着补充性的作用。

1. 推动大学生劳动教育相关政策精准落实

为了适应不同历史时期的发展要求，对于"培养什么人、怎样培养人、为谁培养人"这一根本问题，亟须以德智体美劳"五育融合"的融通理念，整合重构全员、全过程、全方位的教育教学资源。"五育融合"站在整体系统式思维层面，与传统思维相比，更加关注各育之间的关联度、衔接度。从大学生劳动教育的长期规划来看，我国目前开展的劳动教育往往将增设和单列劳动教育专项课程作为首选，这在一定程度上加重了学校课程体系的负担，如果处理不当，会造成与其他各育课程的分离与相当程度的削弱。显然这不是我们落实"五育融合"的根本解决之道。

首先，为了全面发挥劳动教育的育人价值，只有实现劳动教育与其他各育的交叉融合。譬如，在智育中引入劳动教育，让孩子从意识上明确劳动教育不只存在于田野工厂中，更广泛地渗透于日常教育教学中，实现劳动教育的常态化。各地政府结合本地区地域优势、人文背景、劳动环境等针对性地制订大学生劳动教育实施方案和具体教学计划，为劳动教育需依托的理论和实践争取更多的发展空间，在知行合一的语境下，以劳动教育理论为指导、以实践为根基，实现课程内容资源共享、运行模式学用结合、培养过程内外联动。

其次，立足于立德树人根本任务，抓好顶层重构，系统梳理各类课程体系，建设劳动教育资源和平台，探索与构建劳动教育体系框架，旨在构建特色鲜明的改革路径和内涵式发展模式。一是积极探索"理论学习＋项目实践"等知行合一模式，督促各个院校落实劳动教育理论课程建设以及专业实习、专业服务类、社会实践类环节。二是以创新创业为突破口开展劳动教育实践，掌握具体的新知识、技术，从而创造性地解决实际问题。

最后，劳动教育的发展离不开国家财政教育经费的支持，一门课程从计划提出到进入课堂中间需要经历课程开发、师资招聘及培训、配备劳动教育教学设施、建设劳动教育基地、制订劳动教育教学计划、制订劳动教育考核评价体系等环节。而每一个环节都需要财政部和教育部下拨劳动教育专项经费给到各高校开展劳动教育。高校要合理使用劳动教育专项经费，合理分配到劳动教育基础设施、教师队伍建设、开发劳动教育资源、支持劳动教育科研等各个领域。

2. 完善劳动教育相关法律法规

党的十八大会议报告中明确提出,党的教育方针是根据我国时代发展需要、根据我国人才培养目标所制定的,其科学性和人民性要求我们坚持贯彻教育方针,使得教育为社会主义服务、为人民服务。随后,全国人大相继修正《中华人民共和国教育法》,进一步落实教育方针根植于中国大地的教育属性,强化生产劳动和社会实践相结合的必要性,以法律的形式将全面型人才的培养从理想建构上升为国家意志。而《中华人民共和国教育法》从地位上来看是教育领域的根本法,对于我国其他教育法规及规章的制定发挥着根本性的指导作用,具有最高的法律权威,应该将劳动教育以具体条款的形式纳入教育方针,明确劳动教育相关细则,让大学生劳动教育有法可依。

党的十九大报告翻开了新时期的篇章,提出以劳动托起中国梦是实现第一个百年奋斗目标的必要抓手,坚持党的教育方针不动摇,以大力推进素质教育,促进教育公平和教育普及,培养担得起中国梦的建设者和接班人。第十三届全国人大常委会第二十八次会议进一步修改《中华人民共和国教育法》,使之成为依法治教的法律基础,明确教育的实质是为社会主义现代化建设供给人才、为人民提供更高效便捷的服务,推进生产劳动和社会实践相结合,党中央决定以立德树人的根本任务指导教育均衡发展,增强受教育者社会责任意识、创新能力及实践水平。但是相比较德智体美教育,劳动教育在各高校的开展显得过于随意,整体来说,劳动教育在高校教育体系中呈现薄弱化、边缘化的趋势。《中华人民共和国高等教育法》在教育的根本法上以发展高等教育事业为己任,不断深化高等教育教学改革,是不断提升我国教育质量和水平的有效法律支撑,高等教育以人才培养质量为衡量成效的主要标准。大学阶段的劳动教育应该与中小学阶段有所区分,在强调专业知识学习以提升专业技能之外,丰富劳动教育社会实践活动。

党的二十大报告中多次提到教育,凸显了我们党对教育工作基础性地位的充分肯定和高度重视。二十大报告中明确提出,到二零三五年把我国建设成为教育强国、科技强国、人才强国的发展目标,指出"教育、科技、人才是全面建设社会主义现代化国家的基础性、战略性支撑",首次从党和国家事业发展全局的高度,将教育、科技、人才一体安排、统筹部署,高度评价了教育对于新征程全面建设社会主义现代化国家的基础性、先导性、全局性地位和作用,对新时代新形势下教育事业的发展提出了新的更高的要求,赋予教育新的战略地位、历史使命和发展格局。党的二十大关于教育工作的战略部署,对于当前和今后一个时期,全党全国全社会牢牢把握教育这个国之大计、党之大计,为加快推进教育现代化、建设教育强国、办好人民满意的教育而不懈奋斗,具有重大现实意义和深远历史意义。

3. 构建"四位一体"的劳动教育机制

全面育人体系的构建需要不断加快五育融合的进程,为了深化教育教学改革,为了进一步深化教育教学改革,提高义务教育阶段的教学质量,中共中央颁布相关文件指出世界范围内的各种竞争归根到底是国人素质的竞争,素质教育是尊重人的首创精神和个性差异,以应对知识经济挑战的基础教育。我们越来越认识到人才培养不仅仅是高校的责任,也是家庭的义务,更是国家和社会的使命和担当。大学生劳动教育内涵的丰富性、途径的多元性、教学方法的多样性决定了社会、学校、家庭及个人四位协同的必要性和重要性。其中,家庭教育作为劳动教育启蒙的起步阶段,父母关于劳动的知与行对孩子劳动价值观初步养成产生潜移默化的影响。

此外,劳动习惯大多也是形成于这一时期,通过合理的家庭分工让孩子从小就明白责任的重要性,认识到只有通过劳动才可以收获自己想要的生活。家庭日常性劳动虽然形式简单,但是从中养成的良好劳动习惯却可以一生受益,为今后走向社会开展生产性劳动、服务性劳动奠定坚实的根基。高校作为大学生劳动教育的主阵地,承担着全面育人的使命和任务,为此要在着力发挥课堂教化育人作用、建设专业化多元化的教师队伍、强化劳动教育核心领域的配套改革举措、加强组织领导等方面做出战略部署。社会是检验大学生劳动教育成效的重要场所,针对当前社会劳动教育资源挖掘不充分、分配不平衡等现实问题,要着重构建劳动教育的社会实践平台,加强校企在劳动教育基地建设、高素质人才建设方面的合作培养,各类社会主体作为国民教育体系的重要支柱,要积极承担社会责任,辅助学校协同育人,将劳动教育的各项要求落实做细应以辛勤劳动为根基培养学生的拼搏意志,以创新劳动为催化剂,增强劳动教育的内生动力。

（二）社会搭建丰富的劳动教育载体

1.加强舆论引导，发挥社会宣传教育媒介

信息科技和多媒体日益催化互联网的舆论发酵功能，在组织动员群众力量方面展现出强大优势。网络日益成为思想政治教育的主要场域，依托网络技术实现思想政治工作的延伸，极大地更新了传统思想政治教育的模式。因此，正确地引导社会舆论，有利于在全社会树立正确的劳动价值观，营造热爱劳动的社会氛围。尤其是在这个人人都是自媒体的时代，一些"网红"凭借恶搞、低俗趣味、炫富等在短视频平台快速走红，直接诱导了正处于价值观形成时期的青年大学生，刺激了功利主义和拜金主义、享乐主义的滋生，扭曲的劳动取向与我国社会主义核心价值观渐行渐远。因此，大众传媒要肩负起纠正舆论偏差和价值观引导的责任，一方面，针对舆论纠偏可以通过肃清净化网络空间，加大惩戒力度，对网络空间造谣传谣、宣传不劳而获、恶意炫富等现象进行严厉打击；另一方面，针对价值引导可以借助媒体以小见大，通过宣传渲染普通人物的劳模典型事迹及劳模精神，讲述他们是如何在平凡的岗位上兢兢业业、恪尽职守、默默付出的榜样事迹。加大对各校劳动教育先进经验、典型案例、优秀成果的宣传推广力度，遴选特色学校、示范基地、试点项目以及先进个人，通过主流媒体及易班、学习强国等平台进行专题宣传和展示，形成引领和辐射效应。除此之外，善于利用电视节目、文学作品、社交平台等大学生喜闻乐见的形式歌颂普通劳动者、宣传优秀劳动者。鼓励广大文艺工作者做好带头示范，将中华民族传统劳动美德融入以劳动文化素材为中心的作品中去，弘扬新时期的劳动者奋斗精神，致敬朴素而伟大的劳动者。

2.企事业单位要发挥文化育人功能

企事业单位大多由企业、院校、科研院所等组成，无论是直接从事生产还是专注于科研工作，都是大学生毕业后进入社会开展社会实践，培养劳动模范、弘扬劳模精神的第一场所。因此，作为社会的重要组成部分，企事业单位承载着推动劳动教育的重要工作。因此，为了更好地发挥企事业单位的文化育人功能，可以从以下几个方面入手：

首先，营造"热爱劳动、劳动光荣"的工作文化氛围，良好的企业文化是高效率工作和团结协作的灵魂。通过企事业单位内部的奖励机制宣传鼓励员工在自己的岗位上争做劳动模范,将辛勤劳动、诚实劳动的劳动文化融入企事业单位的精神中,用文化熏陶人、感染人。

其次,建立劳动规范考核机制,针对考勤、志愿劳动、主动劳动、创造性劳动等板块设置考核指标,培养选树劳动楷模,对大学生专业知识和技能进行指导培训,在耳濡目染中感受优秀劳动者的精神品质。保障专人负责运营,提供多元化的劳动教育实践形式,制定合理化的劳动教育运作程序。企事业单位特别要提供充足的资源,打造创造性劳动所需要的创客空间,联合学校打造创新创业平台,鼓励在校大学生依托学校和社会资源进行创造性劳动,培养大学生的创新性思维和素养,为国家、社会储备人才后备军。

3. 挖掘社会资源,拓展劳动教育实践平台

劳动教育作为实践性很强的一门课程,单纯靠理论的灌输,缺少与实践的有效结合,将很难真正实现劳动教育的目标。为了更好地推进高校劳动教育,特别是改善以往劳动教育资源匮乏、形式单一的困境,试图在全社会建构多层次、宽领域的立体劳动教育空间。

首先,要秉承着整合共享的理念,由政府出资、企业和高校多方参与,共同建设功能完备、安全多元、功能齐全的综合性劳动教育实践基地,便于普通高校及职业类院校学生能够参与就业实践、环境治理、惠农服务、社区管理等活动中去。

其次,充分整合工厂、企业、社区现有社会资源,挖掘潜在资源搭建"市、区、校、班"四级活动载体和平台,坚持生态为基础、生产为内容、生活为目的的三位一体的劳动实践内容,在具体生产性、日常生活性、创新型劳动中凝练劳模精神,与弘扬红色文化、创新创业文化、非遗文化相结合,满足学生的个性化劳动需求。

最后,明确劳动教育数字化转型是劳动教育现代化的必经之路。建立劳动教育云平台,整合当地优质教育资源,培育数字化的劳动教育体验中心,根据大学生的身心发展规律,开发符合学生年龄特点、兴趣意向的劳动教育系列网络产品。实施以互联网为依托的劳动教育模式,丰富劳动教育形式,拓展劳动教育网络空间,创新劳动教育成果。

（三）发挥社会劳动观教育的渗透作用

1. 政府要加强对劳动观教育规范指导

劳动观教育是一项长期的系统工程，要想使其取得明显的成效，离不开政府政策制度的支持与保障。自 2020 年，全国各地高校掀起了讨论及开展劳动教育的热潮，但由于尚处于起步阶段，在具体的执行上遇到了各种各样的阻力与限制：在劳动教育开展情况中，对劳动观教育的重视程度及开展现状方面出现两极化现象，也出现了有劳动没教育或有教育没劳动的现象；部分高校开展劳动观教育实则"有心无力"，即没有师资、劳动实践基地等；还有大学生劳动观教育与中小学劳动观教育之间出现断层，甚至各阶段界线模糊，每一阶段的目标并不明晰，导致大、中、小劳动观教育之间的连贯性不强。因此，政府担任社会管理的组织者与执行者，发挥着穿针引线的突出作用。

首先，在督促各类高校重视及加强劳动教育方面，要充分利用法律的重要性。新时期，在立法层面把劳动教育纳入法律范畴，有助于提升劳动教育的地位，完善人才培养体系。

其次，劳动观教育必须在国家政策中得以体现，政府要做好符合大学生身心发展特征的劳动教育总体部署和相应配套措施，除此之外，政府还要加强提升该类教育的理论研究，为当前教育的开展提供坚实的理论基础。

再次，学校要积极跟随政府领导，统筹规划落实大中小学各个阶段的劳动观教育，从而更好地在全国范围内开展系统化、体系化的劳动观教育，在落实劳动教育过程中不断摸索该教育的实践路径和教育方法，结合不同年龄阶段学生的真实需求和身心发展状况制定合理的劳动观教育内容，在课程设置、人才培养方案等层面做好内容的分配，以充分展示劳动观教育的针对性、综合性和差异性等核心特征，从而帮助各个阶段学生深刻体悟马克思主义劳动观内容，进而培养学生形成正确、与时偕行的劳动观，拥有一种勤俭节约、奋斗不息、敢于创新的劳动精神。

最后，政府要发挥自身整合社会资源的重要作用，加强对师资、经费、场所等各方面的保障。例如，加大对劳动观理论与实践研究的经费支持，大力关注劳动相关学科及领域的发展情况，牵头组建全国性的劳动观教育学术组织；加强基础、职业及高等劳动观教育之间的合作交流,共享劳动实践基地场所,使劳动观教育系统协调推进。

2.营造良好氛围,形成正确的劳动价值观

（1）发挥劳动典型的榜样作用。"榜"木立直标,"样"木影不屈,优秀的榜样具有强大的鼓舞力和感召力。先进的劳动模范是新时期劳动在单一个体上的具体映现,不仅能够给我们明确方向,起到示范作用,还可以凝聚力量,做表率,起到春风化雨的作用,对当前社会发展有强大的引导力。因此,从当前大学生劳动观现状来看,需要挖掘各行业中始终践行劳动观且能激励当代大学生的先进人物,学习和弘扬榜样的先进事迹,发挥他们的正向引导和骨干带头作用。例如,深入学习科技工作者的创新精神,学习医务工作者的奉献精神,挖掘教育工作者的奋斗精神,挖掘基层干部敢于正视及破解难题的拼搏精神。因各行各业的劳动榜样是劳动观的具体化、形象化,在新时期大学生劳动观教育中弘扬劳动典型,不仅可以作为大学生进行劳动观教育的鲜活教材,增强教育内容的示范性,而且可以使大学生感受到劳动观并不是虚幻的观念,激发大学生的劳动情感,进而使大学生把对先进典型的崇拜转化为脚踏实地的行动,在全社会形成崇尚劳动的良好氛围。

（2）深挖劳模精神的内在价值,发挥其价值引领作用。劳动模范是广大劳动群众在各行各业的生产实践中,为国家、为人民做出突出贡献的杰出代表,具有一定的榜样示范作用,是人们学习和奋斗的目标,而由劳动模范延伸出来的"二十四字"劳模精神具有丰富的内涵。劳模精神不仅是大学生劳动观教育的重要内容,更是大学生从"学生"转向"劳动者"的重要"牵引器"。因大学生毕业后最终都将走上工作岗位,无论走向哪一行业、从事哪一职业,都要具备基本的劳动素养和良好劳动精神。

因此,通过不断挖掘新时期劳模精神的内在价值,丰富大学生劳动观教育的内容,强化对学生劳模精神的教育,充分发挥劳模精神的价值引领作用,使大学生具备基本的职业价值观,助其能够更好地担当民族复兴大任。

第一,"爱岗敬业"体现了对广大劳动者的基本要求,这要求我们在对大学生进行教育时,注重培养其热爱劳动、尊重劳动、干一行爱一行的敬业态度,发自内心地产生对所从事职业的敬畏与热爱,保持恭敬谨慎的态度。"争创一流"则体现了劳动群体开拓奋进、敢为人先的进取精神,这表明大学生在劳动中要充分发挥主观能动性,敢于超越自我,形成精益求精的精神。

第二,"艰苦奋斗、勇于创新"是广大劳动模范在劳动工作中展现出来的不怕苦、不怕累,坚持奋勇前进,敢于、善于创新的优良品质。结合当下大学生劳动意志不坚定、不愿到艰苦偏远地方工作的现状,将劳模精神纳入当前的教育内容,使大学生明白奋斗最幸福、劳动最伟大的,培养其奋斗精神。

第三,"淡泊名利、甘于奉献"是劳模群体更高层次的精神境界,也是劳模精神的价值目标。在大学生的价值认知中,付出劳动后获得相应的利益及回报是理所应当的,但是大学生过于强调结果的重要性,反而产生了以结果为主导的功利化的价值取向,表现为个人利益高于社会利益。而劳模精神提倡的淡泊名利、甘于奉献与其恰好相反,它倡导的是不为名利等身外之物所累,是强调个人要在为社会奉献的过程中实现自身的人生目标。通过挖掘劳模精神的内在价值,不仅充实和丰富了大学生劳动观教育的内容,也使每一名大学生在具体劳动中遇到挫折与困惑时有了精神的鼓舞与激励,持之以恒、磨炼意志、愈挫愈勇,更好地通过勤勉劳动成就属于自己的精彩人生。

3. 借助媒体平台,加大宣传力度

(1)充分发挥传统媒体宣传劳动观的载体作用。在新媒体的冲击下,纸媒等传统媒体虽然表现出一定的颓势,但与新媒体相比,它稳定性更强,更加专业系统、针对性强、公信力高,更易被公众接受。因此,加强大学生劳动观教育需要充分发挥传统媒体平台的载体作用,如在书刊、报刊等传统纸媒上增设劳动者专栏,既可以对马克思主义劳动观、新时期劳动观进行报道及解读,也可以刊发评论文章,使大学生深入对劳动观理论层面的认识,更新拓宽劳动认知面,进而才能更好地从理论的角度解释当前不断出现的劳动现象,肯定劳动的价值。可以通过拍摄社会各行各业的宣传片,使大学生初步了解各行业的基本内容及真实生活,使其明确努力的方向以及着重培养的能力,不至于在大学阶段沉溺于肤浅的生活追求,在业余时间投入劳动实践中,不断砥砺打磨自己,获得高级而不流俗的快乐。还可以从普通劳动者及劳动模范两个视角入手进行集中宣传,讲好劳动故事、讲好奋斗故事,通过拍摄纪录片,走进他们的工作与生活,讲述他们鲜为人知的故事,传播正能量,讴歌最

美劳动者,使大学生学习弘扬劳动及劳模精神,在遇到困难挫折时有精神动力坚持下去。

（2）注重利用新兴媒体平台加强劳动观教育的时代作用。基于互联网的发展,新型传播方式层出不穷,新媒体的出现一方面使得人们获取信息及知识的渠道愈来愈多,只要有网络,人们一键搜索就可了解到过去至现在所有记录发生的事情及备受关注的热点。另一方面,与传统纸媒相比,新媒体具有传播速度快、可以即时交流等特点,可以引起广大公众对社会事件的实时关注与评论。处于"Z时代"的大学生,从小接受多媒体的影响,以这些新媒体为窗口来了解社会资讯及热点事件已成为他们日常生活的一部分。因此,加强大学生劳动观教育,要迎合他们的时代特点与需求。一是充分利用新媒体平台成立劳动观教育专题,推送与大学生实际生活相关的劳动事例,宣传劳动模范事迹,弘扬劳动及劳模精神,使大学生在潜移默化中完善对劳动的全面认识,培养对一切劳动者的崇敬之情,学习劳动模范的精神品质。二是充分发挥权威学者及科学家在新媒体平台中的作用。在当前众多社会劳动话题的热议中,更多的是微博大V、粉丝较多的网红博主对舆论的引导和宣传,有时几乎看不到权威学者的身影,这很容易使大学生在众说纷纭的繁杂评论中失去对劳动主流的认识。所以,鼓励并支持相关学者入驻新媒体平台或借助官方媒体平台以网络直播、线上云讨论等方式实现实时与大学生同频交流,了解他们的劳动观现状,帮助大学生解答其在社会现实与认知之间存在的困惑,有利于他们从内心认同接受、在行为上践行新时期劳动观,更好地达到目标要求。

（3）坚持用管并进,优化劳动观宣传的网络生态。鉴于过分自由的网络环境及大学生"三观"并未稳定的现象,政府要加大对传统媒体及新兴媒体平台的监管及审核力度,充分扮演好"守门员"的角色,为大学生营造积极、良好、清朗的用网环境。媒体平台上的不少负面社会事件引起了不小的轰动,如演员过高收入与普通劳动者基本维持生活现状的收入差距太大,带动了不平衡的劳动价值观,与当下的社会主义核心价值观相悖；各视频平台网络主播靠直播打赏为主要收入来源,使部分大学生产生不想从事实体工作的错误认知；一些企业超负荷工作已成常态等。因此,政府要加大对各媒体平台发布内容的审核力度,使其充分意识到自身的责任与义务,要求围绕时代主旋律发声,凝聚思想共识,传播正能量,直面社会丑恶现象,对于社会上存在的错误观念和恶意攻击的言论,激浊扬清,构建理性和谐的平台环境。除此之外,要加强对媒体平台建设的规范与监管,政府通过制定基本的规则制度等规范各平台的活动范围,明确推进规范的落实,确保媒体平台的可控可管。例如,在自媒体命名方式上,通过出台非公新媒体运营号的命名规范,明确官方与非官方的差别,使大学生便于在众多鱼目混珠的个人媒体中,找到主流媒体平台,减少负面消极劳动信息的输入。

4.注重家庭劳动观教育的基础作用

在教育越来越符号化、功利化的社会环境中,要想使大学生形成正确的价值观,家庭则需做好最初的价值指引,因此就要重新审视父母的角色定位。如果说家庭是"劳动创造一切"观念得以形成和巩固的基地,那父母则是学生接受劳动观教育最好的导师,是孩子成长的第一引路人。父母的一言一行都对大学生劳动认知、劳动习惯、劳动精神的形成产生潜移默化的影响。只要学生在家庭中形成正确的劳动认知和良好的习惯,学校的主导作用和社会的支持作用才能有效发力,才能实现劳动与教育的深层次融合,为发挥劳动观教育效用奠定基础。

（1）家长要改变劳动观教育理念

首先,家长要改变自身的教育理念,摒弃"重智轻劳""学而优则仕"的错误思想。当前,很多父母希望孩子通过好好学习,努力提高学习成绩,为的是以后远离比较辛苦的体力劳动,希望其从事体面且轻松的工作。这种通过主观意象将人类劳动划分为高低贵贱的不同等级,以及将不好好学习就会从事所谓"低端劳动",这种"社会精英""狼性法则"的教育方式,会使学生出现轻视体力劳动、不尊重劳动成果的消极态度。因此,家长要转变劳动观教育理念。全面认识劳动的价值与意义,在思想上重视劳动,摒弃只要成绩、不要劳动的错误观念,鼓励孩子树立用自己的勤劳创造美好生活,让孩子体会到"四个最"的劳动价值才是正确的价值观念。家长应当更新就业观念,引导孩子树立正确的择业观。大学阶段作为学生进入社会的最后一关,在对大学生的劳动观教育方面,则更需侧重引导其在就业时,要坚持灵活性和务实性的原则,打破条条框框和固定思维模式,克服保守的择业思维定式和求稳怕乱的择业思想,坚持职业无贵贱,行行出状元的理念,鼓励孩子通过诚实劳动、创造性劳动追求和实现理想。父母要开辟思维,更新对劳动及行业发展的认知,新时期的劳动已不再局限于体力劳动,要清晰认识到当前大学生毕业后下基层、进车间也并不是对大学所学知识的荒废。

其次，父母长辈要做好榜样示范，规范自己的言行，作一个尊重劳动、热爱劳动的人，将自己对劳动和劳动人民的热爱感染给孩子；在日常生活中，父母把自己对待体力劳动和体力劳动者的态度作为对孩子劳动分工观的最直接有效的"教科书"，这些都会在一定程度上逐渐内化为孩子的劳动意识和行为习惯。

（2）家长要主动寻求科学的教育方法

针对大学生来说，其与中小学生不同，在主观方面，大学生有最基本的判断是非的能力，在思想上更渴望挣脱父母的保护，具有创新与冒险的冲劲。在客观方面，在大学阶段，他们有更多可供自己支配选择的时间与条件。因此，在此种背景下，父母也要有针对性地调整劳动观教育的方法。

一是根据大学生的发展特点，充分尊重大学生自身的选择，给予大学生试错与决定的权利。有不少家长以少走弯路为由，以"过来人"的经历妨碍大学生就业、专业选择等，甚至将自身的观念强加给孩子，这在一定程度上反映了父母还尚未清晰自身的角色定位，仍以大包大揽的方法来教育孩子。相反，对于大学生而言，父母应该适当放手，尊重大学生自身的选择，鼓励支持其在具体的实践中提高解决问题能力，培养其创新和担当意识。与此同时，当遇到挫折、困难时，注重引导，培养其吃苦耐劳、有始有终的品质。

二是加强与高校之间的交流互动。一方面通过参加学校的研讨交流培训，基本了解高校针对大学生劳动观培育的计划方案，做好辅助监督作用。例如，大学生在寒暑假期间参加相应的劳动实践锻炼时，父母在保障孩子安全的前提下，充分发挥自身监督作用。另一方面，家校之间的交流互动也有助于学校更好地了解大学生在家庭的基本劳动情况和兴趣点，在保障基本劳动观培养方案的执行基础上，针对学生的差异性，靶向发力，促进大学生劳动观的精准建构。

（3）家长要充分挖掘家务劳动的育人价值

家庭中的劳动观教育具有率先性、密切性、生活性、多样性。家长要通过让孩子帮忙做家务的过程中，养成劳动习惯、培育劳动精神。心理学家威兰特对美国某一地区490名孩子进行了20年的跟踪调查，通过对比是否参与家务劳动的孩子成长轨迹发现：从消极层面的失业率、犯罪率来看，爱做家务的孩子明显低于不愿做家务的孩子；从收入的多少、社会地位的高低及对自身的满意评价来看,前者的占比也比后者高,从这两个方面的对比来看,从小培养劳动习惯,更有助于孩子的全面发展,使其形成健全的人格。因此,在家庭教育中,父母需要重视以下几个方面:

一是要在家务劳动中科学引导,形成热爱劳动的良好家风。由于中小学没有着重培养学生自我服务能力,导致现如今一部分大学生并未有良好的生活习惯和基本的生活技能。所以,在日常生活中,父母要有意地将自身的成长经验与生活技能传授给孩子,既能让孩子学到许多劳动技能,又学到丰富的生活常识和科学知识。

二是家长要进行合理的家务分工,家长与孩子各司其职,共同劳动。在劳动实践中要注重培养他们的家庭责任感,一方面,不仅要让其意识到最基本的家务劳动也要投入自己的努力,教育其不能轻视任何劳动;另一方面,作为家庭的一分子,任何人都要承担相应的责任,都有义务让这个家庭更舒适与和谐。

三是家长在对孩子进行劳动观教育时,要注意方式方法,要知道使孩子参与家务劳动最主要的目的是让其在思想上重视、态度上认真、行为上积极。因此,在具体的操作过程中,不能仅仅在乎劳动的结果,而是侧重劳动过程中对其劳动观念的纠正,及时对其正确的劳动行为进行鼓励,确保其在持续长久的劳动中锻炼意志品质。

第六章

新时期高校大学生创造性劳动的培养

高校大学生劳动能力的提升需要注重多个层面,不仅需要掌握充分的劳动理论知识,而且还需要展开大量的劳动实践。另外,大学生还需要基于已有认知,进行创造性劳动,拓展自己的创新思维,提升自身的创造能力。本章主要研究新时期高校大学生创造性劳动的培养。

第一节　大学生创新思维与创新精神的培养

一、大学生创新思维的培养

（一）创新思维的内涵

一个民族要想走在时代前列,就一刻也不能没有创新思维,谁拥有创新思维,谁的脑子就灵活,谁应用创新思维,谁的天地就宽阔,谁善于创新思维,谁认识问题和解决问题的方法就多样,谁实践创新思维,谁的创新、创造成果就丰硕。创新思维能力也是一个人、一个民族、一个国家获取成功的钥匙,是衡量一个国家竞争力的主要标准,也是衡量一个民族整体素质的重要尺度。对个人来说,创新思维能力是成才的核心因素,一个人能否成才,创新思维能力起着决定性作用。

创新思维能力是创造力的核心。人头脑中的创新思维是人的一切创新活动的"骨髓""基石"。人们早已从实践经验中总结出了这样的认识:"只有想得到,才能做得到;只有想得好,才能做得好。"没有思维中的创新,就没有实践中的创造。中国有句谚语:戏法人人会变,各有巧妙不同。人的思考活动也是这样,问题人人会想,各有巧妙不同。有的人想问题弯过来绕过去,半天也理不出个头绪。有的人却能快刀斩乱麻,很快就把握住问题的脉络和关键。有的人只善于想比较简单的问题,想自己长期以来所熟悉的老一套问题,碰到复杂的新问题便束手无策、一筹莫展。而有的人不仅在思考常规问题时能驾轻就熟、应付自如,在陌生的、需要有所突破创新的问题面前也能得心应手、左右逢源。如此差异,反映了他们的思维能力尤其是创新思维能力的水平。

人的创新思维能力不是先天具有的,而是后天培养形成的,对它的培养并不是主观随意的,而是有着丰富的科学内涵的,需要按照逻辑的、科学的规律进行。一个人只要拥有创新的意识,领会创新的精髓也就铺垫好了创新的基础。中华民族是世界上智商最高的民族之一,具有潜在的创新思维能力和创造能力,挖掘其创新思维潜能,加强创新思维的理论学习和研究,并在实践中自觉培养创新思维能力是十分必要和可行的。

（二）大学生创新思维培养的目标

1. 创新思维可以不断增加人类知识的总量

在创新思维指导下，人们会探究一些未知的领域，对一些未接触的事物进行发现与探索，然后将这些新发现的知识存储在自己的大脑之中。这样就能丰富自己的知识，增加知识的积累情况。

2. 创新思维可以开发人的潜能

人的大脑有左脑与右脑之分，二者所发挥的作用是不同的，但是二者有着紧密的联系。一般来说，人的身体会受到二者的交叉控制，左脑对人体右边的神经与感觉进行控制，右脑对人体左边的神经与感觉进行控制。人们习惯使用右手就说明人们对左脑的重视与运用，但是这会对人的右脑予以忽视。创新思维就是要求人们多使用右脑，将人的思辨能力、观察能力、幻想能力、识别能力、分析能力、欣赏能力等激发出来。因此，创新思维对人的潜能的发挥是非常重要的。

3. 创新思维可以不断提高人的认识能力

创新思维活动及创新思维能力是无法模仿的。创新思维能力的获得需要从知识面出发，结合分析能力与感染力，并考虑个体是否了解现状、是否了解历史等。通过创新思维，可以将这些能力调动起来。当然，只有这些能力经常被调动，人们的认识能力才能够真正地提升。

4. 创新思维可以引导人们获得创新成果

基于创新思维的指导，创新者在不断探索的时候，会带着问题对世界进行观察，对某些现象进行研究，并逐渐进行思考，提出问题，提出自己的观点，对某些事物加以批判，也愿意从不同的角度出发去研究问题。当然，自己开阔了自己的思路，就更容易获得创新的结果。

（三）大学生创新思维培养的策略

1.教育观念创新是前提

在教育创新中,教育观念是前提。教育人员需要以现代教育思想作为指导,对人才培养目标与内容、培养模式与方法进行重新审视,对现有的教育观念与思想加以反思,探究新的问题与方法,从而努力探究教育改革与发展的突破点与增长点,以教育观念的转变带动教育改革的进步。具体来说,主要从如下几点努力。

（1）创新教育目标

传统的教育目标是为社会培养出合格的人才,因此教育强调共性培养。在这样的教学中,学生处于被动的地位,学生学习的兴趣逐渐降低。因此,教育目标必须更新。现在的终极教育目标就是促进人的全面进步与发展。这需要教育者发现每一位学生的长处。实际上,每一位学生都有创造力,关键是教育者能否发现。在教育实践中,不仅要明确每一位学生都是独特的,而且要对差异予以尊重。基于此,对学生的各种潜能进行发掘,这样才能促进学生的进步与发展。因此,需要因材施教,这一点最早是由孔子提出的,并被应用到教育中。在因材施教过程中,教育者需要在同一性的基础上,为个体留有充分的发展空间。

（2）创新教育模式

传统的教育存在统一的教学大纲、课程安排、教材与教法,甚至评价方式也都是统一的。社会需要创新人才,就需要对传统的教学模式加以改革。现代的高等教育主张成长教育,需要在一定条件下尊重学生的主体地位,让学生能够自由、主动地进步与发展。例如,学校可以根据社会发展与专业建设情况,设计菜单式教学内容;学生可以从自身的兴趣与爱好出发,选择学习不同的内容模块,从自己的知识出发,对自己的能力进行发展。

另外,在课程形式上,学校要不断增加灵活性,适当减少课堂教学的比例,保证操作性与实践性,把选修课、必修课等课程组合起来,建构成体系;将课内教学与课外实践相结合,让学生有时间与空间从事自己感兴趣的学习与工作,为学生创设个体发展的情境。

（3）创新教育的组织形式

传统教育的组织形式是以学科课堂作为基础,主要是教师在台上讲授、学生在台下听课。这样的教育组织形式不能满足学生的创新思维与创新能力发展。因此，现代教育需要对组织形式加以变革，提倡以问题作为中心，实现跨学科的建构。这种以问题作为中心的教育形式强调学生主动参与其中，培养学生发现问题与解决问题的能力。

没有问题，就没有创新；有了问题，才能不断找寻解决的方式与方法，才能有创新的能力与思维。一般情况下，那些善于提出疑问的学生，好奇心与求知欲更强，观察力与想象力更棒，逻辑思维能力更为严谨。因此，教育者应该鼓励学生提出自己的疑问，让课堂变成师生之间的对话。提出疑问需要学生具有广博的知识，这样才能勇于质疑与批判。为了培养学生发现问题的能力，教育者在教学中可以采用案例法、讨论法等启发式方法。

2. 激发创新意识是重要路径

所谓创新意识，即人们考虑自身的社会需要与生活需要，表现出创造新事物的动机，并将自己的潜能发挥出来的一种心理取向。简单来说，创新意识即创新的动机与愿望，他们是人们展开创新活动的内在动力与出发点，是创造力的前提。对于高校教育者而言，需要对大学生的好奇心、求知欲等进行培育，这样才能不断培养他们的创新意识。对于大学生而言，一定要坚持创新精神，在尊重知识的同时，还要提出相关问题并进行学习，在创造中获得新的进步。激发和培养创新意识的途径如下所述：

（1）提升发现问题能力

在现实中，很多问题需要我们解决。只有发现这些问题，才能以创造性思维去解决问题。要对发现问题能力进行培养，需要做到以下几个方面。第一，要独立思考。第二，要善于观察。第三，要有科学的批判精神。第四，要保持好奇心。第五，要善于积累经验和信息。

（2）有效激发创新动机

创新动机的产生，是离不开远大目标这一重要源泉的。只有目标远大，才会乐于创新，居陋室而不懈，处逆境而不馁，遇挫折而不丧志。只有乐于思考的人才会乐于创新。因此，乐于思考是诱发创新动机的激素。要想将创新动机激发出来，只是思考是不够的，还需要进行切磋讨论，这是非常重要的手段。切磋讨论可以激发自己的创新动机，使自己的思路不断拓宽，从而更加主动地投入创新之中。

（3）培养创新兴趣

兴趣是需要培养的,而培养的环境就是人的社会实践过程。一般来说,要想保证兴趣培养的效果与实际需要相适应,就需要保证兴趣培养与人的认识过程、社会发展需要相适应。这是最基本的条件。兴趣需要鉴赏力与理解能力,而鉴赏力与理解能力是基于一定的知识水平建构起来的。否则,即便是再独特的现象,也不会引起注意,不会产生发现它的兴趣。除此之外,兴趣的培养还需要好奇心的参与。好奇心能够让人们增加想象力与敏感性,将思维活动活跃起来。可以说,好奇是形成兴趣的直接导因。

（4）树立创新理想

创新理想即主体对目标的追求。树立创新理想,需要考虑如下几个层面的问题。首先,要将民族责任感树立起来,民族责任感是激发创新理想的强大动力。从学生的角度来说,要将爱国主义教育、民族精神和民族责任感教育作为重点,使他们确立崇高的创新理想,从而为创新创造做出贡献。其次,要对科学真理进行积极探索,只有树立为探索科学真理而甘愿献身的精神,才能激发出勇气和热情。再次,要学会并善于自我欣赏,善于自我欣赏是在创新创造活动中强化创新理想的重要手段。最后,在创新信念上要坚定,信念是有关社会和人的基本信条、基本志向或奋斗目标,是进入创新境界的重要前提。

（5）培养创新心理品质

创新人才要求有高尚的创新情感、创新意志和创新性格,这些都是良好创新心理品质和创新人格的主要内涵。对创新人才的创新心理品质的培养可以从以下几个方面着手:

①要培养创新情感。创新型人才不可缺少的一个重要的心理素质就是创新情感。积极、乐观、健康的情感和心理状态对于创新意识的激发、创新思维的发展和创新心理品质的完善都是非常有利的。要培养创新情感,有以下几点建议:

首先,要培养高尚的道德情操。高尚的道德情操是创新型人才必须具备的素质之一,也是创新心理品质的重要组成部分。培养高尚的道德情操的途径有三:一是帮助学生树立远大的理想,形成正确的世界观、人生观和价值观;二是通过榜样的力量,培养青少年学生的高尚道德情操;三是对学生的道德观念教育要耐心细致,晓之以理,动之以情。

其次,培养发现美、欣赏美、创造美的情感体验。自然的美景、精美的艺术创造、美好的社会现象都会给人带来美的享受。要做到这一点，就需要让学生享受自然美，然后鉴赏艺术美、体悟科学美、体味社会美。

最后，要培养幽默感。幽默感是指一种理解和表达幽默的能力。健康积极的幽默感能够有效推动创新思维的发展。同时，幽默感也是一种情绪的减压阀，有助于适度地缓解冲动和不安的情绪。因此，富有幽默感的人不仅有着丰富的想象力，还有着非常强的创造力。

②要磨炼创新意志。意志磨炼是指人的坚韧性、顽强性、克服困难的品质锤炼。"宝剑锋从磨砺出，梅花香自苦寒来"，坚强的意志为目标实现提供了强大的推动力。坚强的意志是克服困难的条件，是事业成功的保证。所以，要想达到自我实现的目的，就必须不断磨炼坚强的意志。具体来说，磨炼创新意志需要做到以下几点要求：

首先，要具有果断的决心。创新是智者与勇士的结合。创新型人才果敢品质的磨炼需要从彻底摆脱胆怯、拘谨和懦弱的心理开始，其中关键因素在于自信心的树立和正确的自我评价。

其次，要将坚贞不渝的自信心树立起来。自信心是创新事业成功的保证，是创新思维不竭的源泉。这就需要通过对独立自主精神的培养和切合自己能力的奋斗目标的确定来培养自信心，由此来保证精神和心理上的自我始终坚贞不渝、屹立不倒。

最后，要将坚韧不拔的毅力确定下来。坚韧性是指人的顽强毅力，不达目的誓不罢休的精神状态。创新活动有成功有失败，成功的创新活动都是经过"千磨万击还坚劲，任尔东西南北风"的顽强毅力才能实现的，与此同时，更多的失败的创新活动能够通过对毅力的激发来进一步实现创新活动。

③要养成创新性格。性格是人的个性心理特征的一个组成部分，是处于重要的核心地位的。个体之间的性格是存在差异性的，某种程度上，可以将性格看作一个人比较稳定的心理特征。人生塑造性格，性格描绘人生，创新的人生就是一个不断完善自身性格的过程。而良好的性格特征也为创新活动提供了必不可少的心理保障。要想培养创新性格，可以从以下几个方面着手：

首先，培养勤奋惜时的心理品质。勤奋指不畏艰难困苦，分秒必争，辛勤学习、工作和劳动。任何人的成功，都是要通过勤奋这个特质而实现的。"业精于勤荒于嬉"，就将勤奋的重要作用充分展现了出来。勤奋刻苦是创新成功之本，而珍惜时间、合理利用时间则是成为创新人才的前提条件。

其次,培养独立自主的心理品质。独立自主的心理品质能够在生活、认知、情感等多个方面有所体现。创新者批判和质疑精神就是在此基础上培养出来的。

再次,培养善于推陈出新的心理品质。通常,创新产品必须具有新颖性和独特性两个特色。在创新心理品质中,主要表现为不因循守旧、不盲从权威、不迷信书本教育,以无畏的批判精神和质疑精神冲击传统观念和思维定式的束缚,勇于变革,独创新途,标新立异,敢为天下先。

最后,培养勇于质疑的心理品质。怀疑是创新人才极有价值的一种心理品质。疑问是发现问题、探求知识的起点。培养怀疑精神,积极培养学生勤于思考、敢于质疑的心理品质,应当作为教育教学过程的重要组成部分。要对怀疑精神加以培养,要求教育者具备怀疑的品质,切忌压制有争鸣现象的学生。同时,要对学生的大胆质疑持包容态度,让学生能够畅所欲言,表达出自己的想法。此外,要鼓励和倡导学生将已学的知识和想法应用于实践中,以此来检验其可行性。

(6)提供良好的创新环境

著名心理学家托拉斯认为我们要想创造创造力,那么就需要提供一个有奖赏的和友善的环境,以便使之在其中繁荣发展。具体来说,可以从如下几点着手:

第一,要创设良好的学校氛围。学校是培养人的关键场所,是学生接受教育的地方。学生在学校中学习和生活,因此学校应该创造优秀的教学氛围。同时,学生创新思维的形成和培养,需要学校中具有良好的学风、创造良好的学术氛围。

第二,要创造艺术的环境。著名教育家陶行知先生强调创造艺术的环境"要教整个的环境表现出艺术的精神,使内容与形式一致起来"。如果具有良好的艺术环境,往往对学生有潜移默化的影响,因为其可以激发教师和学生的创造力,对学生的心灵进行净化。艺术环境是学校对师生进行创新教育的最直接教材。因此,学校应该重视环境的整洁,能够做到井然有序,具有充分的文化氛围,这样让学生时不时感受到艺术气息。

第三,要创设良好的家庭氛围。对于学生来说,家庭是不可回避的地方,是他们需要度过大部分时间的地方。家庭氛围对孩子有直接的影响,因此必然影响孩子的创造性思维。家长及家庭环境也对孩子起着潜移默化的作用。如果家庭环境适宜,往往能培养孩子的创新思维,如果孩子与父母能够积极交往,创造和谐的家庭氛围,这也一定程度上促进孩子能力的发展。和谐的富有创造性的情境是培养学生创新思维的重要条件,坚持全学校、全家庭、全方位实施创新教育,营造实施创新教育的良好环境;坚持全面性、全体性、主动性与创新性实施创新教育,培养高素质创新型人才,为我们的社会发展做出应有的贡献。

（7）鼓励大学生充分发挥想象力

创新意识作为一种复杂的心理活动,主要是从想象力中来的。想象是创新的前提与基础,大胆地进行想象与创造,才能够推动科学的进步,促进时代的发展。善于创造的人一般都具有丰富的想象力,善于进行想象。在人类历史发展中,很多伟大的科学家、思想家都具有丰富的想象力,并将这种想象赋予创新实践与发明创造中。

随着知识的进步与发展,要想将大学生的想象力发挥出来,就应该从想象的特点出发,对学生的想象力进行培养。具体来说,可以扩大学生的视野,让他们获得丰富的生活经验与认知,从而增加想象力。同时,也可以组织学生开展艺术活动,将大学生的想象力发挥出来。

（8）打破定式思维,培养怀疑精神

在人们的日常生活中,定式思维是一种常见的思维活动,使人们获取的经验与知识很难发生转移,也很难在原有知识积累的层面进行突破。因此,学生要对定式思维有清晰的认识,要不断进行突破与创新,这样才能将这种定式思维打破。所谓怀疑精神,即人们不迷信,不相信存在终极真理,是一种敢于挑战旧传统、旧思想的品质。这一品质是创新思想进步与发展的动力与源泉。因此,大学生要培养自己的怀疑精神。

（9）提高大学生的人文素质

在大学生的创新意识中,人文素质也是一个重要的层面。就当前来说,随着素质教育的大力提倡,大学生的人文素质受到关注,但是总体来说,他们的人文素质水平还有待提高。一般来说,人文素质包含的内容很多,如文学素质、爱国精神、事业心、荣辱感等。在科技发展的今天,基于新媒体的环境,高校要充分运用网络,提升大学生的人文素质。对于大学生来说,除了利用课上时间,还可以充分利用课外时间,参与各种丰富的人文素质活动,从而不断提升自身的人文素养。随着大学生人文素质的提升,其创新意识也得到了激发。

（10）增加生活与工作阅历

激发大学生的创新意识，也可以从身边的事情做起。通过一些生活中的经历，不断提升自己的感情阅历，进而不断提升自身的创新意识。在平时的工作中，从自己的生活实际出发，找到一个契合点，并从里面借鉴一些成功的经验，拓展自己的创意思路。

二、大学生创新精神的培养

（一）创新精神的内涵

创新者除了要具备洞察思维、问题思维、时代协同思维、工科思维、技术思维、迁移思维、用户思维等创新思维，可基本界定为智力因素以外的一种非智力因素，即是否具有创新精神或企业家精神往往是创新能否产生并成为一种创新实践的关键。美国积极心理学家米哈尔·希斯赞森米哈里伊对几十位卓越的创新实践者和十几位诺贝尔奖得主深入访谈之后，发现创造力人才有 10 种复合型特质，分别是精力旺盛但懂得劳逸结合，聪明且葆有天真，爱玩但有纪律原则，能够在想象、幻想和现实中自由转换，有时内向有时外向，谦逊而又骄傲，男性相应的较为敏感，女性相应的较为坚强，反叛而又独立，热情但客观、坦率但敏感。

创新者们展露出的创新精神主要表现为超凡的勇气、敢于冒险的精神、强烈的好奇心、极强的执行力、非同寻常的专注力和竭尽全力的勤奋和努力。尽管这些特质并不是在同一个企业家或者创新实践者上体现，如果具备上述的创新思维加之任何一种创新精神叠加都能有超强的创新能力，如"问题思维 + 执行力"能帮助企业或组织尽快处理和解决问题，"工科思维 + 冒险精神"往往能引发新的设计、程序或建造作品出现，"迁移思维 + 好奇心"往往会有融合创新或者系统性创新，"用户思维 + 专注力"很有可能造就隐形冠军，任何思维与勤奋和努力相结合当然成功的概率也会大一些，以上仅仅只是创新思维和创新精神"1+1"的叠加，如果是"1+N"或"N+1"，或是"N+N"，即具备多种创新思维的能力和具有丰富的创新人格，如 49 岁的埃隆·马斯克，几乎具备以上列举的所有创新思维和创新精神，那么他同时创办多家极富影响力的创新企业也就不足为奇了。

勇气是敢于行动的勇敢和毫不畏惧的气魄，当创新者拥有了勇气，也就迈出了创新的第一步，创新不仅要向外探索，也要向内探寻，正如苹果创始人乔布斯所说，要有勇气去倾听内心和直觉的指引，勇气意味着能够拒绝默认选项。创新创业是需要勇气的，因为创新往往意味着与他人的与众不同甚至颠覆，无数次内心的彷徨，面临选择时的痛苦，有时也有家人朋友的不理解和指责。缺乏勇气往往会使企业陷入窘境，柯达发明数码相机技术，却因为考虑短期市场占有率和利润，没有勇气自我革新，走上了破产的命运。

（二）大学生创新精神培养的策略

1. 敢于冒险

冒险精神与勇气有较大联系，有冒险精神的人也一定是有勇气的人，比之勇气，冒险精神似乎更多了一点风险，如果说勇气更多的是需要尝试，那冒险更意味着挑战和机会。冒险往往是从 0 到 1 的探索，由大到小，从国家、企业到个人都适用。向外探索海上世界的冒险精神，让英国真正成为海上霸主；打造火星人类基地的马斯克，仅凭 SpaceX 公司构建全球星联网，让地球上的任何一个地方都能接通互联网；1995 年的一个晚上，一位大学教师邀请了自己的几位朋友到家里，向他们表示他要辞职创业，遭到了大家的反对，劝他不要涉及他们听也听不懂的互联网，但是马云最后还是毅然辞掉教师的"铁饭碗"，从中国黄页开始实现他"让天下没有难做的生意"的梦想，对于一般人来说这在当时绝对是一种极其冒险的行为，但对于在创业前期的企业家而言，这无非是将按捺不住的热情和梦想付诸实践罢了。

冒险精神是让创新者找到自己的多个可能性，其本身也是一种创新，既然称为冒险，少有前人的参考经验可以直接参考，或者如同不"冒险"吃一下榴莲不知榴莲的真正滋味，不吃一下螃蟹也无法知其美味。青年钢琴家郎朗在一次面对小学生的公开课中谈及："我不希望自己固定在某一种风格里面，我们还是不要给一个固定的模式，一定要什么都试一下，试完我们才能知道到底有没有这种可能。如果你自己都不相信自己，都听别人说你就只能弹这个，那你什么都弹不了。"对未知世界的恐惧是人的本能，冒险精神算得上在尝试创新时对抗畏惧和胆怯的武器。与马斯克相似，英国维珍公司的创始人布兰森也是一位冒险家，他常常坐着热气球环游世界，挑战极限，他说每次的冒险尝试增加了他从事商业的乐趣，学会如何更好地变革商业。

冒险精神、游戏精神是创新突破和持续前进的动力。挑战和试错是创新的基本路径,最终的落脚点主要还是在课堂。

一是要在传统的课程中落实冒险精神、游戏精神的培养,课程在人才培养中的作用之一就是精神的培育,包括挑战、冒险、竞争、自我拓展等;

二是探索开发培养冒险精神的课程,学校可根据学校场地情况,选择适合的项目,或与当地校外拓展基地合作,在保证安全的情况下,让学生得到真正的体验和锻炼;

三是在实验实践类课程中强调试错精神的可贵,特别是实验课程,往往带有试探体验性质,如果学生能在实验过程中不怕犯错,敢于用不同的方法尝试甚至是新的方法去实现实验目的,本身就是自我迭代更新,是一种勇于创新的表现。

2. 激发好奇心

好奇心与问题意识紧密相关,一方面,企业创新者是为了自身的好奇心而探索更好的解决方案;另一方面,企业也需要满足用户的好奇心,这是推动创新发展的原动力。课堂活跃的背后是对学习好奇心的充分唤醒,从长远看,有人引导带路的学校教育毕竟不可能贯穿人的一生,更多的是需要学生对学习、对生活永葆探索的好奇心,从而就有了持续学习的动力,不断追求自我超越的学习习惯。

有好奇心的创新者永不停歇。财经自媒体人吴晓波曾问网易创始人丁磊一个问题:"你为什么不坚持在游戏领域里,不断做得更好,而会涉及电商、养猪等其他领域?"丁磊的回答十分坦率,"你有这个兴趣爱好,你总不能把它按下去"。每个人或多或少都会有疑问和好奇,有的人想过就算了,而有创新精神的创新者会一直追问和探究下去,直到找到暂时满意的答案。如果算得上是商业好奇心,那么付诸实践的解决方案本质上就是一种创业行为。2020 年,盲盒市场大热,购买盲盒除了享受收集的乐趣外,开启盲盒一瞬间也是对自身好奇与期待的一种满足,这是一种有关好奇心的商业创新。

好奇心是对未知事物的探索倾向,是一切创新的起点。除了实施一些教学策略以外,鼓励和保护好奇心指向关注个体发展的真实需求,开展"以学生为中心"的个性化教育和实行导师制等方式是现阶段大学保护好奇心的重要选择,它不是传统教育模式的补充,而是日常教育的重要组成。特别是在"互联网＋大数据＋教育"时代下，教育部积极推进在线开放课程建设，鼓励师生用好各个线上平台，努力提高教学效果。

线上平台的使用，留下了大量的学生学习行为数据，可供教师总结和分析每一名学生的关注点、特长，形成学生画像，以便于采取一些助推激发学生好奇心的有效措施。另外，探索推行导师制度是重要的尝试和实践，如对每一名导师的性格、特长、科研方向等做一个分组，教师与学生双向选择，尽量让每个学生都有自己的导师甚至导师组，并且可针对学生产生的相应问题或需求，及时给予帮助解决。大数据和导师制都是为了挖掘学生的兴趣，帮助学生找寻自己、定位自己、规划自己，尽早发现创新点，以点带面挖掘创新力。

3. 培养执行力

执行力强调知行合一，这里的执行力强调的更多的是制定目标后创新计划、构想或是项目落地的能力，执行力是说到就做，让创新免于空谈，这背后还包括面对阻挠的积极果敢的判断力，敏锐的反应和及时的纠错能力。马云在与众好友说了互联网计划的第二天就向学校提交了辞职申请；吉利汽车在沃尔沃出售时积极参与竞标，践行着几年前让中国汽车产业改变世界汽车工业格局的构想；相比于其他几种创新精神，执行力的考量相对来说更容易些，它更多的是看行动是否达到了预期的目标，创新方向正确，要狠抓执行，走错了方向则需要及时调整。总而言之，可以说执行力让创新企业和企业家有了"梦想照进现实"的可能。

执行力，简单来说指的是贯彻战略意图、完成预定目标的能力，关键在于确定目标后，设计达成目标的方案并且能够做到切实履行，没有执行力，创新就不可能推进和落地，高质量人才培养的关键在于目标与路径的达成度和完成度，且往往建立在推崇创新的理念之上。培养和提高执行力，非常适合师生配合共同提升，可以从以下几方面着手：

第一，建立起"完成度"的意识，执行的意愿与态度是执行力实施的动力，要建立成果导向的文化，这需要师生共同努力，如一起建立课程学习目标完成清单，摆脱焦虑，建立自信等。

第二，执行力要跟得上创新的意识，执行的能力是执行力基础，学习如何制订合理的计划并改进执行方案和方法，学习时间管理、精力管理以持续提高执行力，如利用 PDCA 循环法（即 plan 计划、do 执行、check 检查、act 处理）持续推进工作，学习如何抗干扰远离手机，反思过于追求完美的拖延等。

第三，重视执行系统的明确和清晰度，如何检查项目实施过程是否兼顾系统性、流程化、明晰化、操作化，任务难度和完成时间是否安排得当，通过可视化、可量化系统提升执行力。

4. 提升专注力

无论是企业还是个人都要有定力，当所具备的时间、金钱、情感等资源投入都是有限度的时候，意味着需要合理地分配注意力以确保在核心竞争力上有最大程度的积累，这对创新活动的成败和效果影响较大。截至 2021 年 3 月，全球最大的汽车玻璃制造商福耀玻璃市值为将近 900 亿，它在中国国内市场占有率在 70% 左右，在全球占有率也超过 20%，"如同看书喜欢把一本书翻烂、吃透一样，我对玻璃情有独钟。"创始人曹德旺如是说。不随波逐流，三十年只做一块玻璃，精益求精，有匠心是福耀的核心价值理念。2020 年年末，福耀对外公告了一项专利——一种"加热车窗玻璃"，该专利摘要显示"本加热车窗玻璃的优点在于能够稳定地接收信号，在加热的时候玻璃加热区域的温差较小，而且能够同步对雨刮器静止位置进行加热"，而这个专利只是福耀在匠心之路上的惊鸿一瞥，如果说勇气和冒险让创新有了机会和可能，专注力则是帮助创新企业走向专精特新、隐形冠军的关键所在。因而，创新企业和企业家也都需要专注力。

专注力也意味着深度思考、学习和工作的能力，尽早掌握这项能力在大学生毕业后的工作中极为有利。在碎片化信息爆炸的当下，在竞争激烈的高阶领域，决胜的关键不仅在于知识的多寡、勤奋的程度，更在于是否具备深度思考的能力，通过专注力用深度思考链连接一切，是未来最有价值的认知升级与自我精进的模式，是最具竞争力的优势。

没效率的任务往往会降低办事情的能力，专注力本质上是一种精力管理，可以作为职业素养相关的课程让学生选修学习。同时，授课教师、班主任有意识地将专注力训练加入课堂教学和学生发展培养的过程中。培养专注力大致分为以下三个步骤：

第一，找到专注的目标，比如王同学先按重要程度排序，找到"在大四的时候拿到 ACCA 的证书"是她大学期间最重要的目标。

第二，根据二八定律，将 80% 的精力尽量都投入这一个重要目标中，并限定好完成时间，有意识地从时间的角度迫使自己进入学习状态,尽量拒绝一切与目标无关、意义不大并且消耗时间精力的任务。

第三,围绕目标设定的完成步骤尽量做可度量细化。还是以上述案例举例,为了大四能拿到 ACCA 证书,现在据考试还有多少个月,或者多少天,每天完成多少个考题测试或单词记忆,定的目标应是只要努力基本可以实现的,一定要引入截止时间,在最初设定目标后就将目标细分,并标明好完成时间等。还有一些方法也很管用,如调整好生物钟,使自身有充沛的精力可以持续投入;还有就是要注重反馈,复盘自己的行为,看看自己是否聚焦和专注。

5. 做到勤奋和努力

长久的创新是需要持续经营和倾情投入的。苹果公司的 CEO 蒂姆·库克坚持每天 4 点起床的作息习惯一直广为流传,2021 年年初,在一次与中国网友的对话中得到证实,他解释是为了有健身时间以保持精力充沛。马斯克说特斯拉要想生存下去,长时间工作是必要的,在他看来一周 80 个小时的工作时间是可持续的,在特斯拉增产的时候,他曾经每周工作 120 个小时,也就是大约每周平均每天工作近 17 个小时。美团的王兴在创业初期,每周工作超过 100 个小时,字节跳动的张一鸣刚进入职场时基本上每天都是半夜才回家,回家后还继续编程到很晚,并且还时常帮助其他部门的同事,在工作中投入了大量的热情和精力。

在信息全球化而又重视知识产权的今天,独一无二的创意要落地,有时堪称与时间赛跑,创新企业只能一刻不停地高效工作,尽可能保持市场地位和占有率。比如,苹果公司每年秋季都会有包括 iPhone 在内的新品发布会,这背后是产品、技术、营销等团队几个月甚至几年、几十年的持续努力。在全球带薪假期最多的八个国家中,前七位都是欧洲国家,在近几年全球创新公司排行榜前 10 位的第一梯队中,很难看到欧洲国家的身影,这与欧洲在高福利制度下过于注重假期和个人享受,民众工作的热情和斗志不强不无关系。当然,连轴转且毫无休息地工作并不是创新者的最佳选择,万科创始人王石曾在一次论坛里分享在以色列希伯来大学访问期间的感受,他总结重视"休闲"时间用以思考和寻找灵感是以色列善于创新的原因之一。因而,创新强调的勤奋和努力不是指无休止的工作,更不提倡牺牲个人健康、家庭成为工作"狂人",而是强调把握时机及倾情投入的认真态度。

"天才"是训练的产物,要成为大师其实是有路径可循的,那就是刻意练习。心理学家安德斯·艾利克森与科学家罗伯特·普在他们的畅销书《刻意练习》里告诉世人一个道理，我们平时如能运用刻意练习的原则，必将能跨越障碍，达到我们自己的目标。一万小时定律正是这种找准目标加坚持努力后最终突破的定律。历史上有意识创新的重大发明，很多都是在无数次实验失败之后，最终获得成功并能够有发明创新，在无数次练习中，发现事物的规律，因而勤奋和努力是许多场景中创新发生的前提。

这种创新能力培育基本有几个特点：一是发生在舒适区外，有一定难度，需要付出大量时间和精力才有可能成功，在教学中教师可以设定有一定工作量和难度的作业，以助推学生通过努力能够完成，这也能给学生增加成就感、自信心，激发出创新的热情，并深刻体会勤奋和努力的回报；二是不带有目的性的、低效无意义的勤奋和努力，不但不会带来成功，反而会消磨意志，迷失方向，逐渐丧失信息，因而找准方向是勤奋和努力的准备工作；三是及时跟踪反馈，复盘成果与目标的达成度，如制订"to do list"，每次努力之后，根据效果来衡量与目标之间的差距，帮助找到突破口和方向，以确保努力的价值和可持续性。

第二节 大学生创造性劳动的培育

一、大学生创造性劳动培育的必要性

（一）大学生价值导向失航

理性是人类区别于动物的重要特质，正是因为人类具有理性特征，在掌握理论理性的同时保持实践理性，才能使得自身超越动物，跳出由外在自然规律所规定的本能状态，进而才能自觉充实和净化心灵、反思人类生存境遇、规整社会道德航向，促使社会历史进程由"坏"逐步地发展到"好"。

工具理性是法兰克福批判理论中的一个重要概念，起源于德国社会学家马克斯韦伯，是现代科学技术同西方理性主义相结合形成的思维方式。韦伯认为工具理性是"通过对外界事物的情况和其他人的举止的期待,并利用这种期待作为'条件'或者'手段',以期实现自己合乎理性所争取和考虑的作为成果的目的"。显而易见,工具理性的思维模式强调目的和手段,是一种工具至上、利益导向的功利价值观,因此又将工具理性称为"效率理性""功效理性"。所以,我们说工具理性的行为取向是"合目的性"。相反,价值理性强调"人是万物的尺度",始终"有意识地对一个特定举止的、伦理的、美学的、宗教的或做任何其他阐释的、无条件的固有价值的纯粹信仰,不管是否取得成就"。

不同于工具理性的目标导向,价值理性注重信念信仰的纯粹性,表征的是一种建立在求真、至善、臻美基础之上的理性,是将对人的终极关怀置于首要位置的价值观。人类社会的有效和谐运转,并非只以价值理性为准,而是依托价值理性和工具理性的相互补充、相互依赖。一方面,只有这样价值理性才不至于沦为抽象空洞的价值追求;另一方面,只有将价值理性设定为工具理性的航向,才不至于在行为选择时或片面或过度地注重利益,而成为资本、利益逻辑统治下的工具,必然丧失自己的精神家园。然而,随着社会生产力的极大发展,科学技术的迅猛进步,在劳动教育弱化、多元思潮冲击、劳动伦理问题显现以及科学技术异化的背景下,工具理性逐渐越位于价值理性,"专家没有灵魂、纵欲者没有心肝"的现象显现苗头。

因此,在这样的形势下,大学生也呈现出与"劳动最光荣、劳动最伟大、劳动最崇高、劳动最美丽"价值观念渐远的倾向。改革开放的巨大成功体现在市场经济的蓬勃发展上,然而也正是在这些多重因素的影响下使得部分大学生赞同"劳动不是生活中必需的,只是实现自我目标的一种手段"这一观点,若置之不理任其发展,大学生也终将会在权利、利益以及自己制造的工具中被奴役,总认为"这种劳动不是满足一种需要,而只是满足劳动以外的那些需要的一种手段",从而丢失自我,找寻不到自我存在的意义。

（二）大学生社会责任感淡化

社会责任感主要是指一个享有独立人格的社会成员,为国家、集体的良好发展和有序运行,以及为他人更好生活所应该承担、履行的各种责任、义务。它是通过一定的价值观念内化而形成的,是相应社会角色所承担的责任和义务的情感态度,体现的是个体对他者的伦理关怀。在考虑个人能力大小的情况下,个人承担的社会责任的多少是衡量个人社会价值的标准。个体自身价值的实现是在社会发展需要得到满足的过程中实现的。也就是说,大学生的社会责任将社会发展与个体发展紧密联系。人的劳动过程是社会性交往过程,更是一种责任性活动。

劳动价值观念以集体主义为价值原则,以辛勤劳动、诚实劳动、创造性劳动为价值规范,以马克思主义的劳动幸福观念为价值理想,体现个体劳动的社会价值,内蕴个体劳动的社会责任。然而当下部分大学生对劳动价值观念的认同出现偏颇,存在鄙视体力劳动,反以好逸恶劳为荣,以辛勤劳动为耻,且吃苦耐劳、勇往直前的精神和勇气也在减弱,在工作面前拈轻怕重,任务面前挑三拣四或者敷衍了事,劳动条件艰苦些就打退堂鼓。以上学生面对自己的学习都尚且如此,又何谈为他人、为集体、为社会、为国家承担起应有的责任?基于此,总结出大学生的社会责任感逐渐被淡化的现实表现。一是自我责任迷惘,重视个体利益和自身前途,漠视社会需要和家国理想;二是缺乏感恩之心,人际情感观念冷漠;三是合作意识不强,权责混乱;四是社会公德意识欠缺,公德行为失范。

因此,我们需要向大学生厚植正确的劳动价值观念,强化其社会责任意识,让他们的劳动不再是功利性的索取活动,而是日益求真、向善、臻美的拼搏奋斗,使他们学会主动关心国家、关心人民、关心他人,让其在挥洒汗水的青春中成长为具备高度社会责任感的大学生,意识到自身是社会发展的主人翁,应该肩负的使命和责任,以建设现代化强国、实现中华民族的伟大复兴为人生奋斗目标,做到对自身负责、对他人负责、对国家负责。

(三)大学生奉献精神缺失

奉献精神产生于社会交往关系,从本质讲背后的核心焦点是群己关系之中的物质利益问题,是一种自觉主动、不求回报、舍己利他的付出精神。奉献精神中既包含对他者"助人为乐"的责任之心,又包含"舍小家为大家"的集体之心,还包含超功利性的热忱之心。对社会而言,奉献精神具有调节社会秩序、教化社会道德、促进社会和谐的作用。对个体而言,奉献精神具有感召道德品质、树立正确三观以及规范个人行为的作用。

劳动价值观念遵循的集体主义原则,主张劳动奉献,而非一味享受和索取。当下部分大学生存在错误劳动价值观念,他们秉持"精致利己"的劳动价值观,不谈劳动奉献,只讲利己利好,凡事都将集体利益让位于个人利益。在现实中,认为"人生价值的实现在于贡献和索取的统一",比"人生价值的实现在于对社会的劳动奉献"具有的说服力似乎更强一些。前者实际是一种错误的价值观念。它将个体价值和社会价值天然地对立起来了,认为个体价值的大小,在于自身向他者和社会索取得多少,认为社会价值的大小是在于个体对他者和社会奉献得多少。这使部分大学生错误地认为人生价值是贡献和索取的统一。索取既意味着得到应该得到的部分,又包含着不应得到的部分,具有负面意义。这赋予了人生价值极强的主观性,其核心内容体现在:倘若心中肯定了"索取"在人生价值中的地位,则容易使个体依据自身私欲和臆想向他者提出各种过分要求。此外,这部分大学生还善于凭借自身的优势,伪装自己"表面为集体,实际为个人"的虚假行为。长此以往的后果就是大学生奉献利他的品质丢失、道德行为弱化,那么就不利于发挥奉献精神之于社会和个人的积极作用。

二、大学生创造性劳动培育的具体策略

(一)牢记立德树人初心,强化劳动教育方式创新意识

党的十八大以来,党中央高度重视创新发展,提出一系列关于劳动教育新思想、新论断、新要求,为高校劳动教育方式创新指明了方向。近年来,高校发展也把创新摆在核心位置,深入挖掘利用资源优势,着力加强创新型高校建设,推动国家创新驱动发展实现新突破。高校必须牢记习近平总书记在高等教育创新发展方面的谆谆嘱托,深刻认识到劳动教育方式创新环境的变化,切实增强推进劳动教育方式创新的使命感和责任感,进一步地优化劳动教育方式创新环境,增强劳动教育方式创新意识,加快创新型高校建设步伐。

1.落实创新精神,增强高校创新理念

思想是行动的先导,创新实践都是由创新理念来引领的,创新理念是否强烈从根本上决定着创新成效乃至成败。高校推进人才发展体制和政策创新,应高扬劳动教育方式创新的旗帜,紧紧围绕"立德树人"这一中心环节,上下一体学习贯彻劳动教育方式创新精神,实现思想先行,让全体教师和学生深刻地体会到劳动教育方式创新的深层次含义,

促进劳动教育方式创新内化为精神追求、外化为实际行动。

首先,深入学习习近平总书记有关创新的重要论述。通过教师培训、主题报告会、主题班会的形式深入学习新时期劳动教育方式创新的精神实质和丰富内涵,将劳动教育方式创新深植入思想中,让教师懂得创新、有能力创新。增强学生的创新理念,在新生入学阶段可开展以劳动教育为主题的入学教育活动,向学生传达劳模精神,讲述劳模故事,可邀请本校优秀劳动代表到培训现场讲述劳模事迹,这样学生感觉更亲切,教育效果更加明显。做好劳动教育方式创新理念倡导者,重视树立师生的劳动教育方式创新理念,保障劳动教育方式创新高效推进。

其次,做好劳动教育方式创新的保障者。领导者作为高校劳动教育的主抓手,为保证劳动教育新理念的贯彻,应安排专业的劳动教育领导班子加强对劳动教育理念的正确引领。在劳动教育工作的开展中,对劳动教育方式创新工作做好系统设计、保证经费充足、完善考核体制机制。高校不仅要深入学习劳动教育理念,具体行动也要轰轰烈烈,做到方向明确、组织严密,并且有长期计划以及落实操作性。

2. 开展主题培训,深化教师创新理念

教师要转变对劳动教育方式创新的认知。思想是行为的先导,做到把理论内化于心才能实现外化于行,教师是劳动教育方式创新的践行者,对劳动教育方式创新的正确认识是重要前提。如果教师对劳动教育方式认识不够深刻,在劳动教育方式创新实践中定会操作变形。在此背景下要想实现劳动教育方式创新,必须要转变教师对劳动教育方式创新的认知。高校要加强教师职业培训,提升教师对劳动教育方式创新的认知。比如,通过劳动教育理论学习、劳动教育为主题的报告会、主题班会等形式,深入学习领会新时期劳动教育方式创新的实质作用和内涵意义,让教师能够从自身做起,诚实劳动和创造性劳动,激励教师在劳动教育方式创新方面的积极性,主动为劳动教育方式的创新贡献自己的力量。

教师主动提高劳动教育方式创新的本领。马克思曾经指出:"教育者本人一定是受教育的。"教师要想实施教育必须先接受教育,故教师培训是至关重要的。一方面,对专业的劳动教育教师和劳动教育的兼职教师进行系统的培训,主要强调劳动教育方式创新的重要理念,在劳动教育方式创新上,要讲究劳动教育方式的科学性,只有充分认识育人导

向,才能保障劳动教育方式的效果。另一方面,教师需要自主扩充知识和提高技能,需要在思想上认识、在行动上学习,深入学习劳动教育方式创新的重要意义和相关经验。

首先,可以通过劳动教育培训、劳动实践体会、劳动精神宣传等渠道,深入对劳动教育价值的学习和领会,扩充自己的理论知识,加深对劳动教育价值的体会。

其次,教师可放眼于我国劳动教育的发展历程及其每个阶段发挥的重要作用,有效地整合、归纳,并结合新时期学生的特点,找出适当的劳动教育方式。

最后,在劳动教育的课堂教学中,注重劳动知识的传授、劳动精神的宣传和劳动实践技能的教育,致力于使劳动教育知识、精神、技能内化于学生之心、外化于学生之行。

3. 宣传创新意识,坚定学生创新理念

新时期,我国正处于高质量发展阶段,国家实现创新型发展需要具有创新理念的人才,应重视劳动教育方式创新。新时期大学生既要着眼于解决现有方法、方式不能解决的问题,时刻带着忧患意识和创新意识,又要着眼于解决和预防未来要面临的新问题、新挑战,把创新精神和求知态度结合起来,增强培养创新的信心、勇气和能力。

首先,强化创新理念,扩充科学知识,促进知行合一。大学生的心智还不是很成熟,在面对外界不良思潮侵扰时,运用科学理论加以辨别,以避免自身陷入终极化、世俗化的漩涡。应不断优化学习的方式、方法,提高学习的自觉性,增强文化自信。坚持践行理论联系实际,积极学习掌握科学文化知识,用劳模事迹来激励自己,用榜样力量来鞭策自己,用优秀传统文化来熏陶自己,向先进者学习爱岗敬业、争创一流的敬业精神,向革命先辈们学习艰苦奋斗、淡泊名利的奉献精神,用科学真理指导实践是大学生坚定马克思主义信仰、打牢立身之本、筑牢报国之基的根本保障。

其次,增强学生对劳动教育方式创新的价值认同感。学生是劳动教育方式创新的主体,他们对劳动教育方式创新的正确认识是开展劳动教育方式创新的保障。学校可以把劳动教育运用到学生思想政治学习和日常生活的全过程。可参考郑州升达经贸管理学院的经验,在新生入学教育中,加入劳动教育的内容,为开展劳动教育做思想铺垫,让学生理

解劳动教育的意义,增强学生对劳动教育价值的认同感。在劳动实践前,由辅导员做好宣传工作,召开劳动教育班会,鼓励学生参加劳动实践。在劳动实践活动中,安排由劳动小组长负责指挥和监督,进行实践考核,及时反馈学生劳动教育效果。在日常生活中,注重养成教育,良好的行为习惯让人受益终身。把劳动教育融入学生的日常学习和生活,让学生熟悉劳动教育、认可劳动教育,才能乐于配合劳动教育方式创新。

(二)建立健全体制机制,激发劳动教育方式创新活力

推进劳动教育方式创新,既要重视观念建设,也要重视制度建设。党政部门有责任建立劳动教育实施的制度保障体系,要让全社会真正认识劳动教育方式创新的重要意义需要有好的制度、机制设计。这也是治理现代化的基本要求,具体来说,应该从以下几个方面加以考虑。

1. 形成保障机制,确保创新条件

高校劳动教育方式创新依赖创新思想的引领、科学合理的评价系统。同时,也需要各方面条件的支撑和保障。组织上给予重视、合理的人员配备机制、经费投入到位、实践场所充足等,需要各项条件协同,为劳动教育方式创新保驾护航。

(1)科学配备劳动教育组织实施工作机制。高校根据有关加强劳动教育的文件要求,认真落实文件精神,结合当地实际状况,将劳动教育方式创新列入劳动教育计划中去。高校领导要建立健全的劳动教育组织实施工作机制,明确层级主管人员,明晰各部门职责,保障劳动教育的有序开展。例如,郑州升达经贸管理学院在劳动教育实施体系中就明确分管领导,设立劳动教育管理机构——劳动卫生科,还配有两名专职人员,监督劳动教育实施,做到层层落实,责任到人,有效改善劳动教育方式创新虚化的问题。

(2)保障劳动教育师资队伍建设。劳动教育存在"有教育无劳动"或"有劳动无教育"的情况,导致劳动教育方式创新出现虚化、弱化的现象,有很大一部分原因是劳动教育师资队伍建设不完善。因此,高校应重视劳动教育师资队伍的建设。

一方面,科学合理地配齐配足劳动教育师资。可设置劳动教育专职教师,保证劳动教育理论教学,也可聘请劳动教育双师型教师和兼职教师。高校学生劳动素养的提升不仅要强调劳动理论知识的学习,同时还

要提升专业操作技能。双师型教师能兼顾教学和劳动实践,使学生对劳动知识理解更加直观和彻底。另外,学校也要联合社会资源建设一支兼职型师资队伍。比如,聘请各领域的优秀成功者、劳动模范代表、工匠艺人等走进校园,通过成功人士和劳动模范分享鲜活的劳动事迹,激发学生的劳动激情。工匠艺人可向学生解读劳动的意义,展示精湛的技术,分享深厚的劳动情怀,渲染劳动氛围,拉近学生与劳动的距离。

另一方面,高校应重视劳动教育教师职前和职后的专业培训机制的完善,让劳动教育方式创新观念成为教师素养的基本组成部分。只有这样,所有的教育参与者、执行者才能主动地、创造性地完成劳动教育方式创新工作,能有效地解决劳动教育方式创新弱化、简单化的现象。学校也应成立劳动教育项目研究组,专门研究劳动教育教学内容、载体开发、方式创新等问题,为更好地开展劳动教育方式创新工作提供动力。

社会积极提供劳动教育基础保障是劳动教育方式创新的关键因素。目前,劳动教育发展的目标是劳动教育实现综合化、应用化。各级政府在推动全社会服务劳动教育开展发挥主导作用,应该加强统筹协调,制定制度法规。为学校与社会合作提供适当的政策支持和引导,社会为劳动教育实践提供基本条件,包括场地、工具、讲解等。让劳动教育方式创新的平台延伸到田间地头、车间厂房、博物馆、社区、城镇和乡村。

(3)保障劳动教育方式创新经费的投入。高校在做财务预算时要留出足够的经费用在劳动教育保障上。形成多元化的劳动教育经费来源,可合理分拨政府经费,企业支持经费与校友捐赠。利用经费科学配备劳动教育设备,做好定期清查,排除设备故障,保证设备平稳运行。及时补充劳动教育教学活动所需的图书、视频、影像等资料。

2. 制定激励机制,增强创新动力

把劳动教育效果写进高校评估指标,提高高校劳动教育方式创新的动力。高等教育的质量评估是高校改革最关注的问题,高等教育教学评估虽然有效地促进了高等学校高质量发展,但也呈现出许多问题。比如,评估的主体不多元、科学性不够、高校表现被动。为激发高校自主创造力、主动性,应鼓励高校结合本校优势,建设独具魅力高校,让高校得到全面、主动、可持续发展,激发高校的自主创新能力。政府也要主动给予政策支持,重视评估的教育功能。高校劳动教育方式创新存在虚化、弱化的现象,有很大原因是高校领导对劳动教育方式创新重视度不够。因此,可把劳动教育效果列入高等学校评估的重要指标,以此激发劳动教育方式创新的积极性。

首先,制定激励机制,提高教师劳动教育方式创新的积极性。重塑教育教学质量的评估体系,部分高校势在必行。高校考核教师的目的是更好地培育全面发展的大学生。高校在对教师开展绩效评估时,把学生对教师在日常教学活动的评价作为教师工作考核体系的重要评估依据,使教师疲于完成考核材料的制作。为激发教师的劳动教育激情,高校人事部门应加强"课程劳育"在教师培训、考核认证、评定职称等方面的重要作用。倡导教师在所负责的专业课程中融入劳动教育的知识,鼓励教师开发和探索适合学生的劳动教育方式,提高劳动教育方式的科学性。提高劳动教育方式的科学性。也可把劳动教育创新成果加入专职教师的职称评估条件中,激发教师的创造力和工作动力。盘活事业编制存量,将闲置编制向劳动教育教师倾斜,以此鼓励教师多加学习现代科技,多加关注学生的学习动态和心理走向,注意发现学生潜力潜能,促使绩效评估体系能够真正发挥出对高校教师教育教学质量的有效鞭策和督促作用。

其次,完善劳动教育奖励机制,提高学生对劳动教育方式创新的配合度。受家庭"唯学分论"的学习观念和学校"唯成绩论"的考核制度的影响,学生也自然而然地重视专业课学习,忽视除专业以外的课程学习实践。所以,高校更新制度,引导学生主动参与校园清洁、校园绿化、校园道路洒水、后厨粗加工等劳动实践,以手机记录,写心得体会,结合学工部门为参与者发放证书和劳动场景照片纪念品。把劳动教育课程和实践列入学生学分,劳动实践作为学业评估的重要参考材料,提高学生的配合度。

3. 规范评价制度,优化创新效果

评价是劳动教育情况的监督者和检验者,所以高校劳动教育评价体系需要科学设计,以保证及时地反馈意见,采取有效的改进措施来纠正劳动教育方式创新中的不足。评价的目标要符合实际。高校要充分把握大学生发展规律和教育发展规律,明确本校所处的发展阶段和环境,结合自身发展规划和目标,制定可行性的劳动教育方式创新目标。比如,在阶段划分上,可设定5年一个总体目标。在维度上,可以从人才培养目标与当地经济社会发展的适应度,劳动教育教师与教学环境、资源的适应度,学生的专业劳动技能与用人单位的适应度等方面设定评价目标。考核形式要多元,体现定量、兼顾定性,加入自评和他评。在固定时间段,成立教师、学生和专家教师组成的评价小组对学生的劳动教育落实情况给予综合的评价。这种评价可以对劳动教育效果进行直观的反馈,也便于劳动教育指导部门对评价的指标及时更新。

评价机制要随着实际情况进行适当的调整。劳动教育主管部门和考核负责人员要针对劳动教育过程进行合理的评估,使劳动教育评价适应当地学生身心发展的特点,同时要开展激励机制,对劳动教育开展效果好的负责教师,颁发证书并给予奖金。例如,在学校开展"最美劳育教师"的评比活动,给获奖教职工按照规定给予加分。并善于利用学校的重要节日,给予公示表扬;也可把"校庆日"设为"全校劳动日"让学生体会劳动给校园带来的变化,感受劳动的力量。

（三）深化线下线上融合,拓宽劳动教育方式创新平台

劳动教育内容的多样化决定了劳动教育方式的多元化。随着时代的发展和信息技术的进步,劳动教育的内容更加丰富多彩,"线上学习"成了很多学生的学习方式。这也决定了劳动教育方式创新应在线上线下融合方向努力,拓宽劳动教育方式创新平台。

1.推进课程融合,注入创新元素

课程理论教学能加强马克思主义劳动观教育、新时期劳动价值观,普及与学生专业相关的劳动科学知识。但是,新时期大学生的思想行为独立,具有很强的创新意识,高等教育阶段需要学生学习走向社会需要的探索性、创新性的职业技能劳动。这要求高校在设置劳动课程时,要凸显课程方式吸引力和内容的针对性、综合性、实践性、开放性。

首先,劳动教育课程融入校内劳动实践。校园内有很多真实的劳动实践机会。劳动教育课程内容可以结合宿舍卫生打扫、后勤工作、食堂工作、校园绿化,也可结合助管、助教、校园内导游、展览讲解等方式为学生提供劳动实践机会,丰富劳动教育课程内容和方式。

其次,坚持育人导向,始终把培育时代新人作为教育目标。把握劳动教育价值取向,充分尊重学生主体的特点,引导学生对劳动的热爱,

提倡劳动教育方式选择民主化,充分调动学生的积极性。为提高劳动教育课程的吸引力,丰富劳动教育方式,浙江农林大学开设了四门劳动教育校内实践课,有跟着名厨学烧鱼、跟着绿化师学种树养花、跟着宿管教师学收纳。河南理工大学探索了"劳动＋育人"的新模式,发挥学校后勤作用,上线了"生活基础维修""宿舍生活体验"等劳动教育"新课堂"。

再次,用足融媒资源,线上线下结合开展劳动教育课程。随着科学技术的发展,教育教学也在改革,现代化的网络技术对教育起到了很好的辅助作用,教学内容中融入了智能化元素,学生享受到丰富多彩的教学内容。课程理论教学一直作为重要的教学形式。所以,高校应积极使用网络资源,运用智能技术,创新劳动教育方式。通过与网络资源相结合,让课堂不再有校内校外的边界。创新课程方式,完善劳动教育方式体系,充分实现课程育人的重要功能。

最后,把工匠精神融入劳动教育课程。劳动模范、工匠艺人是最具代表性的劳动代表,他们的故事是最鲜活、最有说服力的教育素材。为了进一步倡导"劳模工匠进校园",学校可邀请劳动模范代表、工匠艺人进校园,开展报告会的形式,亲自分享劳动事迹,用有关劳模精神、工匠精神的鲜活故事,激发学生对劳动的兴趣。而劳动教育课程的教师,要做好准备工作,充分地做好工匠故事、劳动模范光荣事迹的收集和研究。结合学生的兴趣点,充分契合学生所学专业,灵活地选择创新授课形式。做到集中讲授、分组讨论、心得分享等授课方式的灵活转换,充分调动学生的积极性。

2. 拓宽实践渠道,增添创新方向

目前在高校劳动教育中,学生所掌握的劳动技能还比较片面,劳动活动的频率比较低、方式单一、方式创新简单化、碎片化。这与劳动教育方式创新资源和劳动教育方式创新的创新平台单一有很大关系。为此,必须加强开发劳动教育方式创新渠道,拓宽劳动教育方式创新新平台。着力改善当前劳动教育方式创新简单化、碎片化的现状,避免走入"有创新无教育"或"有劳动无创新"的误区。劳动教育作为联通教育世界、生活世界和职业世界的重要桥梁,本质上需要教育、生活和职业的联合支撑。

劳动教育的实施,既需要借助课堂为主渠道,同时也离不开劳动实

践锻炼，高校应高度重视劳动实践的重要作用，着重设计一系列富有成效的劳动实践活动。通过"做中学"的方式，做到"知行合一"，体会劳动的辛苦，体验劳动的艰辛。

（1）充分挖掘校内劳动教育资源，实现在校内接受实践锻炼。把劳动教育与校园生活紧密结合在一起，设计学习管理岗位，开辟学生劳动园区等方式。让劳动实践成为学生的日常生活，可以增强劳动与学生之间的联系，有助于学生主动参与劳动实践。比如，在劳动教育教师的带领下，开辟菜园，播种蔬果，待结出果实再组织采摘和烹饪，学生全过程感受劳动成果来之不易。通过开展劳动教育主题的校园文化建设实现劳动教育。校园文化是时代精神的一面镜子，是学生和教师精神风貌、思想行为方式的重要体现。

高校要善于利用校园文化，充分发挥校园文化互动性强、渗透性广的特点，将劳动教育有机蕴含进校园文化主题活动中。在新生入学教育时，高校可邀请专业劳模讲述劳动过程加强学生对劳动的正向认知；也可以主题班会、劳模学习等方式融入劳动教育教学，凸显劳动教育对于活动的引领作用；还可在奖学金评选、劳模标兵评选和五好学生的评选中融入对劳动实践的考量，激发学生的主动性，积极参与劳动教育主体活动和实践。

（2）注重发掘校外劳动实践方式。劳动教育是一项系统工程，不仅需要学校用心设计和组织实施，也需要社会的配合和支持。正因为如此，高校要积极发掘校外的劳动实践机会，丰富劳动教育方式。

首先，重视家庭劳动教育，虽然大学生无法实现像小学生一样每日在家，但学校可利用学生寒暑假时间，发挥家庭劳动教育的作用。比如，河南工贸职业学校为学生布置"我为家人做午餐"的家庭劳动作业，要求学生制作劳动视频和书写劳动心得体会，以这种方式充分发挥学生的主动性，达到劳动教育的目的。

其次，鼓励学生参与社区服务。社会是门大学问，青年要成长为社会主义建设的重要支撑者，既要读万卷书，又要行万里路。社会实践是大学生成长成才的重要途径，高校劳动教育课堂有效延伸和补充。利用学生的寒暑假时间，结合专业特长，针对性开展服务学习，如工程类的学生，在教师的带领下，可利用寒暑假时间开展贫困社区节能项目。向家庭传授如何利用风能或者太阳能节约家庭能源。通过亲身讲授所学的专业知识，不仅深入理解了专业知识，还帮他人解决实际问题，更进一步强化了公民意识和实践能力,还可利用暑期下乡活动,推动大学生收获劳动知识。凡是大学生走出校门的实践活动,都可以归属为下乡活动。例如,参与城市的文明建设活动、乡村振兴建设活动、义务支教活动等。当前针对大学生的暑期下乡活动,无论是形式、内容还是载体都必须创新。建立长效的沟通激励机制,设立专门的社会组织体系与高校进行联合对接,专款专项地负责大学生的下乡活动组织工作。以就近就便、自主自愿为主的原则,开辟"互联网+教育"实践的新模式,使之与思想教育、专业学习以及就业创业紧密结合,促使青年大学生在实践中提高认识、增长才干,从而强化下乡实践的实效性。

再次,注重创新创业,产教融合开通劳动教育新渠道。产业配套的相关服务应当注重更加贴合大学生实际,更加突出他们所学专业的特点。通过给在校生提供多样化的岗位体验机会,以及为毕业生提供从实习到上岗就业的一条龙服务,提升学生劳动技能和职业竞争力。在就业难的大环境下,建造企业与毕业生之间的稳固桥梁,建立并完善以就业为导向的组织运行机制,提高学生参与社会工作的专业性和能动性,塑造出以社区构建实践平台着力解决就业难、竞争大、门槛高等问题,构建社会培育人才"大格局",大力发展以大学生为培育目标的社会育人新形态。

最后,开展志愿服务。志愿服务是高校开展校外劳动实践的重要途径。例如,高校可开展各类社区服务,引导学生承担社会任务,到社会更需要的地方,磨炼劳动意志,懂得实干兴邦的道理。

3.挖掘网络资源,丰富创新内容

中国特色社会主义新时期,对劳动教育方式提出了新要求。新时期高校劳动教育方式创新需要与时俱进,坚持问题导向,继续深化改革,促进劳动教育实效性在改进中加强,不断提升劳动教育方式的时代化和吸引力。

随着科技进步、产业变革,大多人工劳动被人工智能所取代,极大地减少了大学生劳动实践机会。再加上新时期大学生生活在高速发展的互联网时代,网络文化中海量的信息良莠不齐,不良思潮及价值观不仅影响着部分大学生的劳动价值观,而且还深远地影响着他们的思想行为方式。鉴于此,劳动教育方式创新需要与时俱进。劳动教育方式要结合新兴网络技术,丰富授课方式,利用新媒体辅助课程教学。比如,利用新媒体平台等让学生潜移默化地接受劳动教育,增强劳动教育的吸引力。

第一,利用网络资源,弘扬红色劳动精神。党员干部中从不缺乏先进劳模典型,有县委书记焦裕禄,人民公仆孔繁森,最美教师张桂梅,抗疫战士钟南山,无不彰显着生命至上、举国同心的中国价值,诠释着对人民群众的奉献。提升大学生的人生境界,涵养劳动情怀,就要注重"引导学生学习英雄、铭记英雄",这些英雄模范带来的不只是震撼和感动,更是激励大学生奋力前行的方向标。引导大学生以人民英雄为人生偶像,使之更加关注家事、国事、天下事,自觉将个人价值融入社会价值之中。

第二,巧用网络传媒,开展劳动教育。劳动教育不应该只是一时的、短暂的,宣传渠道也不应该是单调的、狭隘的,要通过劳动教育达成学生的全面发展,必须巧用网络传媒,使劳动精神深入学生内心,外化于行动。虽然网络传媒开展主题教育已有成功案例,很多电视剧电影都展现着中国人民的劳动精神,助燃着中国情怀,但是不同年龄段群体在线休闲的方式习惯不同,部分大学生认为长视频只能在时间相对充裕的情况下观看,这也是短视频被他们热衷的原因。短视频已经成为多数大学生的娱乐首选。通过短视频平台开展劳动教育,增添教育内容的鲜活元素,以年轻化、接地气的展现方式,吸引大学生自主参与劳动教育,通过启发式、互动式教育对大学生产生潜移默化的影响。

(四)汇聚高校内外能量,优化劳动教育方式创新环境

劳动教育方式创新是一项系统工程,只有政府政策规划、家庭配合实施、学校主导实践,社会支持才能有效完成。在明确具体实践任务的前提下,学校发挥主导作用,正确处理好与政府、家庭、社会之间的关系,赋能新时期劳动教育方式创新。

1. 政府学校协调,引导创新规范

为把我国建设为世界制造强国,国家提出了"中国制造 2025"战略,而制造水平的调高和产业规模的扩大,将要求劳动教育标准的提高。因此,需要加强劳动教育方式创新。政府作为教育的引导者,是协同治理的根本保障。国家政策的大力支持是我国高校教育顺利开展的前提条件,是协调社会和家庭教育的方向标。通过协调建立人才培养多方参与机制,让口号和行动同频共振,为新时期高校劳动教育方式创新提供切

实保障。

第一,政府加强劳动教育方式创新政策引导。基于新时期高校劳动教育的新定位和新目标,劳动教育方式创新已是当前各类教育方式创新的重要任务。为加强高校劳动教育方式创新,政府针对劳动教育方式创新中的虚化、弱化、简单化、碎片化的问题,进一步明晰原因,提升指导水平。学校层面,要认真学习落实政府出台的劳动教育相关文件中关于劳动教育方式创新的相关要求。

第二,加强劳动教育方式创新指导培训。完善劳动教育管理机制,教研部门配设专职、兼职的劳动教育科研人员,研究劳动教育规律、方式方法、考核评价、教师队伍建设,向高校及时输出最新的研究成果,以供高校推广使用。学校层面,建立相应激励奖励制度。将劳动教育方式创新成果纳入教师职称评定、职业发展的重要参考内容,以此激发劳动教育教师创新劳动教育方式的积极性。

第三,加强劳动教育方式创新的组织保障。各地教育行政部门要结合当地实际,科学制定本地的劳动教育方式,加强工作规划和政策措施的创新,合理配置劳动资源、资金为劳动教育方式创新提供支持。学校层面,积极完善劳动教育方式创新条件,结合当地的自然、文化、经济等资源,宜工则工、宜农则农,让学生在劳动教育实践中充分体验当地生产部门(如种植业、产品加工业、文化旅游业)的劳动实情。

2. 家庭学校协同,配合创新实施

家庭是劳动教育的重要场所,高校是劳动教育的重要阵地。家庭是人生的第一所学校。家长应积极提升正确的劳动教育观念,为孩子做好榜样,提升家庭劳动教育的功能,更好地服务于高校劳动教育方式创新。

家长是孩子的第一任教师,家庭是重要的学习教育场域,家庭劳动教育也能发挥重要的作用。所以,家长要摒弃只要学业成绩,不要劳动技能的错误观念,充分认识到劳动教育的重要价值,纠正孩子不爱付出,一味索取的做法。引导孩子主动参与家务劳动,鼓励孩子创造性完成家务劳动。

第一,家长做好示范引领作用。应积极配合学校劳动教育创新方式的实施,家庭劳动教育会让孩子学会最基本的衣食住行等各方面技能,形成"一屋不扫,何以扫天下"的劳动认知,自己的事情自己做,让孩子在家庭劳动过程中形成劳动习惯和劳动基础技能,帮助青年学生迈好人生的第一步。注重思想引领,弘扬中华传统劳动美德,筑牢家庭劳动教育的基础。新时期家长应该紧跟时代主流劳动思想的步伐,继承和弘扬中华民族的劳动美德,大力提倡追求精益求精、质量至上的工匠精神。

第二,学校和家庭要及时沟通。实践表明,家庭劳动教育和学校劳动教育相结合效果显著。这是因为家庭和学校劳动教育的目的都是为了培养良好的劳动者。家庭是学生劳动教育的启蒙者,学校劳动教育在整个劳动教育过程中是主导者,家庭劳动教育和学校劳动教育结合是一种双赢的模式。高校层面,可架构家委会网络,不仅可以提高家长参与学校管理的积极性,也可通过开展家长会、座谈会、家庭教育培训的方式,向家长宣传劳动教育的价值、家庭劳动教育的重要作用,以此更新家长劳动教育观念。另外,通过家庭和学校的交流和沟通,学校也能及时了解学生在家务劳动中的真实表现,及时把握学生的特点,以做到对劳动教育方式的创新调整。

3.社会学校联通,整合创新资源

劳动教育理论无法替代劳动实践,新时期高校劳动教育特别重视劳动实践,要想劳动教育在社会中全面展开,离不开社会的支持和保障。社会与学校要共建共享劳动教育创新基地,充分利用校园中闲置场地和企业中闲置的厂房等社会资源,根据学生的专业方向开发学生劳动实践基地。

参考文献

报纸类：

[1] 孙存良 . 始终保持革命者的大无畏奋斗精神 [N]. 山西日报，2021-4-13.

[2] 习近平 . 在庆祝中国共产党成立 100 周年大会上的讲话 [N]. 人民日报，2021-07-02（02）.

[3] 习近平 . 关于《中共中央关于制定国民经济和社会发展第十四个五年规划和二〇三五年远景目标的建议》的说明 [N]. 人民日报，2020-11-04（02）.

[4] 习近平 . 国家主席习近平发表二〇一七年新年贺词 [N]. 人民日报，2017-01-01（02）.

[5] 习近平 . 坚持中国特色社会主义教育发展道路 培养德智体美劳全面发展的社会主义建设者和接班人 [N]. 人民日报，2018-09-11（02）..

[6] 习近平 . 决胜全面建成小康社会夺取新时代中国特色社会主义伟大胜利——在中国共产党第十九次全国代表大会上的报告 [N]. 人民日报，2017-10-18（02）.

[7] 习近平 . 习近平接受俄罗斯电视台专访 [N]. 人民日报，2014-02-09（02）.

[8] 习近平 . 习近平在北京大学师生座谈会上的讲话 [N]. 人民日报，2018-05-02（01）.

[9] 习近平 . 习近平在全国教育大会上发表重要讲话 [N]. 人民日报，2018-09-10（01）.

[10] 习近平 . 在 2018 年春节团拜会上的讲话 [N]. 人民日报，2018-02-15（02）.

[11] 习近平. 在北京大学师生座谈会上的讲话 [N]. 人民日报, 2018-05-03（02）.

[12] 习近平. 在纪念五四运动100周年大会上的讲话 [N]. 人民日报, 2019-05-01（02）.

[13] 习近平. 在纪念朱德同志诞辰130周年座谈会上的讲话 [N]. 人民日报, 2016-11-30（02）.

[14] 习近平. 在全国劳动模范和先进工作者表彰大会上的讲话 [N]. 人民日报, 2020-11-25（02）.

[15] 习近平. 在统筹推进新冠肺炎疫情防控和经济社会发展工作部署会议上的讲话 [N]. 人民日报, 2020-02-24（02）.

[16] 习近平. 在知识分子、劳动模范、青年代表座谈会上的讲话 [N]. 人民日报, 2016-04-30（2）.

[17] 习近平. 在十三届全国人民代表大会第一次会议上的讲话 [N]. 人民日报, 2018-03-21（02）.

[18] 习近平. 在学校思想政治理论课教师座谈会上的讲话 [N]. 人民日报, 2019-03-19（02）.

图书类：

[1][美] 亚伯拉罕·马斯洛. 动机与人格（3版）[M]. 许金声等译. 北京：中国人民大学出版社, 2013.

[2] 陈春莲. 杜威道德教育思想研究 [M]. 北京：中国社会科学出版社, 2016.

[3] 陈廷伟, 张桦, 葛寄海. 周恩来教育思想 [M]. 南京：江苏教育出版社, 1998.

[4] 戴本博. 外国教育史（中）[M]. 北京：人民出版社, 1990.

[5] 教育大辞典编纂委员会. 教育大辞典 [M]. 上海：上海教育出版社, 1998.

[6] 汉语大字典编纂处. 古代汉语词典 [M]. 成都：四川辞书出版社, 2019.

[7] 何卫华, 林峰. 大学生劳动教育理论与实践教程 [M]. 厦门：厦门大学出版社, 2019.

[8] 金炳华.哲学大辞典(修订本)[M].上海:上海辞书出版社,2001.

[9] 李珂.嬗变与审视:劳动教育的历史逻辑与现实重构[M].北京:社会科学文献出版社,2019.

[10][俄]列宁.列宁全集(第3卷)[M].北京:人民出版社出版,1984.

[11][俄]列宁.列宁专题文集(论辩证唯物主义和历史唯物主义)[M].北京:北京人民出版社,2009.

[12] 林崇德,杨治良,黄希庭.心理学大辞典(下册)[M].上海:上海教育出版社,2003.

[13] 林钧敬.知识创业大学生创业指南[M].北京:高等教育出版社,2001.

[14] 刘向兵.劳动通论[M].北京:高等教育出版社,2020.

[15] 刘向兵等.新时代高校劳动教育论纲[M].北京:社会科学文献出版社,2019.

[16] 罗秋英.学前儿童心理学全国学前教育专业[M].上海:复旦大学出版社,2017.

[17][德]马克思,恩格斯.马克思恩格斯选集(第2卷)[M].北京:人民出版社,2012.

[18][德]马克思,恩格斯.马克思恩格斯文集(第5卷)[M].北京:人民出版社,2009.

[19][德]马克思,恩格斯.马克思恩格斯选集(第1卷)[M].北京:人民出版社,2012.

[20][德]马克思,恩格斯.马克思恩格斯选集(第3卷)[M].北京:人民出版社,2012.

[21] 马唯杰.劳动伦理研究[M].苏州:苏州大学出版社,2017.

[22] 商务国际辞书编辑部.现代汉语词典(双色本)[M].北京:商务印书馆,2019.

[23][苏联]苏霍姆林斯基.帕夫雷什中学[M].北京:教育科学出版社,1983.

[24] 陶行知.陶行知全集(第一卷)[M].成都:四川教育出版社,2005.

[25] 习近平.思政课是落实立德树人根本任务的关键课程[M].北

京：人民出版社，2020.

[26] 习近平．习近平谈治国理政（第一卷）[M]．北京：外文出版社，2018.

[27][德] 弗里德里希·席勒．审美教育书简 [M]．冯至等译．北京：北京大学出版社，1985.

[28] 许慎．说文解字 [M]．北京：中华书局，2013.

[29] 荀子．荀子 [M]．曹芳编译．辽宁：万卷出版公司，2020.

[30] 宇中．行为的原理 [M]．上海：同济大学出版社，2019.

[31] 袁国，徐颖，张功．新时代劳动教育教程 [M]．北京：航空工业出版社，2020.

[32] 张国启．秩序理性与自由个性——现代文明修身的话语体系与实践机制研究 [M]．北京：人民出版社，2010.

[33] 赵荣辉．劳动教育及其合理性研究 [M]．北京：中央民族大学出版社，2012.

[34] 中国社会科学院语言研究所词典编辑室．现代汉语词典 [M]．北京：商务印书馆，2015.

论文类：

[1] 曹晶晶．新时代大学生劳动价值观培育研究 [D]．扬州大学，2022.

[2] 陈雅倩．新时代大学生劳动教育的实现路径研究 [D]．华东师范大学，2022.

[3] 代承轩．新时代加强大学生劳动教育研究 [D]．湖南工业大学，2022.

[4] 董阳．新时代高校实现劳动教育的树德价值研究 [D]．延安大学，2022.

[5] 杜丽楠．马克思人的全面发展视域下大学生劳动教育研究 [D]．山西财经大学，2022.

[6] 冯亮亮．当代大学生劳动意识及其培养研究 [D]．河北师范大学，2017.

[7] 冯璐．新时代大学生劳动观培育研究 [D]．辽宁大学，2022.

[8] 冯芷婷．具身认知理论视角下大学生劳动教育研究 [D]．天津商

业大学,2022.

[9] 付祥凤.初中《道德与法治》课教学中学生劳动意识的培养研究 [D].河南大学,2020.

[10] 古伯伟.新时代大学生劳动教育的现实路径研究 [D].桂林理工大学,2022.

[11] 洪黎萍.高中思想政治课劳动意识培育研究 [D].上海师范大学,2021.

[12] 李超.当代中学生的劳动意识教育研究 [D].湖南师范大学,2015.

[13] 李栓栓.高校思想政治教育视域下大学生劳动精神培育研究 [D].电子科技大学,2022.

[14] 李晓琪.新时代大学生劳动观教育研究 [D].西北农林科技大学,2022.

[15] 路晓芳.大学生工匠精神及培养研究 [D].辽宁大学,2021.

[16] 吕静.新时代大学生劳动精神培育路径研究 [D].电子科技大学,2022.

[17] 马冬琴.论中学劳动教育存在的问题及解决对策 [D].内蒙古师范大学,2013.

[18] 牟秋亚.新时代大学生劳动精神培育存在的问题与对策研究 [D].西南大学,2022.

[19] 任新洋.大学生劳动教育基本功能及实现路径研究 [D].河北师范大学,2022.

[20] 桑雷.高职学生职业核心素养及其培养研究 [D].南京师范大学,2020.

[21] 申佩辰.新时代劳动教育课程设置的策略研究 [D].杭州电子科技大学,2022.

[22] 孙剑.高职院校学生劳动意识培养研究 [D].山东师范大学,2009.

[23] 王春芬.高校思想政治工作体系视野下的劳动教育:问题与对策研究 [D].贵州师范大学,2022.

[24] 王亚慧.新时代大学生劳动情怀培育研究 [D].陕西理工大学,2022.

[25] 王正.新时代大学生劳动精神培育路径研究 [D].天津师范大

学,2022.

[26] 王灼斐.新时代大学生劳动观教育研究 [D].沈阳师范大学，2022.

[27] 魏泽文.劳动精神引领大学生思想道德建设研究 [D].安徽医科大学,2022.

[28] 伍小红."三全育人"视阈下高校劳动教育研究 [D].江西师范大学,2022.

[29] 肖凯悦.新时代高校劳动教育的现状与对策研究 [D].青岛科技大学,2022.

[30] 辛高洁."三全育人"视阈下大学生劳动素养培育路径研究 [D].山西财经大学,2022.

[31] 熊磊.高校开展劳动教育的现状及对策研究 [D].贵州财经大学,2022.

[32] 杨欣悦.网络文化影响下大学生的劳动观及其引导策略研究 [D].辽宁师范大学,2022.

[33] 易莉.习近平幸福观视域下大学生劳动教育研究 [D].江西理工大学,2022.

[34] 余苗."00后"大学生劳动意识及其培养研究 [D].南京信息工程大学,2022.

[35] 张双英.新时代大学生劳动观及其培育的高校维度研究 [D].中国矿业大学,2022.

[36] 张雪颖.新时代大学生劳动教育常态化研究 [D].兰州大学,2022.

[37] 张珍.新时代大学生劳动精神及培育研究 [D].辽宁大学,2022.

[38] 赵霞.高校思想政治理论课培养大学生劳动精神研究 [D].四川师范大学,2022.

[39] 赵业程.新时代高校劳动教育研究 [D].吉林大学,2022.

[40] 赵莹.核心素养培育下的西安市小学生劳动教育现状调查研究——以西安市某小学为例 [D].西安理工大学,2018.

[41] 钟小连.新时代高校劳动教育课程建设研究 [D].广西民族大学,2022.

[42] 周慧赢."00后"大学生劳动教育现状及优化路径研究 [D].河北经贸大学,2022.

[43] 朱臣臣 . 新时代高校劳动教育方式创新研究 [D]. 中原工学院，2022.

[44] 祝榛悦 . 大学生社会主义劳动价值观念培育研究 [D]. 吉林大学，2022.

期刊类：

[1] 高远，吕甜甜 . 新时代工匠精神与大学生专业素养培育融通机制探析 [J]. 江苏高教，2021（04）：98–101.

[2] 韩天骄，苏德 . 劳动教育的本质解构、现实困境与可为路径——基于身体视域 [J]. 现代教育管理，2022（08）：48–57.

[3] 何云峰，李晓霞 . 劳动精神的四个层次及其辩证关系 [J]. 湖南科技大学学报(社会科学版)，2022，25（01）：84–89.

[4] 胡华，梁德萍 . 劳动精神融入新时代职业教育理路探微 [J]. 教育与职业，2019（19）：101–107.

[5] 曲建武，黄磊 . 中国共产党劳动教育政策的演变及启示 [J]. 教育科学，2022（05）：1–7.

[6] 上官苗苗，李春华 . 论新时代劳动精神的内涵、价值与培育路径 [J]. 思想理论教育导刊，2020（06）：22–26.

[7] 宋广军 . 新时代高校大学生劳动精神的生成逻辑、科学内涵及培育路径 [J]. 思想政治教育研究，2021，37（03）：156–160.

[8] 陶凤云，沈紫晴，胡斌武 . 新时代一体化劳动教育体系：价值导向与实践进路 [J]. 教育理论与实践，2022（25）：16–20

[9] 田田 . 新时代高校劳动教育与思想政治理论课有机融合研究 [J]. 思想政治教育研究，2022（04）：97–102.

[10] 文新华 . 论劳动、劳动素质与劳动教育 [J]. 教育研究，1995（05）：9–15.

[11] 张晶，秦在东 . 当代青年的劳动价值观危机及破解理路 [J]. 思想教育研究，2022（01）：98–103.

[12] 赵浚，田鹏颖 . 新时代劳动精神的科学内涵与培育路径 [J]. 思想理论教育，2019（09）：98–102.

[13] 郑子君 . 劳动精神在新时代的内涵和价值 [J]. 人民论坛，2021（19）：82–84.

[14] 周洪宇, 齐彦磊. 新时代劳动教育的内涵特点、核心要义与路径指向 [J]. 新疆师范大学学报（哲学社会科学版）, 2022（11）: 1–9.

网络类：

[1] 黄玥, 高蕾, 范思翔. 新华网.“文明其精神, 野蛮其体魄”——习近平同少年儿童的故事 [EB/OL]. http//cn.chinadaily.com.cn/a/202106/ 01/WS60b57ec3a3101e7ce9752a96.html

[2] 教育部关于印发《大中小学劳动教育指导纲要（试行）》的通知 [EB/OL].http://www.gov.cn/zhengce/zhengceku/2020–07/15/content_5526949.htm

[3] 教育部关于印发《高等学校课程思政建设指导纲要》的通知 [EB/OL].http//www.moe.gov.cn/srcsite/A08/s7056/202006/t20200603_462437.html

[4] 教育部关于印发《基础教育课程改革纲要（试行）》的通知 [EB/OL].http//www.moe.gov.cn/srcsite/A26/jcj_kcjcgh/200106/t20010608_167343.html

[5] 中共中央 国务院关于全面加强新时代大中小学劳动教育的意见 [EB/OL].http：//www.gov.cn/zhengce/2020–03/26/content_5495977.htm

[6] 中共中央 国务院印发《深化新时代教育评价改革总体方案》 [EB/OL].http//www.moe.gov.cn/jyb_xxgk/moe_1777/moe_1778/202010/t20201013_494381.html

[7] 中共中央 国务院印发《新时代公民道德建设实施纲要》[EB/OL]. http：//www.gov.cn/zhengce/2019–10/27/content_5445556.htm

[8] 中共教育部党组关于印发《高校思想政治工作质量提升工程实施纲要》的通知 [EB/OL].http//www.moe.gov.cn/srcsite/A12/s7060/201712/t20171206_320698.html